《教师教育课程标准（试行）》教材大系
教师教育国家级精品资源共享课立项课程配套教材

小学信息技术教学设计

Xiaoxue Xinxi Jishu Jiaoxue Sheji

主　编　王佑镁
副主编　李　伟　钟柏昌
编写者　陈　梅　李　伟
　　　　王佑镁　吴忠良
　　　　钟柏昌　朱彩兰

高等教育出版社·北京

内容提要

本书紧密结合《教师教育课程标准（试行）》《基础教育信息技术课程标准（2012版）》进行编写。全书包括导论、教学设计前端分析、学习目标设计、教学过程设计、学习环境设计、教学评价设计、课型范式及其教学设计、教学设计创新八个模块，系统阐述了小学信息技术教学设计的原理与方法。全书基于以学习者为中心的设计理念，按照模块-任务-活动-资源的结构组织内容，精简理论，突出案例阐述，整合课堂活动，强调教学设计的可操作性和实用性，并考虑到数字时代学习者在线混合学习的要求，实现跨媒体教材开发。

本书可作为高等院校教育技术学、信息技术教育、小学教育等专业课程教材，也可作为在职教师或者有志于从事信息技术教学、研究、管理人员的参考用书，还可作为信息技术教学设计大赛及各类培训项目的培训教材。

图书在版编目(CIP)数据

小学信息技术教学设计 / 王佑镁主编. -- 北京：高等教育出版社，2015.6（2023.2重印）
 ISBN 978-7-04-042213-9

Ⅰ.①小… Ⅱ.①王… Ⅲ.①计算机课-教学设计-小学 Ⅳ.①G623.582

中国版本图书馆CIP数据核字(2015)第037839号

策划编辑	肖冬民　王雅君	责任编辑	刘晓静	封面设计	张申申	版式设计　张　杰
责任校对	刘　莉	责任印制	朱　琦			

出版发行　高等教育出版社　　社址　北京市西城区德外大街4号　　邮政编码 100120
购书热线　010-58581118　　咨询电话　400-810-0598
网　址　http://www.hep.edu.cn　　http://www.hep.com.cn
网上订购　http://www.landraco.com　　http://www.landraco.com.cn

印　刷　三河市骏杰印刷有限公司　　开本　787mm×1092mm　1/16　印张　17
字数　320千字　版次　2015年6月第1版　印次　2023年2月第3次印刷　定价　32.00元

本书如有缺页、倒页、脱页等质量问题，请到所购图书销售部门联系调换
版权所有　侵权必究
物料号　42213-00

前 言

随着数字化、网络化技术的快速普及，一个互联互通的地球村正在加速形成。无论是大都市，还是偏远地区，学生都需要为毕业后的全球化竞争做好充分准备，学生不但要拥有理论知识，还必须掌握其他必备的社会技能，才能够在竞争中立于不败之地。数字能力成为数字时代个体生存的重要能力，开展信息技术教育成为各国的重要战略。信息技术教育应培养学生在数字时代的创新精神和实践能力，这是素质教育的重要组成部分。"小学信息技术教学设计"课程设置的目的是提升小学教师信息技术教学能力，提高小学信息技术教学的质量与成效，最终促进学生有效提高信息素养。

本教材是教师教育国家级精品资源共享课立项课程"小学信息技术教学设计"的配套教材。"小学信息技术教学设计"是针对教育技术专业和小学教育专业（小学信息技术教育方向）学生开设的一门主干课，主要阐述教学设计原理与方法及其在小学信息技术课堂教学中的具体应用。根据《教师教育课程标准（试行）》中提出的"育人为本、实践取向、终身学习"的理念，结合小学信息技术教育的"信息素养"目标定向，本教材坚持"一个核心，两大主线、三个结合"的原则，即以小学信息技术教学设计能力培养为核心，以小学信息技术教学过程设计与小学信息技术不同课型设计为两条主线，坚持教学设计知能与信息技术素养相结合、教师学习与个体发展相结合、课内研修与课外实践相结合。教材编写中注重精简理论，强化实践，强调知识点与能力点的结构化，内容体系力求前沿、科学、系统、实用。

本教材在借鉴、比较相关教材的基础上，形成了四个方面的特色：

一是理念思路有特色——吻合《教师教育课程标准（试行）》。本教材紧密结合《教师教育课程标准（试行）》《基础教育信息技术课程标准（2012版）》等提出的信息素养培养目标。将教师学习的三大目标领域：信念与责任、知识与能力、实践与体验深入融合小学信息技术教学设计知识体系，切合教师学习育人为本的内容指向，以教学设计工作坊为发展平台，形成"知能模块+任务模块+

活动模块+反思模块"的课程结构及内容框架，落实育人为本的教师学习的内容指向。

二是内容体系有特色——针对小学信息技术教学。重构三领域、四模块的"小学信息技术教学设计"课程体系与内容框架。具体操作中，精简教学系统设计的环节，教学设计与案例全部针对小学信息技术课程与内容，强调教学设计的可操作性和实用性。引导未来小学信息技术教师理解小学生发展及信息素养培养的特点与差异，学会创设富有支持性和挑战性的学习环境，满足他们的信息技术表现欲和求知欲；理解小学生的信息化生活经验和现场资源的重要意义，学会设计和组织适宜的信息技术活动，指导和帮助他们自主、合作、探究学习，形成良好的学习习惯和信息技术使用习惯；理解交往对小学生发展的价值和独特性，学会组织各种集体活动，让他们在有意义的学校生活中快乐成长。

三是体例设计有突破——整合课程教学活动实施。教材不应该是一种教学材料，更应该是一种学习材料——学材。结合教材与学材的理念，整合课堂教学活动与环节到教材体系中，精简知识内容，突出以学习者为中心的教材开发理念，按照"模块–任务–活动–资源"的基本思路开发教材体系，使得教材使用的灵活性和适应性大为加强。

四是教材形态设计有突破——建设立体数字化教材。考虑到学习者移动学习、线上学习、混合学习的要求，学习者可以通过扫描二维码或登录爱课程网，随时随地获得与纸质教材配套的数字资源，满足混合学习的需要。

本教材是集体智慧的成果，编写工作汇聚了国内信息技术教学领域方面的专家和青年学者。全书由王佑镁教授主编，李伟副教授、钟柏昌副教授为副主编。全书共有八个模块，各模块分工如下：温州大学李伟副教授（模块一、模块七）、南京师范大学朱彩兰副教授（模块二）、河南师范大学吴忠良副教授（模块三）、南京师范大学钟柏昌副教授（模块四）、内蒙古师范大学陈梅教授（模块五）、温州大学王佑镁教授（模块六、模块八）。此外，温州市平阳县昆阳镇第二小学谢贤晓老师、温州市南浦小学李璐老师对模块七部分亦有所贡献，模块八参考了谢作如等国内信息技术教学名师的相关资料以及温州大学教育技术学专业硕士研究生李璐、胡玮的学位论文。全书由温州大学王佑镁教授提出框架，由王佑镁教授、李伟副教授负责全书的统稿工作。温州大学教育技术学专业2012级的同学们对本教材的使用与修订做了很多有益的工作，在此深表谢意。

本教材编写及课程建设得到了教育部教师工作司、全国教师教育课程资源专家委员会、高等教育出版社的鼎力支持。感谢课程建设过程中各位领导和专家的指点和帮助，尤其是在立项、中期检查、验收等重要阶段各位专家提出了许多建设性建议；感谢谢幼如教授对本教材提出的中肯建议，感谢其他立项的精品资源共享课建设团队在"教师教育共享课建设"QQ群讨论中分享的真知灼见；感谢高等教育出版社的魏振水主任和编辑们在教材出版过程中付出的努力，通过他们细致、耐心、高效的工作，本教材最终得以顺利出版。

  本教材的编写吸收了国内外教学设计领域、信息技术教学领域相关研究的众多成果，相关处均已标注。在此，我们向所有研究成果被引用的作者们表示衷心的感谢。需要说明的是，在本教材的编写过程中，我们力图整合小学信息技术教学与教学设计两个内容体系，重新构建小学信息技术教学设计框架，但在实际工作中却深深体会到这并非易事。因此，我们真诚希望本教材能够起到抛砖引玉的作用。由于我们的经验与学识有限，教材中难免会有不尽如人意处甚至内容瑕疵，为此，我们诚恳地希望各位同仁、读者能就本教材的有关内容提出批评和建议，全体编写者一定加强学习与反思，待再版时加以细致改正，以更好地满足读者与教学之需。

编者
2015 年 1 月 20 日

目 录

模块一 小学信息技术教学设计导论 1
 任务1 小学信息技术课程概述 3
 任务2 小学信息技术教学设计的操作模型 11
 任务3 小学信息技术教学设计的工作流程 20
 任务4 小学信息技术教学设计方案的评价 28

模块二 小学信息技术教学设计前端分析 33
 任务1 小学信息技术教材分析 35
 任务2 小学信息技术教学内容分析 43
 任务3 小学信息技术学习者特征分析 51
 任务4 小学信息技术发展需求分析 63

模块三 小学信息技术学习目标设计 69
 任务1 小学信息技术学习目标的概念及其分类 71
 任务2 小学信息技术学习目标的设计与编写 79
 任务3 小学信息技术学习目标编写的误区 84
 任务4 小学信息技术课程生成性目标 89

模块四 小学信息技术教学过程设计 101
 任务1 小学信息技术教学过程的有效设计 103
 任务2 小学信息技术教学方法的选择 111
 任务3 小学信息技术教学情境的设计 116

　　　　任务 4　小学信息技术教学活动的设计　127

模块五　小学信息技术学习环境设计　137
　　　　任务 1　小学信息技术学习环境　139
　　　　任务 2　小学信息技术学习资源的设计　141
　　　　任务 3　小学信息技术学习工具的利用　153
　　　　任务 4　小学信息技术信息化学习环境的构建　159

模块六　小学信息技术教学评价设计　167
　　　　任务 1　小学信息技术的教学评价　169
　　　　任务 2　小学信息技术测验的编制　173
　　　　任务 3　小学信息技术教学评价方法的选择　181

模块七　小学信息技术课型及其教学设计　197
　　　　任务 1　小学信息技术基本课型　199
　　　　任务 2　小学信息技术新授课教学设计　205
　　　　任务 3　小学信息技术复习课教学设计　215
　　　　任务 4　小学信息技术综合应用课教学设计　219

模块八　小学信息技术教学设计创新　227
　　　　任务 1　基于数字布卢姆的小学信息技术教学设计　229
　　　　任务 2　小学信息技术翻转课堂教学设计　240
　　　　任务 3　面向 STEM 的小学信息技术教学设计　247

参考文献　251

模块一　　小学信息技术教学设计导论

学习提要

教学设计是根据课程标准的要求和教学对象的特点，将教学诸要素有序安排，确定合适的教学方案的过程。本模块为整个课程的导论模块，主要分析小学信息技术课程的性质、阐述教学设计的一般原理与知识、构建小学信息技术教学设计的基本流程。通过本模块的学习，不仅要理解小学信息技术课程的内涵，而且要熟悉教学设计的要点与模型，为后续课程学习奠定基础。

学习目标

知识与技能	把握小学信息技术课程的价值与理念、内涵与结构、特点与教学建议；熟知小学信息技术教学设计的操作模型和工作流程；能够初步评价一个小学信息技术教学设计方案
过程与方法	结合案例分析，体验小学信息技术教学设计的一般流程，初步形成教学设计的系统方法；通过模拟评价活动，初步掌握教学设计方案评价的方法
情感态度与价值观	结合教学设计工作坊实训[①]的自主学习和案例研习活动，初步形成合作学习、评价反思的意识与态度

---

① 登录爱课程网，查找本课程即可。

引言

　　小张如愿考入了师范院校,他很喜欢教师工作,希望以后成为一名优秀的教师。在选修了"教育学"和"心理学"课程之后,他注意到有一门"小学信息技术教学设计"课程,以前在图书馆和书店他也看到过诸如《小学语文教学设计》等学科教学设计的书籍。从名称上看,这个是针对小学信息技术的课程,那么"小学信息技术教学设计"到底是一门什么样的课程呢?从事小学信息技术教学工作需要学习专门的教学设计课程吗?教学设计和备课有什么区别?到底怎么开展小学信息技术教学设计呢?怎样才算是一个好的教学设计呢?很多问题在他的脑海中浮现,而且他也听说现在小学常常会开展教学设计技能竞赛,他很希望通过这门课程的学习为自己将来从事教学工作奠定基础……

任务1 小学信息技术课程概述

信息化时代的来临,预示着人类经济社会生活将发生新的巨大变化,信息的获取、传输、处理和应用的能力将作为人们基本能力和文化水平的标志。我国中小学积极推进信息技术教育,开设中小学信息技术课程,是实现教育现代化、全面实施素质教育的需要;是面向21世纪国际竞争、提高综合国力和全民素养、培养具有创新精神和实践能力的新型人才的需要。在本任务中,你将了解小学信息技术课程的发展历程,把握小学信息技术课程的价值与理念、内涵与结构,理解小学信息技术课程的教学特点。

一、小学信息技术课程的发展历程

我国基础教育阶段的信息技术课程是由早期的计算机课程发展而来的,始于20世纪80年代初,以计算机技术为代表的信息技术课程在中小学开设的几十年里,随着科学技术、教育观念的不断发展变化,在培养目标、课程体系、课程内容、课程设置形式和实施等方面都发生了很大的变化。

1. 起步阶段(1982年—1990年)

这一阶段的主要特点是把计算机作为学习的对象。教学内容以BASIC语言为核心。1983年,教育部主持召开了"全国中学计算机试验工作会议"。1984年,在总结试点学校经验的基础上,确定了高中计算机选修课的教学大纲,规定了相应的教学内容,规定计算机选修课的目标是:(1)初步了解计算机的基本工作原理和它对人类社会的影响;(2)掌握基本的BASIC语言并初步具备读、写程序和上机调试的能力;(3)逐步培养逻辑思维能力和分析问题、解决问题的能力。

根据当时的国情,还不能把计算机课作为中小学基础性课程,只能作为具有较大灵活性的辅助性课程,在高中作为选修课,在初中可作为课外活动、兴趣小组或劳技课的学习内容。在小学阶段开设信息技术课程的非常少,只有个别地方作为实验尝试。

2. 逐步发展阶段(1991年—1999年)

我国的计算机教育经过几年的发展,情况逐渐好转。邓小平同志"教育要面向现代化,面向世界,面向未来"和"计算机的普及要从娃娃做起"的战略指导思想对计算机教育起到了巨大的推动作用,全国掀起了在中小学推广计算机教育的高潮。这一阶段是计算机教育从以实验尝试为核心转入以研究与实践为主题的阶段;1994年10月颁发的《中小学计算机课程指导纲要(试行)》首次提出计算机将逐步成为中小学一门独立的知识性与技能性相结合的基础性课程的观点。

《中小学计算机课程指导纲要（试行）》中对中学与小学计算机课程的学习目标分别进行规定，其中小学阶段的目标为：（1）了解计算机的一些基本常识和计算机在现代社会中的广泛应用；（2）培养学习计算机的兴趣；（3）初步学会计算机的基本操作；（4）在初步使用计算机的过程中发展智力与能力。

1997年10月颁布《中小学计算机课程指导纲要（修订稿）》，此文件自1998年9月起在全国实行，是国家对中小学计算机课程教学的基本要求，是编写计算机教材和考试的主要依据。该纲要进一步明确了中小学计算机课程的地位、目的、教学内容和教学要求等。

这一阶段，许多教育家提出计算机文化应该从以教程序设计语言为主转向以应用计算机为主。在"工具观"的影响下，课程目标中明确了计算机的工具性定位，强调计算机技能、学习态度、使用道德等相关内容。

3. 全面发展阶段（2000年至今）

在国家政策的推动下，21世纪的信息技术教育迈入了快速发展阶段，同时也促进了信息技术教育的发展。

2000年教育部发布《关于在中小学普及信息技术教育的通知》，明确提出在中小学开设信息技术必修课的阶段目标是：2001年，全国普通高级中学和大、中城市的初级中学都要开设信息技术必修课；2003年，经济比较发达地区的初级中学开设信息技术必修课；2005年，所有的初级中学以及城市和经济比较发达地区的小学开设信息技术必修课，并争取尽早在全国90%以上的中小学校开设信息技术必修课。

为加快在中小学普及信息技术教育的步伐，2000年教育部颁布了《关于在中小学实施"校校通"工程的通知》，决定在全国中小学实施"校校通"工程：用5~10年时间，使全国90%左右独立建制的中小学校能够上网，使全体师生都能共享网上教育资源，提高所有中小学的教育教学质量，使全体教师能普遍接受旨在提高实施素质教育水平和能力的继续教育。

2001年下半年开始启动普通高中课程标准的制定，在此过程中逐渐明确将"信息技术"作为一个独立的科目。包含信息技术部分的《普通高中技术课程标准（实验）》于2003年3月31日发布，这使得我国信息技术教育进入了一个新的发展阶段，它是我国基础教育阶段的第一个信息技术课程标准。在第八次基础教育课程改革中，义务教育阶段没有制定独立的信息技术课程标准，只是在综合实践活动中有简略描述，没有对信息技术课程的目标、内容等进行清晰的界定。而信息技术课程正在经历着由计算机教育向信息技术教育的过渡期，经验积累不够丰厚，课程的目标与内容不够清晰，因此《普通高中技术课程标准（实验）》的研制具有里程碑的意义，承担着很多的责任。

> **》小组讨论**
>
> 　　为适应信息化时代对人才培养提出的新要求，各国普遍重视中小学生信息素养的培养，呈现出中小学教育信息化的国际发展趋势，请你结合小组学习，通过查找相关文献，比较国内外信息技术课程（information communication technology，简称ICT）的发展历程与最新动态。
>
> 　　建议：
> - 重点关注美国、英国、日本、韩国等国家；
> - 每个小组调研一个国家或者区域；
> - 开展小组交流，形成一个调研报告，进行全班分享。

二、小学信息技术课程的价值与理念

　　信息技术课程是中小学一门知识性与技能性相结合的，具有基础性、工具性的课程，是九年义务教育阶段全体学生的必修课，在实施素质教育的过程中具有不可替代的作用。

1. 小学信息技术课程的价值

　　主要体现在以下四个方面。

（1）掌握信息技术的基本技能

　　以计算机技术、微电子技术和通信技术为特征的现代信息技术，已在社会各个领域中得到广泛应用，正在改变着人们的生产与生活方式、工作与学习方式。我国素质教育的培养对象必须紧跟时代的发展，掌握信息技术的基本技能，适应和加速社会的发展。

（2）提高学生用信息技术解决问题的能力

　　要把学生培养成综合型、创新型的人才，信息技术课程的学习必须与其他各学科课程整合。注重学生信息技术技能的运用和实践，使学生能利用信息技术解决遇到的问题，获取终身学习的可持续发展能力，这才是教育的最终目的。

（3）形成学生的创新精神和技术意识

　　在信息化时代，创新精神是社会成员最重要的品质之一。信息技术是一门对动手能力要求较高的课程，创新能力在信息技术课程中可以得到淋漓尽致的发挥。在实践过程中，让学生体验技术的价值，积极地参与到技术的应用和创新中去。

☞ 微课：信息技术是什么样的课？①

---

① 本教材所有微课及其他资料，均可登录爱课程网进行学习。

（4）培养学生的信息素养

信息技术教育是一门有关信息科学的必修课，也是一种培养学生信息素养的素质教育。在信息技术教育中，必然会大量地使用计算机，但是我们不能因此将信息技术课变成单纯的计算机操作、软件使用的技能课，如果这样，就偏离了信息技术课的学习目标。我们应该重视学生信息素养的培养，使他们真正了解信息技术的意义和用途。

2. 小学信息技术课程开发与实施的基本理念

小学信息技术课程以培养学生的信息素养、创新精神和实践能力为主要学习目标，是一门操作性强的课程，其课程的开发和实施必须遵循以下基本理念。

（1）以培养学生的信息素养为目标

信息技术课程应适应素质教育的要求，面向全体学生，以学生发展为本，使学生真正理解信息技术的意义，培养学生的信息技术能力，使他们形成初步的信息素养和终身学习的能力，避免使信息技术课程成为单纯的计算机操作、软件使用的技能课，为促进学生的综合发展奠定良好的基础。因此，在小学实施信息技术教育时，应选择基础的、有利于学生发展的信息技术的知识和技能，结合方法和过程，组成课程的基本内容。

（2）激发学生学习信息技术的兴趣

兴趣是学习的动力。以计算机信息技能为主的信息技术课程有着其他课程所没有的新鲜内容。应以活泼多样的课程内容和活动方式，激发学生的学习兴趣，并努力把这种兴趣转化成持久的情感态度。还应将信息技术课程与其他学科课程整合，强调信息技术在各个学科、生活中的应用，使学生在实践中领悟信息技术的价值和作用，以及信息技术对人类日常生活和科学技术的深刻影响。

（3）在任务驱动中掌握信息技术，认识信息技术

在信息技术课程的实施过程中，通过具体的学习任务，使学生具有获取信息、传输信息、处理信息和应用信息的能力，培养学生利用信息技术对其他课程进行学习和探讨的能力。在其他学科课程的教学中也充分展示信息技术的使用，使学生在任务驱动中掌握信息技术，注重知识的综合运用和创新，具备解决实际问题的能力。

（4）以评价促进学生的发展

评价是为了促进学生的发展，评价标准要体现多元性、发展性、全程性，以适应不同个性和能力的学生，帮助学生了解自己学习的水平和能力，鼓励每个学生在原有的基础上提高学习的兴趣和综合能力。

三、小学信息技术课程的内涵与结构

信息技术课程要让学生了解和掌握信息技术的基本知识和技能，激发学生学习信息技术的兴趣，培养学生收集、处理和应用信息的能力以及利用计算机进行自主学习、探讨的能力，教育学生正确认识与信息技术相关的伦理、文化和社会问题，负责任地使用信息技术。

教育部2000年11月14日颁布《中小学信息技术课程指导纲要（试行）》至今，信息技术课程发展已经历十几年。回顾十几年的发展历程，当年确定的普及目标已基本达成。但课程改革快速推进，该纲要已远远不能适应改革发展需求。从目前中小学信息技术课程的普及程度，尤其是义务教育阶段开设的信息技术课程情况来看，普遍存在课程开设不规范、教学内容不系统、课堂教学随意等多方面的问题，在有些地方甚至出现了混乱的局面。中小学信息技术课程如何发展，新的课程指导纲要或课程标准何时出台，就成了引领课程发展的关键因素。

2012年5月，中国教育技术协会信息技术专业委员会对外正式发布了《基础教育信息技术课程标准（2012版）》。该标准中提出基础教育阶段信息技术课程的总目标是培养和提升学生的信息素养。在小学、初中、高中的内容组织方面，鉴于每个学段的学生特征和学习需求等因素的不同，小学可以倾向入门级的技能训练，初中可以展现较为完整的信息技术本质体系，高中可稍微倾向于领域应用。

该标准指出，小学生在入门阶段，熟悉信息技术是主要任务。因此，在构建小学信息技术课程内容体系时，宜以基础为重，即以基本技能的接触为主，由于其理解力较差，对信息技术的本质理解则以体验为主。

在内容架构方面，义务教育阶段按照基础模块和拓展模块的方式进行设计。小学阶段设一个"信息技术基础"模块，其中含"硬件与系统管理""信息加工与表达"和"网络与信息交流"三个专题，共72课时，适宜在三、四年级开设；设两个拓展模块，分别是"算法与程序设计入门"和"机器人入门"，各36课时，适宜在五、六年级开设。

不同学段在内容和水平上相互衔接、各有侧重。以"算法与程序设计入门"为例，小学阶段以体验为主，强调借助积木式编程工具，通过对对象、模块、控制、执行等概念及作用的直观操作体验，感受编程思想；初中阶段以高级程序设计语言为工具，通过尝试设计与实现基本程序结构，将实际问题解决与算法思想形成联结；而高中阶段则从面向实际问题的解决入手，借助几种比较典型的算法问题的解决，帮助学生体会算法与程序设计的作用及其魅力。

基础教育小学阶段的信息技术课程是一门实践性、操作性较强的应用性课程，同时又是一门学科"新"（开设时间短）、教师"新"（相对年轻化）、知识"新"（知识更新周期短，技术形态变化快）的课程。而且由于义务教育阶段没有统一的国家标准，而课程又处于不断更新、快速发展的阶段，因此各地没有形成统一的模式。课程的内容、开设的形式等因每个地区、每个学校的条件不同也存在巨大的差异。

从各地开设情况来看，小学阶段的信息技术课程一般从三年级开设，个别地区也有从一年级开设的。该阶段学生年龄小，处于信息技术知识学习的初级状态，因此以掌握基础的信息技术知识及相应的技能为主。在小学阶段，学生要了解基础的信息技术知识和技能，关注信息技术发展，了解与生活经验相关联的最新信息技术发展情况，感受信息技术发展对生活、工作和学习带来的影响，产生亲近信息社会和对未来充满美好期望的态度。[①]

可以说，作为中小学课程体系中新的一员，信息技术课程正以年轻、现代的姿态前进着。

> **》小组讨论**
> 观看爱课程网模块1任务1中的案例"我行我素秀图片"，小组围绕信息技术必修课的必要性问题进行讨论。可以从如下三个方面展开：
> - 信息技术必修课会随着信息技术的发展而消亡吗？
> - 信息技术必修课会完全整合于其他课程吗？
> - 信息技术必修课会仍以独立课程存在吗？
> 讨论后小组归纳信息技术课程的性质与价值。

四、小学信息技术课程的特点与教学建议

与基础教育阶段其他学科课程进行比较，小学信息技术课程由于其学科性质及小学生的年龄特点，形成了许多自身的特点，在理解小学信息技术课程时应牢牢把握其学科特点，并在开展教学设计时充分考虑。

1. 基础性

随着信息社会的到来，信息技术已经广泛地应用于社会的各个方面，信息技术成为人们工作和学习的必备素质和能力，也是学生学习其他学科、开展终身学习的必备素质和能力。小学开设信息技术课程，主要着眼于基础教育在培养人才方面的重要作用。在信息化时代，信息技术已经和读、写、算等基本能力一样，成为现代社会每个公民必须具备的基本素质和基本能力。[②]从这一点上讲，应用

[①] 王理，邻云江. 小学信息技术课程价值定位及内容设置的思考 [J]. 中小学信息技术教育，2011（4）：9-10.

[②] 武晶晶. 小学信息技术课程的学科特点分析及教学建议 [J]. 教育探索. 2002（4）：69-71.

信息技术、信息资源去解决学习和生活中的问题，具备一定的信息素养是作为信息社会成员的基本要求。发达地区的一些小学生，在进入信息技术课程之前，受到周围环境的影响和熏陶，已经具备了一些应用信息技术的经验，不再是零起点。但由于每个学生所处的环境不同，这种隐性课程的效力参差不齐，整体上尚未达到普及信息技术基础素养的要求。因此，小学信息技术课程要解决的首要问题是实现信息技术基础应用的普及，即要让全体学生都掌握适应生活和学习所必需的信息技术知识、技能、方法和习惯；学习这些基本知识和技能的同时掌握一些基本方法，感受信息技术的变化趋势，充分体会到信息技术给他们的学习和生活带来的便捷和快乐，形成利用信息技术服务于生活和学习的意识和能力。

2. 实践性

实践性是信息技术课程非常突出也是很重要的一个特点，信息技术是当前社会解决问题、开展创新实践的基本工具和方法。信息技术教与学都离不开实践，离不开具体的操作与应用。即使是信息技术的技术原理，也需要学生在实践中进行体验和领悟。

培养学生运用信息技术解决实际问题的能力是课程的核心目标，可以说，应用性是小学信息技术课程的显著特征。针对信息技术实践性与应用性的特征，在教学活动中，教师要更多地考虑如何将书本知识与学生的真实生活联系起来，让学生感受到学习不是枯燥无味而是丰富有趣的，是与自己的生活息息相关的，最终实现"源于生活，融入生活，用于生活"的生活化教学。[①]

信息技术教学不应简单地让学生只是学习技术本身，更重要的是让学生经历利用信息技术解决问题的过程以及方法，让学生看到信息技术的实用价值和利用信息技术科学性地解决实际问题的方便之处。在信息技术教学中，应让学生带着问题去体验、去领悟，促使学生积极地参与"体验"活动，在"体验"中学会提出问题、分析问题和解决问题，增强学生运用信息技术解决生活问题的意识。

3. 时代性

与其他课程相比，信息技术本身的飞速发展，使得信息技术课程具有很强的发展性和时代性。"每18个月计算机芯片的性能价格比将提高一倍"已普遍地被计算机工程师称为"摩尔定律"。这一定律揭示了信息技术进步的速度。这就使得中小学信息技术课程将在很长的时间里处于高速度、高淘汰并存的发展状态，为这门课程烙上了鲜明的时代印记。

因此，在信息技术教学中，要让学生从小就能积极关注信息技术发展的动态，感受信息技术发展的新概念、新形态，了解和掌握那些既充满活力又非常实用的新技术、新方法；体会信息技术快速发展变化的趋势，形成适应新技术、

[①] 辛跃武. 浅谈小学信息技术教学生活化 [J]. 中国信息技术教育，2011 (7)：46-47.

新方法的能力，为更好地适应未来生活奠定必要的知识、技能和心理基础。[①]

如何在小学阶段为学生打好基础，使小学生在有限的在校学习期间学到信息技术知识和技能，尽可能地对其长远发展起作用，而不至于随着信息技术的发展而很快过时，是小学信息技术课程面临的突出问题。

☞ 微课：信息素养够吗？

> ▶ 资料夹
>
> **STEM 素养**
>
> 2006年，美国总统布什在其国情咨文中公布了《美国竞争力计划》（American Competitiveness Initiative，简称ACI），提出知识经济时代教育目标之一是培养具有STEM（science，technology，engineering，mathematics，简称STEM）素养的人才，并称其为全球竞争力的关键。
>
> **数字素养**
>
> 以色列学者Yoram Eshet-Alkalai根据多年研究和工作经验以及分析了相关文献并开展试点研究之后，提出了数字素养的概念框架，认为数字素养应该包括五个方面的内容，分别是图片－图像素养、再创造素养、分支素养、信息素养、社会－情感素养。

4. 趣味性

小学信息技术课程是一门趣味性很强的课程，不断更新的资讯、意想不到的挑战、丰富的多媒体感官刺激等都吸引着小朋友的兴趣。

小学生进行学习的主要动机来源于他们强烈的求知欲和对所学内容的兴趣。兴趣越高，则学习的动力越强，学习的效果也越好。而且，在小学阶段是否能培养小学生对信息技术的兴趣，对其一生关于信息技术的态度都有着重要影响。因此，小学信息技术课程的教学要突出趣味性，无论是教学内容还是教学形式都应该重视挖掘和体现信息技术课程的趣味性，重视激发、培养和引导学生对信息技术的学习兴趣，让"趣味"贯穿整个教学过程。

小学生具有好动、好问、好奇的心理特征，习惯于游戏，喜欢各种生动有趣的形象，爱听动人的故事，注意力易分散，容易被直观形象、生动活泼、形式新颖、色彩鲜艳的东西所吸引。如果孩子对信息技术产生兴趣，会产生一种参与意识，这就成为孩子们学习信息技术的一种动力。开发这种动力，是小学信息技术课程教师的任务。

5. 综合性

小学信息技术课程内容本身具有一定的综合性，既包括信息技术的基础知

[①] 王理，邻云江. 小学信息技术课程价值定位及内容设置的思考[J]. 中小学信息技术教育，2011(4)：9-10.

识、信息技术的基本操作等技能性知识，也包括信息技术在学习和生活中的应用性知识与方法，和相关权利义务、伦理道德、法律法规等。此外，信息技术是一门工具性课程，信息技术课程的学习要求学生能够利用信息技术解决生活、学习和工作中的问题，这在一定程度上促进了信息技术与其他课程的综合。因此，与其他课程相比，信息技术课程具有更强的综合性。

我国信息技术课程从开设至今只有30多年的时间，与其他学科课程相比历史短暂，属于新课程。因此，信息技术课程在课程建设、师资队伍建设、环境建设等各个方面都存在许多问题，值得我们去探索研究。

6. 差异性

教育学、心理学里提到每个个体都是存在差异的，从一个班的学生来看，在学习习惯、学习方式等方面上存在明显的不同，具体表现在学习需要和能力发展上的不一致。在小学信息技术课堂教学中，由于社会和家庭的计算机普及程度不同，这种情况尤为明显，一个班级的学生在信息技术知识和操作能力方面经常会表现出很大的差异，有的学生从幼儿园就开始使用计算机，有的学生甚至尚处于"零起点"状态。

目前，小学生信息技能上的差异不仅表现在操作技能上，还表现在智力技能（对信息的重新组织、分析利用的能力）上，如果教师不加以特别关注，学生的差异会越来越明显。所以，教师在进行教学设计时一定要充分考虑不同层次的学生基础，在学习目标设计、活动的安排和组织、学习任务的设计等方面都要充分考虑这种差异性。

> **》小组讨论**
> 对照上述知识，以你自己的体验或者观察来看，当前小学信息技术课程中存在什么问题？

任务2 小学信息技术教学设计的操作模型

通常，在教师备课时，会根据一定的教学条件，结合学生的年龄特征，利用信息工具和资源，设计教学活动及过程，用以实现学习目标。这些都初步体现了教学设计的思想。那么，到底什么是教学设计呢？模型是教学设计研究与实施的基本方法，小学信息技术教学设计的操作模型是什么样的呢？

一、教学设计概述

☞ 微课：教学设计到底是什么？

20世纪50年代，随着系统方法在美国军事、工业、商业、空间技术等领域得到空前成功的应用，系统方法在教育界日益得到重视。60年代末期，许多教育技术研究者致力于将系统方法应用于教学实际的研究，逐渐形成教学的系统方法，并应用于各层次的教学系统设计之中，构建起教学系统设计的理论与方法体系。教学设计的过程模式曾经是一个研究热点，提出来的模式不下于百种。这些模式都是对运用系统方法进行教学设计和开发的理论简化形式，适用的范围不同，有些适用于设计和开发课程级的教学系统，有的则适用于设计一个单元或一堂课的教学，有的则适用于媒体材料的设计与开发。

对于教学设计，国内外学者有一些不同的观点。国外学者迪克和凯瑞认为教学设计是设计、开发、实施与评价教学的系统化过程；我国学者盛群力认为教学设计是对教师课堂教学行为的一种事先筹划，是对学生达成学习目标、表现出学业进步的条件和情境做出精心的安排。[1] 综观不同学者的观点，有人从教学设计的宗旨出发思考问题，认为教学设计就是要创设一个有效的教学系统；有人从教学设计的基本特征出发，提出教学设计就是解决问题，尤其是解决有关学生学业的问题；有人突出教学设计的预设性，强调教学设计就是预先设计、预先筹划；还有人指出教学设计就是由几个阶段或者由几个部分组成的有序操作。[2]

一般认为，教学设计是指运用系统方法，将学习理论与教学理论的原理转换成对教学资料和教学活动的具体计划的系统化过程。小学信息技术课程的教学设计，就是在上课之前，根据小学信息技术教材内容及学生具体情况，预先制订教学策略、教学过程、学习环境和教学方法与手段的综合方案。

教学设计是一个开放、动态的过程，是能够充分体现教师教学创造性的"文本"。随着新一轮课程改革的全面推行，我国基础教育的教育理念、教学要求、课程目标等都发生了深刻的变化，教学设计必须要顺应这些变化，解决教什么、怎样教的问题，使教学效果最优化。

> 》小组讨论
>
> 教学设计与教案
>
> 提到教学设计，最容易混淆的是教案，那么到底两者有何异同？小组内部进行头脑风暴，归纳出异同点，并采用一定的分类进行比较，向全班报告小组结果。

---

[1] 盛群力. 教学设计 [M]. 北京：高等教育出版社，2005：2-5.
[2] 马兰，张文杰. 教学设计 [M]. 北京：高等教育出版社，2012：9.

二、教学设计的操作模型

近年来我国教育技术界的一种流行观点,是把教学设计模式划分为以"教"为主和以"学"为主两类,通常把由加涅、肯普、迪克、史密斯和雷根等学者提出的教学设计模型称为以"教"为主的教学设计模型;把依据建构主义学习理论提出的教学设计模型称为以"学"为主的教学设计模型。下面介绍三种典型的教学系统设计模型。

☞微课:教学设计过程如何发生?

1. 迪克-凯瑞教学设计模型

该模型从确定学习目标开始,到终结性评价结束,组成一个完整的教学系统开发过程①,如图1-1所示,实线表示从确定目标到评价的流程,虚线表示反馈路径:

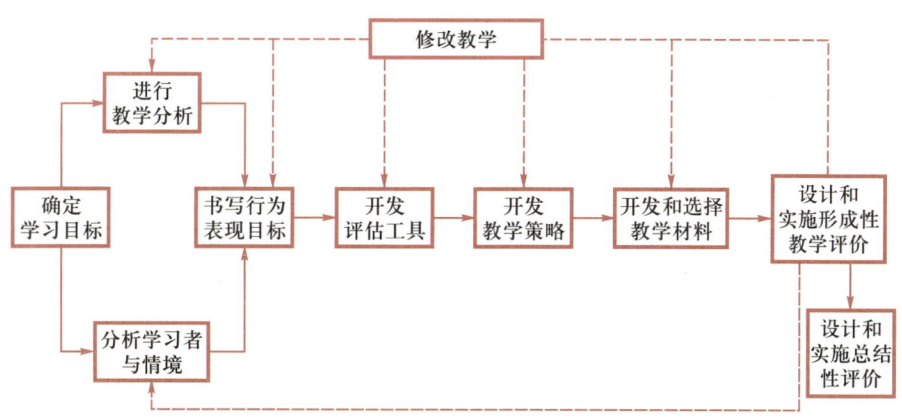

图1-1 迪克-凯瑞教学设计模型

该模型的主要构成如下:

(1)确定学习目标。该模型中的第一步,是确定学生完成学习后,你希望他们能够做什么。学习目标的确定主要通过对社会需求、学科特点以及学习者特征三个方面进行分析而得出。

(2)进行教学分析。确定了学习目标之后,接下来要逐步分析的是:在实现目标的过程中,人们在做什么。教学分析的最后一步,是确定在开始教学之前,学习者必须具备哪些技能、知识和态度,即他们的行为起点应该怎样。

(3)分析学习者与情境。与分析学习目标并行的另一项工作是分析学生,分析他们学习及运用技能的情境。分析教学情境以及技能运用情境的特征时,还需要确定学生当前已经具备的技能、所持的偏好和态度。这些重要信息决定了模型

---

① W.迪克, L.凯瑞, J.凯瑞. 系统化教学设计[M]. 庞维国, 等, 译. 6版. 上海: 华东师范大学出版社, 2007: 39.

中的后续步骤，尤其是确定教学策略的这一环节。

（4）书写行为表现目标。基于教学分析以及对起点行为的描述，接下来要对学生在教学结束之后能够做什么进行具体的表述。这些表述，来自通过教学分析所识别出的技能。需要明确指出要学习的技能是什么，运用技能必须具备什么条件以及成功的行为标准。

（5）开发评估工具。根据已经确定的具体的学习目标，开发相应的评估工具，以便测量具体的学习目标中所描述的学生应具备的能力。

（6）开发教学策略。在前面五个步骤的基础上，需要确定应该运用什么教学策略达成最终的学习目标。教学策略强调的是促进学生学习的成分，包括教学前的活动、内容呈现，学习者的参与、评估以及学习拓展等。

（7）开发和选择教学材料。这一过程主要包括编制学习手册、选取教学材料和编制评估工具。是否自己开发教学材料，取决于学习结果的类型、现有的相关材料是否可用以及是否有可用的开发资源。

（8）设计和实施形成性教学评价。在完成了教学初稿之后，要开展一系列的评价活动，以收集数据，确定如何改进教学。

（9）修改教学。在教学设计和开发过程中的最后一步是修改教学。在这一步，要整理和分析形成性评价所收集的数据，确定学习者在完成目标的过程中遇到的困难，依据这些困难找出教学方面的不足。在图1-1中，从"修改教学"板块画出的虚线，表明从形成性评价中获得的数据不是单纯地用于修改教学，而且还要用于重新考察教学分析是否可靠，对学习者的起点行为和特征的假设是否合理等。根据所收集的数据重新考察行为表现目标的陈述和测验项目也可能是必要的。审视教学策略时，把所有的考虑整合进教学修改方案中，就可以生成一份更加有效的教学方案。

（10）设计和实施总结性评价。总结性评价用来评估教学的绝对和相对价值，只有在教学经过形成性评价、得到充分的修改、满足了设计者的标准之后才进行。由于总结性评价通常不是由教学设计者而是由独立的评估者来完成的，因此这一成分并不被视为教学设计过程的一个构成部分。

2. ADDIE模型

该模型由加涅提出，ADDIE分别代表了教学设计中的分析（analysis）、设计（design）、开发（development）、实施（implementation）和评价（evaluation）五个不同的阶段[①]，如图1-2所示：

该教学设计模型非常经典，为许多人所推崇。从该模型图中可以看出每一个主要成分是怎样与其他成分相互联系在一起的。实线表示从分析到评价的流程，

---

① R.M.加涅,等. 教学设计原理[M]. 王小明,等,译. 5版. 上海：华东师范大学出版社,2007：21.

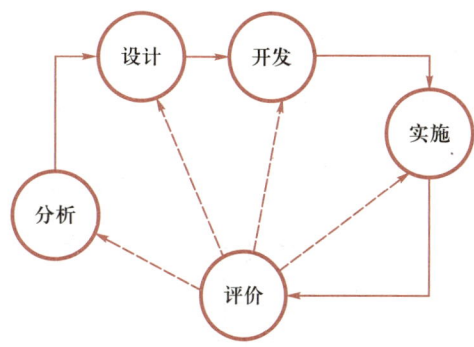

图1-2 教学设计的ADDIE模型

虚线表示反馈路径。整个模型以系统的问题解决为基础，但问题解决活动可发生在每个成分中。而且整个过程也不是以严格的线性方式进行的。需要注意的是，图1-2说明的是逻辑上的联系而不一定是程序上的联系。这是因为有许多活动发生在各个主要成分之内（见表1-1）。解决问题的活动伴随着ADDIE的每一个阶段，并且整个过程也不总是以严格的线性方式进行。

表1-1 ADDIE模型分析与要点[①]

> 1. 分析
> ➢ 确定需要，即要利用教学来解决的问题。
> ➢ 进行教学分析，以确定教学的认知、情感与动作技能方面的目的。
> ➢ 确定期望初学者需要具备的技能及哪些技能会影响对教程的学习。
> ➢ 分析可利用的时间以及这段时间内可以实现多少目的。有些学者还建议进行情境或资源分析。
> 2. 设计
> ➢ 把教程的目的转化成表现性的结果与主要的单元目标。
> ➢ 确定所涵盖的教学主题或单元以及用于每一个主题或单元上的时间。
> ➢ 依据学习目标安排单元顺序。
> ➢ 充实教学单元，确定每一个单元所要达到的主要目标。
> ➢ 确定每一个单元的课与教学活动。
> ➢ 开发出评价学生已习得内容的具体标准。
> 3. 开发
> ➢ 确定学习活动与材料的类型。
> ➢ 起草学习材料或者学习活动。
> ➢ 在目的受众中进行材料与活动的试用。
> ➢ 修改、精练材料与活动。
> ➢ 开发教师培训材料或附加材料。
> 4. 实施
> ➢ 购买材料以便教师或学生采用。
> ➢ 在必要的时候提供帮助与支持。

---

① R.M. 加涅，等. 教学设计原理 [M]. 王小明，等，译. 5版. 上海：华东师范大学出版社，2007：22.

5. 评价 ➢ 实施学生评价计划。 ➢ 实施教学评价计划。 ➢ 实施教程维护与修改计划。

系统教学设计是一种目标导向的系列活动。不管在哪个年级、哪个课程层次、哪个具体的学习环境中开展设计，按照马杰的看法，都要回答三个类别的问题：（1）我们要到哪里去？（2）我们怎样到那里去？（3）我们是否到了那里？[①]

很显然，前面所介绍的迪克-凯瑞模型、ADDIE模型都体现了以目标为本的教学设计思想，即回答上述三个问题。"我们要到哪里去"这是一个"确立目标"的过程；"我们怎样到那里去"是一个"导向目标"的过程；"我们是否到了那里"则是一个"评估目标"的过程。

3. "STAR-Legacy"教学设计模型

20世纪90年代以来，传统教学设计的客观主义认识论基础受到了严重挑战：一方面，人们质疑和反思基于"原子论"的设计方法，认为原本复杂的教学现象在这种"原子论"的支配下变成了预设的、机械的、简单化设计过程，开始探究整体视域下的教学设计范式；另一方面，人们关注不同层次、不同境脉下的教学设计，教学设计开始指向真实境脉中问题解决学习、专家与新手学习、日常生活学习等复杂学习任务的设计。

下面介绍一种整体性教学设计模型——"STAR-Legacy"教学设计模型，即"四元素十步骤"系统方法，1999年由杰罗姆·范梅里恩伯尔和保罗·基尔希纳提出。这种设计方法并不要求学习者在孤立的情境中掌握零散片段，而是强调将各个单一的技能整合协调起来，以融会贯通、熟练运用，进而解决现实生活中的问题，实现学习迁移。

作为整体教学设计模型，"四元素教学设计"具体而言有十个步骤，但其核心思想是实施四元素教学。作为"四元素教学设计"和"十个步骤"的基础，有这样一个基本假设——综合学习的培训蓝图可以用四种基本成分来描述，即：学习任务、相关知能、支持程序、专项训练。[②] 见表1-2。

[①] 马兰，张文杰.教学设计 [M].北京：高等教育出版社，2012：21.

[②] 杰罗姆·范梅里恩伯尔，保罗·基尔希纳.综合学习设计：四元素十步骤系统方法 [M].盛群力，陈丽，王文智，译.福州：福建教育出版社，2012：10.

表1-2　整体教学设计的成分与步骤

基本成分	综合学习的十个步骤
学习任务	1. 设计学习任务 2. 排序任务类别 3. 设定学业目标
相关知能	4. 排定相关知能 5. 厘清认知策略 6. 确定心理模式
支持程序	7. 设计支持程序 8. 明确认知规则 9. 弄清前提知识
专项训练	10. 安排专项训练

（1）安排学习任务

学习任务可以指学习者要学习的案例、要实施的项目、要解决的问题等。这里指基于现实生活任务的真实完整任务，期间整合了知识、技能与态度。一组完整的学习任务反映了相当的变式度，是按照由易到难的任务类别加以排列的，在每一个任务类别中给学习者提供的支持力度是不同的。

（2）掌握相关知能

这里指有利于学习与掌握学习任务中解决问题和推理层面的知能。它说明了某一领域的知识是如何组织起来的，如何才能学会解决问题等。对每一个任务类别来说所需要的相关知能必须予以明确，并且应该让学习者掌握起来得心应手。相关知能架起了"学习者已知什么"和"在学习任务中要真正掌握什么"这两者之间的桥梁。

（3）提供支持程序

支持程序是指让学习者学会掌握任务的常规方面，也就是学习任务中每次都以相同方式进行的方面。提供支持程序是让学习者掌握完成再生性任务所需要的各个步骤，它可以采取由教师或者辅导者在学习者操练时直接从旁辅导的方式。由于在许多任务中所需要的知能是相同的或者重复的，所以，提供支持程序一般只是在面对第一个学习任务时出台。在后续的学习任务中，随着学习者越来越能胜任，就不再需要反复提供支持程序了（从"扶"到"放"的原理）。提供支持程序要求适合学习者的起点水平，也就是说，要适合最低水平能力的学习者。

（4）安排专项训练

专项训练是指当学习者需要十分"熟练"地掌握学习任务中某些常规方面时，所进行的额外练习。一般来说，任务类型本身已经提供了足够的练习量来操练复杂学习中的创生性知能和再生性知能，因为在设计学习任务时已经考虑了掌握不同性质知能时教学方式上的差异。不过，假如对再生性知能的熟练要求特别高，那么，仅依靠学习任务本身所带的练习量就显得不够了，还得另外安排专项训练。

与学习任务的具体安排相比较，专项训练中练习题的具体安排则是相对直截了当的。就学习任务安排而言，往往遵循着从易到难的要求。先选择具体的案例，然后转换成有意义的学习任务，要求学习者用协调的方式完成各种组合技能。然后，对专项训练而言，所涉及的技能是相对单一的，只不过要求达到十分娴熟的地步。因此，需要设计相应的练习题重复操练再生性知能。重要的是整套练习题应该有一定的扩展性，能代表该规则所需要应对的各种情境。

> **》小组讨论**
> 小学信息技术教学设计中有哪些过程要素需要考虑？建议：
> （1）分别从上述模型中提取要素；
> （2）小组进行选择和重新归纳；
> （3）结合当前小学信息技术教学实际进行筛选；
> （4）形成5～8个基本要素，向全班分享。

三、小学信息技术教学设计的操作模型

上述三种典型的教学设计模型，从不同视角为教学设计提供了方法论支持，迪克-凯瑞模型从教学材料开发和教学实施角度提供了教学设计的基本流程，ADDIE模型从设计元方法层面为教学设计的展开提供了清晰而灵活的思路，"STAR-Legacy"教学设计模型则指向了当前教学情境中基于真实任务的教学设计需求。这些为小学信息技术教学设计操作模型建构提供了重要的依据。实际上，也可以从学习理论变迁的角度，将这些教学设计模型分成传统教学设计、建构主义教学设计以及学教并重的教学设计，从而建构小学信息技术教学设计的操作模型。

1. 传统教学设计模型

传统教学设计模型主要面向教师的教，强调经典教学要素的系统设计与规划，具体包括：

（1）学习目标分析——确定教学内容及知识点顺序；

（2）学习者特征分析——确定教学起点，以便因材施教；

（3）在上述分析的基础上，确定教学方法、策略；

（4）在上述分析的基础上，选择教学媒体；

（5）进行施教，并在教学过程中作形成性评价；

（6）根据形成性评价得到的反馈对教学内容与教学方法、策略加以调整。

2. 建构主义教学设计模型

建构主义教学设计强调自主建构和意义生成，目的是为了促进学生自主地学习，具体环节包括：

（1）情境创设——创设有利于学生自主建构知识意义的情境；

（2）信息资源提供——提供与当前学习主题相关的信息资源，以促进学生的自主建构；

（3）自主学习策略设计——自主学习策略是诱导学生自主学习、自主建构的内在因素，其作用是为了调动学生学习的主动性、积极性，以达到自主建构的目标；

（4）组织协作学习——通过协作交流、思想碰撞、取长补短深化学生的意义建构；

（5）组织与指导自主发现、自主探究——在建构知识意义的基础上，通过解决实际问题的发现式学习与研究性学习进一步培养学生的创新精神与实践能力。

3. 学教并重教学设计模型

传统教学设计通常也称为以教为中心的教学设计，主要面向教师的"教"，其主要内容是研究如何帮助教师把课备好、教好，其教育思想倾向于以教师为中心。建构主义环境下的教学设计，也称以学为中心的教学设计，其教育思想倾向于"以学生为中心"，强调自主学习、自主探究、自主发现。学教并重的教学设计体现了双主原则。具体环节包括：

（1）学习目标分析——确定教学内容及知识点顺序；

（2）学习者特征分析——确定教学起点，以便因材施教；

（3）教学策略的选择与设计；

（4）学习环境设计；

（5）教学媒体选择与教学资源的设计；

（6）在教学过程中作形成性评价并根据评价反馈对内容与策略进行调整。

在环节（3）中已涵盖建构主义的自主学习、协作学习与自主探究等策略的设计；在环节（4）和环节（5）中则包括了环境创设和资源提供的要求。

义务教育阶段开展信息技术教育是为了建立起一套以信息能力和创新能力为基础的新型教学体系，需要在教学的组织、教学内容、教学评价、师生关系诸方面进行革新。突出强调以项目活动为中心的任务驱动模式、以学生发展为中心的自主学习模式、课程整合的学习模式。在选择小学信息技术教学设计的操作模型时，应该突出学教并重教学设计模型中的学教并重、突出学生的主体地位和教师的主导作用。

4. 小学信息技术教学设计的操作模型建构

教学设计的传统做法是有序设计，即主要说明设计者在开发教学时所应该遵循的各个步骤或者阶段。教学设计的现代方法其实仍然要求具体规定这些步骤或阶段（即"有序设计"），但同时也承认这样一个事实，即每一个阶段的输出结果将会对其他各个阶段产生影响（即"整体设计"）。结合上述所介绍的教学设计模型分析及小学信息技术课程的特点，基于学教并重教学设计模型，提出小学信息技术教学设计的操作模型如下（图1-3）：

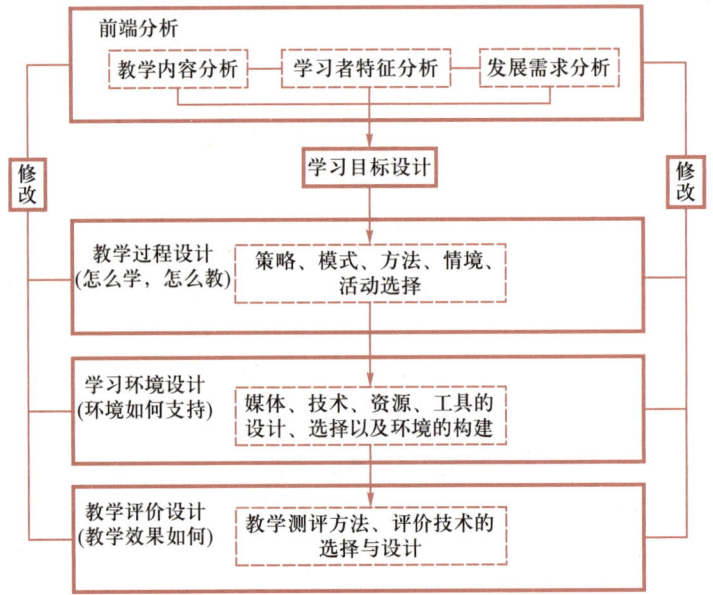

图1-3　小学信息技术教学设计操作模型

☞微课：信息技术教学设计怎么展开？

任务3　小学信息技术教学设计的工作流程

未来的社会充满了变化，为了适应社会，学生必须会理性地思考，学会创造性地处理和检索信息，从而有效地解决问题。信息技术课程的目标定位为课程教学设计提供了重要的指南，那么，小学信息技术教学设计的工作流程具体怎样呢？

☞ 案例：插入图片

> 》小组讨论
>
> 　　对照"插入图片"和"让网页有声有色"两个案例，理解和把握小学信息技术教学设计的要素与环节，以小组探究方式完成如下问题。
> 　　组1：前端分析的作用与内容是什么？
> 　　组2：案例中学习目标表述的差异是什么？
> 　　组3：案例中教学过程设计的要点是什么？
> 　　组4：学习环境是不是指教学手段？
> 　　组5：教学评价设计应该有哪些"新花样"？
> 　　组6：上述流程与案例模块的对应关系是什么？

☞ 案例：让网页有声有色

　　根据小学信息技术教学设计操作模型，其教学设计过程可以分为如下五个循环迭代的阶段，即前端分析、学习目标阐明、教学过程设计、学习环境设计以及教学评价等环节和要素，这五个环节构成了小学信息技术教学设计的工作流程。

一、前端分析

　　"前端分析"是美国学者哈利斯在1968年提出的一个概念，指的是教学设计过程开始的时候，先分析若干直接影响教学设计但又不属于具体设计事项的问题。例如，小学信息技术教材，虽然不是教学设计环节中具体设计的内容，却是教学内容的主要来源。因此，在前端分析部分，要从整体上对教学内容、小学生的特征、小学生的发展需求分析进行分析。

1. 教学内容分析

　　教学内容是指为了实现学习目标，要求学习者系统学习的知识、技能和行为规范的总和。分析教学内容的工作以总的学习目标为基础，旨在规定教学内容的范围、深度和揭示教学内容各组成部分的联系及教学顺序。对小学信息技术教学内容的分析主要包括对教材的整体分析和梳理、对具体上课内容以及相应参考资料的分析。

> ▶ 案例板
>
> "我的校园生活——在Word中插入表格"教学内容分析[①]
>
> 本节课的教学内容是《小学信息技术（第二册）》（清华大学出版社）第四课"发布天气预报"，学生在文字设置、插入艺术字、插入符号等学习的基础上，学习插入表格的操作方法。本节课内容在整个小学信息技术教学中首次出现，与已学的内容联系相对较少。
>
> 在学生实际生活中，有许多地方需要用到表格。而且熟练掌握本节课内容，能够为以后利用表格规划网页的学习打下坚实的基础。基于这种思考，我对本单元的课时进行了调整。本课包括三部分内容：创建一个新文档、插入常用符号、插入表格。第一、二部分内容学生已经在本单元第二课中渗透学习了。因此在Word中插入表格定为2课时。第一课时为插入表格，在表格中输入内容，根据需要设计简单的表格；第二课时为对表格进行调整与美化。本节课为第一课时。
>
> 由于本节课内容为发布天气预报，不太适合我校学生生活实际，因而在把握知识点的同时，我在授课过程中对于本课的主线及课题进行了更改：以环保小队的检查情况为主线，围绕校园生活中一些数据展开学习。如从站队到上操时间的记录、检查卫生情况的记录、放学后对班级用电情况的记录……以使学生的学习更贴近生活实际，解决生活中的实际问题。
>
> 教学重点：掌握行、列、单元格的概念，插入表格的方法。
>
> 教学难点：设计制作简单的表格。

在这个案例中对教学内容从整体到局部依次进行分析，通过分析要掌握的知识体系，分析知识的内在联系以及知识所处的地位和作用，并根据知识之间的关系安排教学内容的顺序及组织形式。教师只有从逻辑系统性上明确了教材的基本内容、知识体系以及各部分之间的内在联系和逻辑关系，搞清楚教材内容是怎样循序渐进地加以组织的，才有可能引导学生主动地掌握知识体系，摆脱支离破碎、孤立无关的知识状况；只有明确了教材的知识体系，才能找出知识体系中的主导成分。

通过分析教学内容，可以帮助教师分析教材的编写意图，教材所选内容的特点、作用与地位，教材的体系及逻辑结构，进而明确教材的重点、难点，同时挖掘教材的科学方法、能力培养、思想教育等因素。另外，教学内容分析对于教学策略的选择具有重要的作用和意义。教学内容分析是课堂教学设计中基础的基

---

① 周敏. 我的校园生活——在Word中插入表格 [EB/OL]. http://www.ictedu.cn/CaseInfo.aspx?id=1785.

础，是通过课堂教学对学生产生优良影响的起点。

2. 学习者特征分析

学习者特征分析主要是了解小学生的一般特征、学习风格、初始能力，并确定教学的起点。在对小学生进行分析时，不可能对每个人的所有特征进行分析，但是我们必须了解那些对教学设计起重要作用的因素。其中，小学生的一般特征、起点水平、学习风格、学习动机、学习兴趣等是在教学设计时首要考虑的因素。

由于小学信息技术课程中学生的基础水平差异较大，因此学习者特征分析就显得尤为重要。尤其是针对小学生信息技术和信息素养的原有知识、能力等的诊断直接关系着教学中的起点问题、任务设计问题以及评价问题等。

> ▶ **案例板**
>
> "神奇的橡皮——画面的修改"的学情分析[1]
>
> 本课授课对象是小学三年级学生。
>
> 学生已有知识：在画图中，已经学会了选定、曲线、油漆桶、喷枪、矩形、多边形等绘图工具的基本使用方法。
>
> 学生已有技能：在画图中，比较熟练地使用这些绘图工具进行操作，如选定、曲线、矩形等，并且完成简单作品的制作，对于橡皮工具只是初步了解普通橡皮进行左键擦除方法。
>
> 学生的年龄特点：由于授课对象是三年级小学生，他们喜欢直观、形象、生动、有趣的范例，集中学习时间不宜过长，要适当地采取有效的教学方法，调动学生的学习积极性。因此教师设计的任务就要考虑这个年龄段学生的年龄特点，设计的任务既要有意义，还要具有一定的科学性、教育性，使学生们乐于接受学习。
>
> 为使全班同学都能达到学习要求，完成学习目标，教师还要考虑学生的个体差异问题，要设计合理、分层的学习任务。

上述分析对学生的先前知识、技能以及心理特点和差异等都进行了分析。学生的初始能力直接影响学习目标的确定和教学起点的确立；学生的一般特征和学习风格，将直接影响教学策略的制订和媒体的选择。

尤其值得注意的是，在小学信息技术课程中，由于小学生个体在信息技术知识和能力上的差异相较于其他学科课程会更加明显，因此，小学生的初始能力和差异分析对于教学方法的选择、活动的安排显得尤为重要，在进行学习目标设

---

[1] 于海林. 神奇的橡皮——画面的修改 [EB/OL]. http://www.ictedu.cn/CaseInfo.aspx?id=1787.

定、教学活动安排时也要尽量地考虑小学生的特征以及差异。

3. 发展需求分析

简单来说，发展需求分析的目的就是确定学习从哪里开始，即确定总的学习目标。在教学设计中，"发展需求"是一个特定的概念，是指学习者学习方面的当前状况与被期望达到的状况之间的距离，或者说，是学生已经具备的水平与期望学生达到的水平之间的差距。

在这里，"期望达到的学习状况"是指学生应当具备什么样的能力、素质，包括社会、学校和家庭对学生以及学生对自己的期望。"当前的学习状况"是指学生已经具备的能力、素质。"发展需求"正是这二者之差。差距指出了学生在知识和能力方面的不足，指出了教学中实际存在和要解决的问题，这正是经过教育可以解决的需求。可以说，没有差距就没有需求，也就无从谈起解决什么了。所以差距包括知识差距、技能差距，当然可能还有动机差距、态度差距等。

需要指出的是，对于当前的中小学课程教学设计来说，需要更加重视发展需求的分析。一般而言，发展需求是广义教学设计（如课程开发、项目开发等）的一个环节，对于小学信息技术课程而言，在信息技术教育及相关课程与教学既定的情况下，教学设计就是解决发展需求问题的主要途径，因此，应该关注具体的发展需求。这也符合新课程强调的以学习者为中心的、关注个体发展的指向。

在实际操作中，发展需求分析往往与学习者特征分析结合在一起。

前端分析的目的在于根据教学内容和学习者特征、发展需求准确地确定信息技术课程的学习目标。学习目标准确、清晰有助于确定教学内容（为达到学习目标所需要掌握的知识单元）和教学顺序（对各知识单元进行教学的顺序），其最终目的是为了学生更好地达到既定目标，提升自身的信息素养。

二、学习目标阐明

通过前端分析确定了总的学习目标，确定了教学起点，还确定了教学内容的广度和深度以及内容之间的内在联系，这就基本确定了教与学的内容框架。在此基础上需要明确学习者在学习过程中应达到的学习结果和标准，这就需要阐明学习目标。

> ▶ 案例板
>
> "信息与信息技术"的学习目标[①]
>
> 1. 知识与技能
>
> 感受生活中的信息现象，认识到信息是普遍存在的，了解常用的信息技术工具。
>
> 2. 过程与方法
>
> 通过观察生活中的一些信息现象，了解信息，并在活动中初步了解信息活动的一般过程。
>
> 3. 情感态度与价值观
>
> 感受信息对生活与学习的作用，产生学习与使用信息技术的兴趣。
>
> 4. 行为与创新
>
> 能够积极思考生活中的信息现象，初步培养选用合适技术工具处理信息的意识。

该案例从四个方面对学生通过学习后将达到何种状态进行了描述，要达到不同的学习目标如知识、技能或情感目标，所采用的教学方法、媒体及评价方法都会有所不同。因此，在确定学习目标时，要以总的学习目标为指导，以学生的具体情况和教学内容的体系结构为基础，按一定的目标编写原则，如布卢姆等的教育目标分类学，把对学生的要求转化为一系列的学习目标，并使这些目标形成相应的目标体系，为教学策略的制订和教学评价的开展提供依据。

教学设计要始终围绕学习目标进行。在目前的小学信息技术教学中，主要是围绕"信息素养"这个核心目标，从知识与技能、过程与方法、情感态度与价值观三个方面相互渗透。学习目标把握得不准确，在教学设计时会产生偏差。例如，在"信息和信息技术"教学中，学生应知道常用的信息技术工具和信息活动的一般过程，另外还要培养学生选用技术工具处理信息的意识。

三、教学过程设计

教学过程的设计主要包括教学策略、教学方法、教学模式的选择，教学活动的设计与安排等，是教学设计的主要环节。在这个环节中，需要合理地选择相应的教学顺序、教学方法和教学组织形式以及教学活动安排等。其中教学顺序的选择就是要确定教学内容各组成部分之间的先后顺序；教学方法的选择就要通过讲

---

① 胡燕青. 信息与信息技术[EB/OL]. http://www.ictedu.cn/CaseInfo.aspx?id=1773.

授法、演示法、操练法等不同方法的选择，激发并维持学生的兴趣和注意力，传递教学内容；教学组织形式主要有集体备课、小组讨论和个别化学习等形式，各种形式各有所长，需要根据具体情况进行选择。

需要注意的是，教学策略的选择，要在满足课程标准基本要求的基础上，设计满足不同学习风格的多元化教学策略，给予学生不同层次的学习指导。同时要根据教学内容的知识类型，例如，技能性知识更多地采用示范性教学策略，情感类知识更多地采用情境陶冶等教学策略等。

在教学方法的选择上，一般认为应该根据学习目标、学生特点、学科特点、教师特点、学习环境、教学时间、教学技术条件等诸多因素来选择教学方法。在教学过程中，各种教学方法是相互联系、相互作用的，因此需要综合分析各种教学方法的特点，注重教学方法的整体效应。

在教学组织形式上，在基本满足课程标准要求的基础上，综合考虑集体教学、小组合作和个别指导。例如，对于基础内容以及学生在学习过程中反映出来的共性问题，可以采用集体教学的形式；对于基础较差的学生，可以采用个别辅导的方法为其奠定基础，消除他们的恐惧感和畏难感；对于信息技术基础较好的学生，可以提供多样化的自主探究空间，使其能够得到充分的提高。

四、学习环境设计

学习环境指学习者在学习过程中进行学习活动的情况和条件。其中，"情况"是指学习活动的起点和某一时刻的状态，而"条件"则包括物质条件(学习资源)和非物质条件(学习氛围、学习者的动机、人-人关系、人-机关系、教学策略等)。学习环境的设计，就是通过学习分析，设计学习资源、认知工具和学习策略，为学习者创设学习情境，促进学习者进行有效的学习。

由于学习环境对学习活动是一种支撑作用，所以，学习环境的设计必须在学习活动设计的基础上进行。不同的学习活动可能需要不同的学习资源和学习工具。学习环境的设计者必须清醒地认识到所设计的学习环境能支持哪些学习活动以及支持的程度如何。从广义上讲，学习环境包括物理学习环境、媒体与技术学习环境、资源与工具学习环境以及情感学习环境。在我们介绍的学习环境设计环节，主要是指媒体与技术、资源与工具学习环境的构建。

例如，北京市东城区西中街小学金慧莉在"字母键大联欢"中[①]，为了帮助学生掌握字母"B""N"键的正确指法以及下排键练习、英文字母键综合练习，

---

① 金慧莉. 字母键大联欢[EB/OL]. http://www.ictedu.cn/CaseInfo.aspx?id=1779.

设计了复习与导入、尝试探索、综合运用三个环节。为了让复习的环节更加有趣、吸引学生，这位教师利用"打字小老师"软件作为支持活动开展的工具；利用"可输入文字的贺卡"考查学生综合运用的能力。

有时还需要为学生提供典型的范例和丰富的样例，开拓学生的思路，打开学生的创意之门。这些都是需要在教学设计阶段准备的。范例要有典型性，样例要丰富多彩，素材要精挑细选。如设计"制作个人名片"实践内容时，一定要有典型的名片范例，还要有丰富的、创意独特的、应用各种技术的样例，以及大量的名片背景、线条、边框、图标等图片素材。

五、教学评价设计

经过前四个阶段的工作，就形成了相应的教学方案和媒体教学材料，然后进入实施阶段。最后要确定学习目标的达成情况，即进行教学评价。

课堂教学评价是按照"课堂教学评价方案"所规定的评价目的、原则和程序，以评价指标为导向，采用科学可行的方法和手段，收集和分析评价信息的过程；它以评价标准为尺度，以评价信息为依据，对课堂教学进行价值判断，从而为课堂教学提供决策依据。

如何来设计一个课堂教学评价方案呢？主要包括评价目的的确定、评价指标的设计、评价方法与测量工具的设计、评价结果的分析等步骤。

1. 课堂教学评价目的的确定

课堂教学评价的目的是显而易见的，它主要是关于结果的评价，主要关心和检查教学活动实施之后的结果，它要直接与事先确定的学习目标进行对照，从而判断教学过程的教育价值。

2. 课堂教学评价指标的设计

课堂教学评价方案设计中关键的步骤是评价指标的设计。从教育评价的基本理念出发，课堂教学实施的发展性评价应关注学科学习目标和一般性发展目标，必须明确评价内容，并用清楚、简练、可测量的目标术语表述出来。

3. 评价方法与测量工具的设计

课堂教学评价中最为主要的方法有测验法、调查法、观察法、学生成长档案袋法，通过这些方式来收集有关信息。

4. 评价结果的分析

通过评价结果的分析，使得个体评价结果，可以用来鉴定、诊断和激励学生个人；使得整体的学生评价结果，为教学过程改变提供依据。

任务4 小学信息技术教学设计方案的评价

微课：什么是好的教学设计？

教学设计方案是教学设计过程中各要素分析和设计的外化成果，通常包括课程标题和概述、学习目标阐述、学习者特征分析、教学策略选择、教学资源和工具的设计、教学过程设计、教学评价与反馈设计、总结与帮助等内容。对教学设计方案的评价有助于设计人员反思自己的设计过程，尽可能避免一些由设计上的疏漏导致使用效果不理想的问题。① 那么到底如何评价一个教学设计方案呢？什么是好的教学设计方案呢？

> **》小组讨论**
>
> 优秀教学设计作品评析
>
> 访问浙江省高等学校师范生教学技能竞赛网http://jxjn.zjnu.cn，下载相关教学设计获奖作品，与同伴讨论每个作品的优缺点，并记录下来，反思其成功之处。

何克抗教授指出，教学设计方案的评价可以从教学设计方案的完整性和规范性、可实施性、创新性等几个方面来进行。

一、完整性和规范性

规范的教学设计方案必须体现完整的教学设计过程，所有必需的环节应明确写出，而且要前后一致，是一个整体的问题解决方案，而不是各个要素的简单堆砌。具体要做到如下几个方面。

1. 学习者特征分析

能从小学生的认知特征、起点水平和情感态度准备情况以及信息技术技能等方面详细、明确地列出学习者的特征。

2. 学习目标阐述

确定的学习目标不仅要体现新课程标准的理念，即反映知识与技能、过程与方法、情感态度与价值观三个维度的目标，还要体现不同学习者之间的差异；目标清晰、具体，不空洞，不仅符合学科的特点和学生的实际，而且便于在教学中进行形成性评价。

---

① 马兰，张文杰. 教学设计 [M]. 北京：高等教育出版社，2012：363.

3. 教学策略选择与活动设计

教学策略选择与活动设计要符合学习者的特征，教学活动做到形式和内容统一，既能激发学生的兴趣，又能有效完成学习目标。教学策略与活动要恰当地使用信息技术，活动要求表述清楚。能够多种教学策略综合运用，一法为主，多法配合，优化组合。

4. 学习资源和工具设计

综合多种媒体的优势，有效运用学习资源和工具，如下载的多媒体素材、制作的教学课件、设计的教学范例、学生作品等都能促进教和学，发挥作用。

5. 教学过程设计

教学思路清晰（有主线、内容系统、逻辑性强），结构合理；注重新旧知识之间的联系，重视新知识的运用；教学时间分配合理，突出重点，突破难点；有层次性，能够体现学生的发展过程。

6. 教学评价和反馈设计

有明确的评价内容和标准，有合理的练习题，即练习的内容、次数合理，有层次性，既能落实双基要求，又注重学生应用知识解决问题能力的提高；注重形成性评价，提供评价工具，针对不同的评价结果提供及时的反馈，而且以正向反馈为主；根据不同的评价信息，明确提出矫正教学行为的方法。

7. 总结和帮助

对学生学习过程中可能会产生的问题和困难有所估计，并提出可行的帮助和支持。有完整的课后小结，小结有助于学生深入理解学习的主题，能重点关注潜能生的需求。

二、可实施性

评价一个教学设计方案的优劣，还应从时间、环境、师生条件等方面来考虑其是否具有较强的可实施性。

（1）时间因素：运用此成果于教学时，所需时间的多少，包括教师的教学时间、学生的学习时间等。教师的教学时间应含学生完成教师布置的作业的时间、课程占用的学生的课外时间等。

（2）环境因素：对学习环境和技术的要求不高，可复制性较强。

（3）教师因素：方案简单，可实施，体现教师的教学风格、特点及其预备技能。

（4）学生因素：针对学生的情况，对学生的预备知识、技能以及学习方法等方面的要求比较合理。

☞《浙江省高等学校师范生教学技能竞赛评价参考标准》

三、创新性

既能发挥教师的主导作用，又能体现学生的主体地位；教学方法上有创新，能激发学生的兴趣；有利于促进学生高级思维能力的培养；体现新理念、新方法和新技术的有效应用。

总之，教学设计书写要详尽，活动设计要适切，图表资料要充分，提问、设问要确切等。教师要结合实际，合理设计自己的教学过程。教案设计好了，并不代表教学设计活动的结束，还需要对教学设计进行不断的修改和完善。教学设计不是一个严格的线性过程，它就像思考过程一样，由不断地对早期观点的修正和完善组成。事实上，进行教学设计的每一步都在进行着评价。例如，确定好学习目标后，就需要对目标的阐述及价值进行判断。为随时对自己的教学设计方案进行评价，在评价时可以参考以下问题：

- 学习目标是什么？为什么定下这样的学习目标？通过哪几个环节实现学习目标？教学设计有没有落实三维目标？
- 本课的重点、难点是否合理？有没有做到突出重点和突破难点？
- 教学流程和教学方法的选用是否恰当？能否进一步改进？
- 是否预计到学生在这一内容学习中会出现的困难？应该怎样处理？
- 设置了怎样的评价？着重评价什么？怎样利用评价来促进学生的发展？

☞ 案例：输入汉字

> 》小组讨论
>
> 　　假设你是专家，以2013年《浙江省高等学校师范生教学技能竞赛评价参考标准》为工具，选择"输入汉字"案例进行质量评价，对有争议的项目进行组内讨论并统一意见，如仍无法协调，最后由组长向教师提出，进行班级讨论。

模块小结

小学信息技术课程以培养学生的信息素养、创新精神和实践能力为主要学习目标，具有基础性、实践性、时代性、趣味性、综合性、差异性特点。小学信息技术教学设计主要凸显学教并重教学设计模型的基本理念与程序，强调传统教学设计的有序设计与建构主义教学设计的整体设计观念。教学设计的工作流程主要包括前端分析、学习目标阐明、教学过程设计、学习环境设计、教学评价设计五个环节；评价一个小学信息技术教学设计方案可以从完整性和规范性、可实施性以及创新性三个方面进行。

反思探究

1. 使用表格制作我国小学信息技术课程发展大事年表,梳理我国小学信息技术课程的发展。

时间	事件	课程目标	课程内容	有关课标或者文件

2. 通过网络检索"信息素养",至少列举3种"信息素养"的定义,比较其内涵与外延。

提出者	定义	来源	你的理解

3. 你如何理解小学信息技术课程的六个特点?除此之外,你认为它还有什么特点?

4. 头脑风暴:结合网络检索及案例,小组讨论、分析教学设计与教案的差异,完成下表。

比较项目	教学设计	教案	说明

5. 列表比较传统教学设计、建构主义教学设计、双主教学设计的优缺点。

6. 结合不同的教学设计操作模型以及小学信息技术教学设计案例,梳理小学信息技术教学设计的必选模块和可选模块。

设计实训

初步策划小学信息技术教学设计的选题,结合小组成员的意见,在组长综合协调各个成员的不同选题的前提下,确定自己本课程所要完成的教学设计选题,并填写下表。

设计者:				
小组成员:				
章节标题				
实施年级		学习环境	□多媒体教室　□多媒体网络教室 □1:1数字化教室　□＿＿＿＿＿＿	
教学内容概述				
选择的理由				
可能遇到的问题				

模块二　小学信息技术教学设计前端分析

学习提要

本模块内容涉及教学设计前端分析，知识点主要包括是教材与教学内容分析、学习者特征与发展需求分析，每个知识点都包括分析要点与分析方法两个层次的知识，分析要点以案例讲解为主，分析方法以实际训练为主。教学过程从分析典型案例出发，引导学生进行自主学习、设计实践及自我反思评价等，在完成由易到难的任务过程中完成教学设计前端分析的知识与能力建构。

学习目标

知识与技能	理解小学信息技术教材的总体要求和目标定位；掌握分析小学信息技术教材的四个要素；熟练掌握小学信息技术教学内容分析的过程与方法；理解发展需求的内涵，掌握发展需求描述方法；熟悉分析学习者的一般特征、初始能力和学习风格
过程与方法	结合案例分析活动，体验小学信息技术教学设计前端分析的系统流程；通过教学设计工作坊和设计实训的活动，掌握教学设计前端分析的一般方法
情感态度与价值观	结合教学设计工作坊实训的自主学习和案例研习活动，初步形成系统思维、合作学习和学习反思的意识与态度

引言

　　小张了解了小学信息技术课程的发展历程、价值及理念，掌握了教学设计与教案的区别，以及教学设计的操作流程，对这门课程的属性也有了进一步认识。同时他对教学设计如何开展产生了浓厚的兴趣。如果要上好一堂小学信息技术课，课前做教学设计到底应该从哪儿开始呢？需要考虑哪些条件与因素呢？教学设计的前端分析有发展需求分析、教学内容分析和学习者特征分析，听起来都能理解，但做起来似乎无从下手。小学信息技术教材拿到手，看起来很简单，但如何吃透小学信息技术教材、怎么分析教学内容、如何理解学生的发展需求等问题，似乎是进行教学设计的一些条件性因素，小张希望能从内容和方法两个角度好好把握教学设计的前端分析。

任务1 小学信息技术教材分析

广义而言，教材即教学材料的简称，可以包括用于课堂教学的教科书以及辅助教学的教师用书、教学光盘、教学支持网站、教学课件等。狭义而言，教材指教科书，是根据课程标准或教学大纲对教学材料作出的具体设计。毋庸置疑，教科书是教材的主体，教学参考资料是对教科书的揭示和补充说明。教师对教材的分析，应该以教科书为主要的分析对象，并参照课程标准和教学参考资料来进行。

> **小组讨论**
>
> 　　如果你是小学信息技术课的教师，拿到四年级上册小学信息技术教材后，在内容方面你会考虑哪些问题？如果今天你准备给学生上第1课"感受千变万化"，你会考虑哪些问题？

一、教材分析的理论认识

教学论专家杨启亮教授认为教材不是供传授的经典，不是供掌握的目的，不是供记忆的知识仓库，而是供教学使用的材料。[①]因此，教师和学生不是"材料员"而是"建筑师"，他们是材料的主人，更是新材料和新教学智慧创生的主体。教师的理解与运用、学生的体验过程便是这种主体性的体现。

基于此，教学领域一直有"用教材教"而不是"教教材"的倡导。此观点中"教教材"被界定为以教材为权威、照本宣科、机械照搬，体现的是一种"权威化"的教材观：将重心放在分析教材、梳理知识、强化考点等方面，教师的重要职能往往是实现教科书、教学参考资料和其他教学辅助资料的功能，缺失自己的教学创意，缺少自我主动的设计意识。"用教材教"则被理解为根据实际情况灵活变通，对教材进行适当的加工，以适应教学实际，凸显的是"材料式"的教材观：教材只是教学活动的载体和媒介，只是课堂教学中可供利用的一种教学工具，是与学生交往活动的载体。教师在课前的主要准备任务便是策划如何有效利用这一载体。

"用教材教"意味着基于教材、超越教材、回归教材。基于教材，即首先要理解教材本身，教材背后都有某种思想或理念的支撑，可以借助教师用书或与编者

---

① 杨启亮. 教材的功能：一种超越知识观的解释[J]. 课程·教材·教法，2002（12）：10-13.

交流来了解编者的思路,理解其所要表达的真实意图;超越教材,即从更高的层面审视教材,如从课程标准、教学大纲的相关规定来检视教材的编写及其表达,判断其适度性;回归教材,在理解、判断的基础上再次回到教材本身,根据实际需要对教材进行适当的调整,譬如内容的剪裁(替换、增删)及顺序的调整等。

二、教材分析的实践操作

☞微课:如何分析信息技术教材?

教材分析的顺序一般是:先对教材进行总体分析,然后进行每一章或单元、模块的教材分析,最后进行每一课时的教材分析,即遵循宏观—中观—微观的思路。本部分关注的是宏观、中观层面的教材分析,微观层面的分析属于内容分析,将在任务2中予以介绍。

> ▶ 资料夹
>
> 教材整体分析的基本步骤"四读法":
> 泛读——泛读有关资料,明确课程地位与任务;
> 通读——通读整个教材,获得整体认知;
> 细读——细读每个部分,进行整体分析;
> 精读——精读每个章节,进行具体分析。

对教材进行整体分析时,教师需要站在课程标准或教学大纲的高度,充分领会教材的总体要求和内容结构,为制订科学的学期教学计划,把握各单元、各课时的教学奠定基础。

教材分析的总要求可以描述为:分析课程标准和教学大纲,领悟编写意图;熟悉整个教材内容,了解各个部分的地位与作用;具体分析教材的知识结构体系、目的和要求、重点与难点等;研究如何处理和优化教材;选择与教材内容相匹配的教学方法和手段。

1. 分析教材的总体要求与目标定位

在第八次基础教育课程改革中,义务教育阶段的信息技术课程划归到综合实践活动领域,国家层面的课程标准尚未出台,指导教学的依然是2000年的《中小学信息技术课程指导纲要(试行)》。2012年,中国教育技术协会信息技术教育专业委员会发布了《基础教育信息技术课程标准(2012版)》。一些省市也出台了专门的文件,如《广东省义务教育信息技术教学指导意见(2012年版)》《江苏省义务教育信息技术课程指导纲要(2013年修订)》《上海市中小学信息科技课程标准(试行稿)》等。

▶ 资料夹

《中小学信息技术课程指导纲要（试行）》中
小学阶段的学习目标

（1）了解信息技术的应用环境及信息的一些表现形式。

（2）建立对计算机的感性认识，了解信息技术在日常生活中的应用，培养学生学习、使用计算机的兴趣和意识。

（3）在使用信息技术时学会与他人合作，学会使用与年龄发展相符的多媒体资源进行学习。

（4）能够在他人的帮助下使用通信远距离获取信息、与他人沟通，开展直接和独立的学习，发展个人的爱好和兴趣。

（5）知道应负责任地使用信息技术系统及软件，养成良好的计算机使用习惯和责任意识。

▶ 资料夹

《中小学信息技术课程指导纲要（试行）》中
小学阶段的教学内容

模块一　信息技术初步

（1）了解信息技术基本工具的作用，如计算机、雷达、电视、电话等。

（2）了解计算机各个部件的作用，掌握键盘和鼠标的基本操作。

（3）认识多媒体，了解计算机在其他学科学习中的一些应用。

（4）认识信息技术相关的文化、道德和责任。

模块二　操作系统简单介绍

（1）汉字输入。

（2）掌握操作系统的简单使用。

（3）学会对文件和文件夹（目录）的基本操作。

模块三　用计算机画画

（1）绘图工具的使用。

（2）图形的制作。

（3）图形的着色。

（4）图形的修改、复制、组合等处理。

模块四　用计算机作文

（1）文字处理的基本操作。

（2）文章的编辑、排版和保存。

＊模块五　网络的简单应用

> （1）学会用浏览器搜集材料。
> （2）学会使用电子邮件。
> *模块六　用计算机制作多媒体作品
> （1）多媒体作品的简单介绍。
> （2）多媒体作品的编辑。
> （3）多媒体作品的展示。

《基础教育信息技术课程标准（2012版）》承继了2003年《普通高中技术课程标准（实验）》中信息技术部分的精神，明确指出"基础教育阶段信息技术课程的总目标是培养和提升学生的信息素养"，并进一步强调"学生信息素养的培养是一个持续提升的过程，在不同学段，学生学习信息技术的内容各不相同，在信息素养的培养水平上各有侧重。其中，小学阶段侧重对基础知识和基本技能的掌握和应用，强调对信息技术和信息文化的体验和感悟，以基础入门为标志，以感悟信息文化为目标"。

在内容的安排上，《基础教育信息技术课程标准（2012版）》建议：义务教育阶段按照基础模块和拓展模块的方式进行设计。小学阶段基础模块，含"硬件与系统管理""信息加工与表达"和"网络与信息交流"三个专题；两个拓展模块，分别是"算法与程序设计入门"和"机器人入门"。各模块与专题有针对性的目标及内容要求。

需要明确的是，相关课程标准关于目标的要求具有宏观性和概括性，而教材关于教学目标（学习目标）的要求则具有微观性和具体操作性。前者是后者的依据，后者是前者的落实。

也就是说，上述文件中对小学阶段信息技术课程的学习目标、教学内容的规定或建议都是面向整个学段的，而教材多是指向一个学期或一个学年的，因此需要依据课程标准和教学大纲进行细化以确定教材中涉及内容的目标定位。

具体做法上，可以先分析教材中涉及的内容范围，明确包含的内容模块，然后根据课程标准和教学大纲对小学阶段教学总目标及各相关内容分目标的要求，形成双向细目表（表2-1所示），最后与教材中实际体现出来的教学要求进行比对，从而确定学习目标。

表2-1中的学习目标及相应的掌握水平分类依据的是2003年《普通高中技术课程标准（实验）》信息技术部分，也可以根据需要使用其他的目标分类方式，以便分析工作顺利进行。

表2-1　学习内容与目标双向细目表

学习内容	学习目标								
	知识性目标			技能性目标			情感性目标		
	了解	理解	迁移	模仿	独立操作	熟练操作	经历	反应	领悟

2. 分析教材内容的逻辑结构

分析教材内容的逻辑结构即是分析教材各章或单元、模块之间的关系。教材内容各个部分之间存在着一定的逻辑关系。只有正确揭示这种关系，才能促进教学的顺利进行。一般情况下，教学内容各部分之间有三种关系[①]，如图2-1所示：

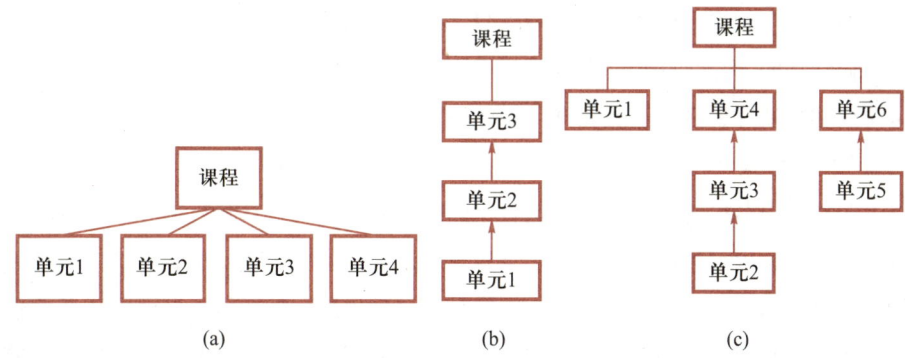

图2-1　教学内容的逻辑关系

图2-1（a）为并列型结构，各单元相对独立，学习顺序可以自由调整。这种结构多见于每个单元或模块涉及不同的软件或工具，并且相互之间没有交集的情形。

图2-1（b）为顺序型结构，各部分教学内容之间的顺序是固定的，前一部分的学习将构成后一部分的基础。顺序型结构在序列上极为严密，多见于教材围绕一种软件或工具的学习展开的情形，比如小学高年级Logo语言的专门学习。

图2-1（c）为综合型结构，兼有并列型和顺序型特点，单元1、单元4、单元6次序可以互换位置，但单元2、单元3、单元4和单元5、单元6的次序不可调整。相对而言，综合型结构在目前的小学信息技术教材中比较常见。这样安排的好处是，学生在一个学期内可以接触到两种或两种以上的软件或工具的学习，并且前后呼应，促进学生的认识逐步提升。

---

① 李龙. 教学设计 [M]. 北京：高等教育出版社，2010：108.

教材内容之间的结构关系分析需要在深入教材、解读教材的基础上，依据教师用书或教材编写说明、已有教学经验等确定。这种结构关系比较显见，相对容易分析。

事实上，不同学期、年级的教材之间会有内容的必要重叠，并以难度螺旋上升的方式满足学生的认知需求。比如，在呈现键盘练习相关知识点时，通常教材不会一开始就对键盘分区、指法规则进行详细说明，因为这样不仅枯燥难记，也容易挫伤学生的学习兴趣。可以采用的处理方式是，安排学生通过一系列小游戏熟悉键盘、进一步理解键盘与显示器的联系，以游戏的吸引力带动学生初步熟悉键盘，在学生的兴趣被激发并维持的基本条件之下，再通过精心设计的步骤逐步进行严格的键盘使用训练，达到预设的学习目标。[①]而这些训练安排，可能分散在不同单元甚至不同分册中，因此，教材内容结构的分析还包括分析内容模块与已学内容的联系。分析的结果是，明确哪些内容模块是初次接触的；哪些是在之前已有基础上的提升或拓展；哪些内容模块虽然以往没有学过，但有类似学习经验可以迁移的。在此基础上形成更为详细的知识模块结构图，结合教学经验及班级学生实际情况，进行适当调整，从而确定可行的教学顺序。

3. 分析教材的组织编排方式

与教材内容结构息息相关的是教材的组织编排方式。从教材内容组织编排的原理看，教材内容的组织编排有按学科知识逻辑与学生心理发展逻辑组织编排两种。前者有利于系统知识的传递，但容易忽视学生的兴趣和能力发展；后者有利于学生接受和理解，但容易停留在感性经验，不利于学生认识的提升。理想的做法是把二者有机结合起来。

就信息技术教材的内容编排而言，其线索包括知识点为主线、工具为主线、主题活动为主线、"工作"为主线等[②]，体现出学科知识逻辑与学生心理发展逻辑的统一。具体到小学阶段，秉承新课程思想，不少教材内容的编排以信息技术与学生生活、学习的联系为明线，以活动或主题为组织单元，以学生信息技术应用能力的发展为暗线，体现出教材是按照活动或主题和学生心理发展的线索来编排的。

▶ 案例板

《信息技术（五年级下）》（浙江教育出版社）目录如下：
第一单元　我们的信息生活
　第1课　生活在信息中

---

① 于颖，胡金艳，李艺. 试谈小学信息技术教材的内容编排：教材设计与儿童认知发展相长[J]. 课程·教材·教法，2007（5）：72—76.
② 李艺. 信息技术课程与教学[M]. 北京：高等教育出版社，2005：62.

> 第2课 现代信息技术
> 第3课 用计算机处理信息
> 第二单元 我的数字名片
> 第4课 初识PowerPoint
> 第5课 丰富幻灯片内容
> 第6课 让幻灯片动起来
> 第三单元 动画天地
> 第7课 认识GIF动画
> 第8课 修改动画
> 第9课 文字动画
> 第10课 人物动画
> 第四单元 演示文稿宣礼仪
> 第11课 准备演示文稿资料
> 第12课 制作演示文稿
> 第13课 让演示文稿"有声有色"
> 第14课 灵活的超链接
> 第15课 演示播放技巧多

由于教材的编写需要关注知识体系的严谨性，因此，相近内容在编排上会相对集中，而教学中则需要根据学生情况（接受能力、兴趣、动手操作机会）进行适当处理。

分析上述"案例板"中的教材目录，其中第一单元虽有实践操作，但理论性色彩相对突出，就教材的知识体系而言，该单元是不可或缺的部分，既是总体的引导，也是学生认识的起点。在教学中，如果严格按照此教材来上课，学生动手的机会可能会减少。因此具体教学时可以考虑将第一单元压缩，引领学生形成初步的认识，然后在其他有关联的部分再进行穿插，与第一单元呼应，同时促进学生在实践中不断提升认识。一般来说，纯理论性的内容多会按照此种方式进行处理，在应用中促进学生体会、领悟。

4. 分析课时安排

在内容结构及线索明确之后，即需要结合教材内容对整个学期的教学课时进行宏观的规划，确定每个内容单元的课时分配。

就小学信息技术课程的实际情况而言，每个学期15课时是较为理想的结果，可以用13～15课时来进行考量，以确定各单元或模块的时间分配。时间长短上需要有灵活调整的准备，如果时间不够，考虑哪些内容可以压缩或是舍弃。

▶ **案例板**

《小学信息技术（四年级上）》（浙江摄影出版社）目录如下：

第一单元　电子作文
　　第1课　初识文字处理软件
　　第2课　设置文本格式
　　第3课　调整页面布局
　　第4课　设计文集封面
　　第5课　汇编作文集
第二单元　相聚在网上
　　第6课　初试学习平台
　　第7课　参与网上学习
　　第8课　作品上传与分享
　　第9课　制作通讯录
第三单元　小小编辑
　　第10课　字斟句酌理文本
　　第11课　画龙点睛写标题
　　第12课　图文并茂美文章
　　第13课　有的放矢查资料
　　第14课　灵活运用文本框
　　第15课　精益求精做小报

不同教师因为所在学校、学生基础、教师风格等情况都存在现实差异，所以在教材使用的具体规划上也会有所区别。

据上述"案例板"目录，可以直接借鉴教材的课时安排。如某区重点小学的信息技术课程教师的规划是：用10课时左右学习教材内容，剩下的5课时则安排学生设计综合性作品，使学生进行具体应用。

》**小组讨论**

整体分析任意版本的小学三年级信息技术教材，小组讨论后，确定以下内容。

　　主要目标：
　　主要模块：
　　逻辑关系：
　　组织编排方式：
　　学时安排：

任务 2 小学信息技术教学内容分析

教学内容分析是对学习目标规定的终点能力、对学习者起点能力转化为终点能力所需要的从属知识、技能或能力及其关系进行详细剖析的过程。内容分析实际上属于教材分析的微观层面，指向每一节课的具体内容。本任务将从教学内容分类入手，详细介绍进行小学信息技术教学内容分析的方法与步骤。

一、小学信息技术教学内容的分类

1. 基于加涅学习结果的分类

根据加涅的观点，人类的学习结果可分成五类：言语信息、智力技能、认知策略、动作技能、态度。其中，言语信息、智力技能、认知策略属于认知学习领域。这五类学习结果代表了不同类型的学习内容，分述如下。

（1）言语信息

作为一种学习结果，言语信息是指学习者通过学习，能够以言语陈述的形式存储诸如事物的名称、符号、地点、时间、定义、对事物描述等具体的事实，并能够在需要时将这些事实表述出来。譬如，"1946年世界上第一台计算机诞生"。又如，"Word、WPS是文字处理软件，一般用于文字的格式化和排版"。

学生信息的获得通常是教师以口头或者教材以文字进行传授的学习结果。判断学生是否获得信息，主要看他们是否能把所获得的信息表述出来。

（2）智力技能

智力技能作为一种学习结果，是指学习者掌握概念、规则并将其应用于新情境，这是使用符号与环境相互作用的能力。智力技能与言语信息不同，言语信息与知道"是什么"有关，而智力技能则与知道"怎样做"有关。譬如，知道"利用资源管理器可以简单地进行文件管理"是言语信息的学习结果，而学会如何利用资源管理器进行文件管理则是智力技能的学习结果。

智力技能又分为四类，由简单到复杂构成一个层级关系，较为简单的是辨别技能，进一步形成概念，在概念基础上学会使用规则。智力技能的最高形式是高级规则的获得，这与解决问题有关。当学习者面临一个新问题时，需要将不同的规则组合运用，作为解决问题的方案提出，这时他就学到了一组高级规则。

辨别：是指区分事物差异的能力，是将刺激物的一个特征和另一个特征，或者将一个符号与另一个符号加以区别的一种习得能力。譬如，能够区分  等按钮的功能；又如，知道 等图标分别代表的对齐

方式。

概念：概念的学习是在一系列事物中找出共同的特征，并给同类事物赋予同一名称的一种习得能力。譬如，将键盘、鼠标、话筒、显示器、打印机、音箱等按照输入设备、输出设备进行分类。

规则：是揭示两个或更多概念之间关系的一种语言描述。加涅所谓的规则，也可以是一个定律、一条原理或一套已确定的程序。比如，在资源管理器中管理文件时需要进行分类管理。又如，对文件的连续选择、不连续选择需要配合不同的键位。

高级规则：规则可以组合在一起，形成更复杂的规则，即为高级规则。譬如表格的美化，需要涉及边框、底纹等；排版涉及行距、段距、缩进、标题等。

在信息技术课程中，规则和高级规则还指技术的思想与方法。比如，文件管理的思想与方法，又如广泛存在于 Word、PowerPoint、Photoshop、Flash 中的图层思想。关注信息技术的技术思想与方法，是信息技术教育的必然要求。

（3）认知策略

认知策略是学习者用以控制自己注意、学习、记忆、思考等内部过程的技能。认知策略的习得使得学习者学会反省和分析，以及如何学习。

我们平时说的学习方法，实质上主要就是学生掌握的有效的认知策略。心理学家研究表明，认知策略是能够学会的，而且学会了这些策略时，它们能迁移到新的问题情境中去。[①] 如学生掌握了资源管理器中的分类管理思想，对学习、生活中的其他事务也可能使用分类的思考方式进行管理。

（4）动作技能

动作技能指通过练习获得的、按一定规则协调自身肌肉运动的能力。动作技能中含有两个成分：一是描述如何进行运动的规则；二是因练习与反馈而逐渐变得精确和连贯的实际肌肉运动。这意味着：动作技能的学习往往与认知学习交织在一起，因为动作技能通常由一套序列步骤或动作构成，学生在学习某个动作技能时，必须知道或掌握动作技能组成的程序及相应的规则。譬如，学习英文输入，除了学习打字动作外，还必须了解有关英文字母、标点、换行、键盘上的字符位置等知识。

个体获得某种动作技能时，不仅指他完成某种规定的动作，而且指这些动作组织起来，构成连贯的、准确的、合规则的整体行为。譬如键盘输入，初学时是看到一个字母，然后在键盘上找到相应的字母，若不看键盘往往不能准确地输入。而熟练之后便可盲打。指法练习也同样如此，由笨拙、僵硬的操作开始，到顺畅、协调地进行。小学信息技术教学内容中，键盘操作、鼠标的使用等都属于此类。

---

① 赵春声. 新课程理念下信息技术课程的教学策略与方法 [M]. 北京：教育科学出版社，2011：25.

（5）态度

态度是指习得的、影响个人对特定对象作出行为选择的、有组织的内部准备状态。影响个体行为选择的内部状态既有认知成分，又有情感成分。态度不决定特定的行为，它以行为的倾向或准备状态对行为产生间接的影响。

五种不同类型内容的学习需要不同的内外部条件（见表2-2），内容分析的目的就是明确内容的具体类型，进而结合需要的内部、外部条件有针对性地设计教学。

加涅指出，学生的整个学习过程一直受到外部条件的强烈影响。对于教师来说，了解和研究学习过程的目的就是为学习过程提供支持，使外部条件能在学习过程中始终能与学习者的内部活动进行必要的、恰当的联系，从而给学习者积极的影响，获得满意的学习结果。

表2-2　五种学习内容类型及其学习条件[①]

学习内容	可能的内部条件	重要的外部条件
言语信息	1. 先前习得的有关言语信息 2. 理解和应用言语的智力技能	1. 用各种印刷符号或言语激活注意 2. 为有效编码而呈现一种有意义的前后关系（包括表象）
智力技能	1. 作为组成部分的较简单的智力技能 2. 与使用的例子特别相关的信息	1. 促进先前习得的部分技能的提取 2. 呈现言语线索使部分技能的组合有序 3. 安排间断复习的时机 4. 运用各种前后关系促进迁移
认知策略	1. 涉及问题解决的智力技能 2. 涉及问题解决的信息	1. 对策略作言语描述 2. 提供各种机会进行各种认知策略的练习，如提供有待解决的问题情境
动作技能	1. 控制操作的执行程序 2. 部分技能或动作环节	1. 提供言语的或其他的指导，给执行的子路线提供线索 2. 安排反复的练习 3. 提供直接而精确的反馈
态度	1. 个人行动选择后的成功经验 2. 相关的言语信息和智力技能	1. 提供某项行动后，对成功经验进行回忆 2. 对选择的行动进行操作或观察榜样人物对这一行动的操作 3. 对成功的操作给予反馈或观察榜样人物的反馈

2. 基于信息素养的内容分类

加涅的学习结果分类是教育学领域被广泛认可的一种分类方式，是超越具体学科的。

具体到信息技术课程内容，除了这种普适性的分类方式，还可以结合信息技术课程内容的特点，采用专属的分类方式。比如，基于信息素养的内容分类方式。从易于理解和操作的角度出发，有学者将信息素养分解为知识、技术、问题

---

① 转引自：李艺. 信息技术课程与教学 [M]. 北京：高等教育出版社，2005：100.

解决、人际互动、评价调控、情感态度与价值观六大部分。[①]其中，知识为其他五个部分提供基础准备，而评价调控则为其他各个部分提供必要和重要的形成保证。因此，知识和评价调控两部分组成其他四个部分的共同承载体；技术、问题解决、人际互动三个部分紧密联系并呈现一定的层级；情感态度与价值观是一种精神的引领，渗透于技术、人际互动、问题解决之中，并相互影响。由此，六个部分组成一个有机的整体，如图2-2所示：

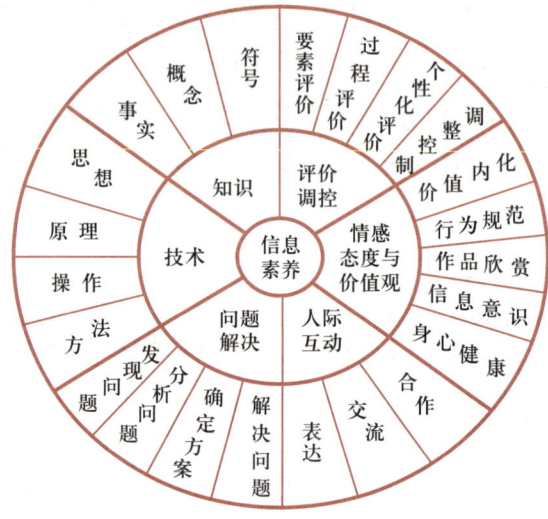

图2-2 信息素养构成

各个组成部分的具体包容及要求分别见表2-3至表2-8。

表2-3 "知识"具体内容及要求

知识	符号	能建立信息技术基本符号与其代表的意义和功能之间的联系
	概念	能描述和举例说明信息技术基本概念的本质属性与非本质属性、相似概念之间的共性和差异、关键概念之间的相互关系
	事实	能描述有关信息技术的基本事实；能描述和举例说明有关事实的特点和联系

表2-4 "技术"具体内容及要求

技术	思想	能描述和举例说明支撑信息技术发展的一些重要思想和理念
	原理	能描述和举例说明有关信息技术的基本原理；能利用基本原理解释、推理与预测有关的现象和结果
	操作	能进行信息设备与应用软件的基本操作；能掌握信息获取、加工、传递、管理等基本技能
	方法	能描述和理解信息技术的技术方法与思想的共性和规律，善于发掘技术应用的价值，适应、把握信息技术的发展和变化并成为推动者；能够将信息技术能力迁移于后续的学习，获得可持续发展的能力

[①] 李艺，钟柏昌. 信息素养详解 [J]. 课程·教材·教法，2003（10）：25-27.

表2-5 "问题解决"具体内容及要求

问题解决	发现问题	具有问题意识和洞察力,能够从日常学习生活的一般现象、常理、权威观点中发现问题,能在解决问题的过程中不断提出问题
	分析问题	能够确定问题的结构化程度,根据条件确定解决问题的可行性
	确定方案	能确定信息需求,制订解决问题的计划和方案,选择、准备或创设合适的工具和条件
	解决问题	实施并完成问题的解决

表2-6 "人际互动"具体内容及要求

人际互动	表达	乐于同他人分享自己的观点和思想,并能用适当的方式适时、主动、清晰、流畅地表达出来
	交流	富有交流意识、合理分享他人观点和思想;能根据情境和条件采用恰当的技术工具、交流方式和表达策略与他人交流;善于激发、倾听、理解和包容他人的意见,和谐、理性地讨论;能辩证地吸收他人的观点和思想,进行信息的创新
	合作	富有合作精神,乐于与他人合作;能够利用恰当的工具和途径参与合作;能够灵活运用倾听、理解、说服、妥协等技巧协调与组织合作活动,完成合作任务

表2-7 "情感态度与价值观"具体内容及要求

情感态度与价值观	身心健康	能辩证认识和积极面对信息技术可能造成的不良影响和后果,能客观、积极地看待竞争关系、自己和他人信息活动的成败得失,有意识地进行信息环境下的身体保健,保持稳定的情绪和良好的心态
	信息意识	能认识到信息及信息技术对社会发展、科技进步和日常生活与学习的积极作用和影响,激发和保持对信息技术的求知欲,形成主动地学习信息技术、参与信息活动、使用信息技术改善学习和生活质量的意识和态度;能形成更为开放的视野,具有勇于推介自己、合理争取与广泛利用国际、国内各种相关资源的意识
	作品欣赏	能正确认识信息产品和信息环境的陶冶功能,在提高信息作品欣赏水平和恰当使用娱乐产品的基础上愉悦心情和陶冶情操
	行为规范	能遵守与信息活动相关的伦理道德与法律法规,负责任地、安全地、健康地使用信息技术
	价值内化	能内化社会成员应承担的责任,建立稳定的态度、一贯的健康行为习惯,形成与信息社会相适应的价值观和责任感

表2-8 "评价调控"具体内容及要求

评价调控	调整控制	具有反省、评价和调控意识,能根据反省和评价结论重新认识活动要素,调整和驾驭活动过程
	个性化评价	能理解和客观认识多元价值取向,形成个性化的评价方式
	过程评价	能客观地进行过程中的评价以及过程的总结性评价
	要素评价	能对信息、技术、技能、方法等要素进行客观的评价

信息素养的六大部分实质上反映的就是学生学习信息技术的结果,与加涅的学习结果分类有相似之处,只不过两者的抽象程度和分类依据有所不同。加涅的

分类是基于"具有共同特征的人类行为表现"[①]，是在普遍意义上对人类学习结果的分类；信息素养构成则是针对信息技术课程的，可以认为是加涅分类体系在信息技术教育中的具体化。两者的对应关系见表2-9。有了这样的对应关系，我们就可以区分信息素养不同组成部分所需要的内、外部条件，为信息技术课程的教学设计提供指导。

表2-9　信息素养与加涅学习结果类型的对应关系

信息素养		学习结果类型
知识	符号	言语信息
	概念	智力技能
	事实	言语信息
技术	思想	智力技能
	原理	智力技能
	操作	智力技能、动作技能
	方法	智力技能、认知策略
问题解决	发现问题	智力技能、认知策略
	分析问题	智力技能、认知策略
	确定方案	智力技能、认知策略
	解决问题	智力技能、认知策略
人际互动	表达	智力技能、态度
	交流	智力技能、态度
	合作	智力技能、态度
评价调控	要素评价	认知策略
	过程评价	认知策略
	个性化评价	认知策略
	调整控制	认知策略
情感态度与价值观	身心健康	态度、动作技能
	信息意识	态度
	作品欣赏	态度
	行为规范	态度
	价值内化	态度

[①] R. M. 加涅. 学习的条件和教学论 [M]. 皮连生，等，译. 上海：华东师范大学出版社，1999：47.

二、小学信息技术教学内容分析的过程

☞微课：如何分析信息技术教学内容？

教学内容分析的过程是以学习目标为基础，确定教学内容的范围和深度，揭示教学内容各组成部分的联系及教学顺序（编排）的过程。主要解决"教什么"的问题，又与"如何教"有关。在小学信息技术教学内容分析中，通常遵循以下四个步骤开展。

1. 分析课程标准确定教学内容的范围和深度

教学内容的范围与深度具体包括：教材包含了哪些内容？需要学生掌握到什么程度？分成了几个单元？每个单元之间有什么联系？一个单元分成了几个部分？每个部分之间是什么关系？每课包含哪些知识点？知识点之间有何关系？哪些内容需要学生重点掌握？哪些内容是学生难以掌握的？

2. 分析教学内容的整体逻辑

教学内容的整体逻辑分析指的是对特定的学习任务进行组织编排，使之具有一定的系统性和整体性。如任务1中所述，单元内容之间的关系有三种：并列型、顺序型、综合型。

3. 分析教学内容的知识结构与知识类别

可以采用一定的分析方法来确定教学内容的知识结构与知识类别。比如，层级分析法是利用学习目标的层次关系，对教学内容进行分析的一种方法。揭示了为达到教学目的，必须学习哪些知识和技能。一级一级向下分析，直至最基础的教学内容。再比如，归类分析法主要是研究教材内容的逻辑结构对有关信息进行分类的方法，旨在鉴别为实现学习目标所需学习的知识点，主要用于言语信息内容分析。确定分类方法后，或用图示或列提纲的方法，把实现学习目标所需学习的知识归纳成若干方面，从而确定教学内容的范围。

> ▶资料夹
>
> 通过查找资料，归纳教学内容分析方法的异同，具体包括：
>
> 信息加工分析法
>
> 层级分析法
>
> 归类分析法
>
> 图解分析法
>
> ISM法
>
> 其他方法

4. 分析教学重点、难点

教学重点是指教学内容中最基本的、最主要的知识技能，在整个教学内容中

占有核心的地位。通常，教学重点多集中在基本概念、基本理论和基本方法上。

教学难点是教学内容中学生较难理解和掌握的部分，是学生学习中感到阻力较大或难度较大的地方。

三、小学信息技术教学内容的微观层面分析

☞微课：信息技术教学内容分析的误区与要点

一般情况下，教学设计或教学案例中的内容分析指向具体的某一节课，属于微观层面的分析，包括几个方面的介绍：本课在本模块的地位，是新授课还是复习课，若是新授课，与前后内容有何联系；本课内容有何特点，借助什么方式授课效果会好；对教材内容做了哪些处理；本课的具体学习目标、教学重点及学生可能遇到的困难。具体呈现内容分析结果时，可以根据情况，适当取舍。按照目前通用的教学案例格式，教学重点、难点是单独的项目，在内容分析部分可以不描述。

> ▶ 案例板
>
> "汉字输入小能手——编辑句子"教学内容分析①
>
> 本课教学内容主要包括两部分：信息技术相关知识层面，包括调整光标的方法、标点的使用、退格键与删除键的作用；信息技术基本技能层面，包括"看打"到"想打"的提升，简单编辑短文。
>
> 本课教学内容是"小学信息技术"基础模块中"简单编辑与保存"单元的第一课，本单元的主要任务是在学生已经学会使用字、词、句输入的基础上逐步提高打字速度，能够对句子和短文进行简单的编辑。在本节课之前学生已经掌握按词语输入句子的方法。本课将运用创设情境的方式进一步提高学生输入句子的熟练程度，引导学生学习选择适当的方法对句子、短文进行简单的编辑，使学生通过本单元的学习后能协同各学科完成具有实用意义的任务。
>
> 》小组讨论
>
> 小组讨论，根据教学内容分析的一般过程对小学信息技术教材的内容进行分析，并将分析结果进行交流。

---

① 张翼. 汉字输入小能手——编辑句子[M]//. 李艺，钟柏昌，等. 书写智慧 共同成长：全国信息技术课堂教学案例大赛优秀作品与点评（义务教育分册）. 北京：北京师范大学出版社，2009：132.

任务 3 小学信息技术学习者特征分析

学习者特征分析又称为学情分析，就是对学生学习的实际情况进行分析，包括已有经验、知识储备、能力基础、心理状况等，以了解学生的学习准备状态及学习风格与动机等因素。本任务将从学习者一般特征分析、学习动机与风格、学习者初始能力等方面展开。

☞案例：插入图片

> ❱❱ 小组讨论
> 小组讨论案例"插入图片"和"小鱼的梦"的学习者特征分析部分，讨论如下问题。
> 问题1：从初学者角度，你认为哪一个案例中的学习者特征分析更确切？
> 问题2：小学信息技术学习者特征分析有哪些方面？

☞案例：小鱼的梦

一、学习者的一般特征分析

教学设计的一切活动都是为了学习者的学，因此学习者特征分析为教学设计的一切活动提供了依据：学习者特征分析是学习目标设定的基础，没有学习者特征分析的学习目标往往是空中楼阁；学习者特征分析是教学内容分析的依据，只有明确学习者的特征才能确定内容的重点、难点和关键点；学习者特征分析是教学策略选择和教学活动设计的落脚点，没有学习者特征分析的教学策略会变成教师一厢情愿的自我表演。对学习者特征分析的重视，是对教育本质的一种回归，即强调教育教学过程中要强调"尊重学生""以人为本"，关注学生生命的成长，强调"以学定教"。

☞微课：如何分析学习者的一般特征？

学习者的一般特征是指影响学习者学习有关学科内容的心理特点和社会特点，它们与具体教学内容虽无直接联系，但影响教学设计者对内容的选择与组织，对教学方法、教学媒体和教学组织形式的选择与运用。

小学阶段是人一生中发展的关键时期，也是变化最快、可塑性最强、接受教育的最佳时期。儿童心理学家皮亚杰将认知发展划分为四个阶段：感知运动阶段（2岁以前）、前运算阶段（2—7岁）、具体运算阶段（7—11岁）、形式运算阶段（11岁以后）。按照这一划分，小学生的思维处于具体运算阶段，但同时也兼跨前运算阶段后期与形式运算阶段前期。

☞资料：《小学生各年级特点》

具体来说，小学低年级学生思维具有明显的形象性特点，也同时具有抽象概括的成分。小学较高年级学生逐步学会区别概念中本质和非本质的东西、主要和次要的东西，可以进行简单的逻辑推理，能够运用所学的知识在一定程度上进行推论，但仍然离不开具体事物的支持，具有很大成分的具体形象性。教学设计应以小学生已有的经验为基础，教学内容和方法设计应从具体形象着手，语言形象化，采用比较、分析、综合的方法逐步引导和培养学生的逻辑思维能力。

小学生的个性发展在心理发展中占有重要地位，通过参加集体活动，可以使自我意识进一步得到发展。小学生对自己已经可以进行初步的评价，只是这种评价未必全面，也不一定客观，是简单的、较低层次的评价，所以需要以教师、家长的判断为依据，尤其是教师的言行会在很大程度上影响小学生的评价。

☞微课：熟悉中小学生的一般特征

小学生的道德认识尚处于较低水平，并且不容易将道德认识贯穿日常行为中，因而道德认识与道德行为经常出现脱节现象。由于小学生的自我管理能力相对较差，能够自觉坚持道德行为的时间比较短，所以，需要一定的监督来进行协助。随着年龄的增长，小学生对道德概念的认识开始从直观具体的、比较肤浅的认识逐渐过渡到比较抽象、本质的认识，而且会尝试将动机与效果进行统一来评价道德行为，从而使评价更加趋于理性。

上述是针对学生群体的分析，具体到每个学生，情况又会有所不同。因此，在设计教学方案之前需要考虑学生整体的年龄特点和认知特点，也要适度关注个体差异。

了解学习者的一般特征，可以通过观察、访谈、问卷调查等方法进行。

二、学习动机分析

学习动机是直接推动学生进行学习的一种内部动力，是激励和指引学生进行学习的一种需要。

研究表明，学生学习成绩中16%～20%甚至30%的差异是由学习动机造成的。[①]学习动机的作用表现在两方面：一是对学习过程的影响，即对学习行为起启动、维持作用，对学习过程起监控作用；二是对学习效果的影响。[②]激发学生的学习动机，就是要将学生的学习需要调动起来，以提高学习积极性。当由学习动机激起的学习行为出现后，学习动机就会像马达一样，使学习行为朝着既定目

---

① 张祖忻. 如何将动机原理整合于教学设计过程：谈约翰·M. 凯勒教授的动机系统学说[J]. 开放教育研究，2003（2）：9-12.
② 莫雷. 教育心理学[M]. 广州：广东高等教育出版社，2002：404-407.

标前行。

1. 学习动机分类

依据动机的动力来源，学习动机可以分为两种，一种是外在动机，是由外部诱因所引起的动机。在学校教育中，有多种多样的外在条件，可以吸引、激励、诱导学生进行积极的学习，如教师的表扬、竞争的奖励等，都可以成为激发学生学习动机的外在条件。另一种是内在动机，指由个体内在的需要引起的动机，这些需要包括兴趣、信念、理想、好胜心、荣誉感等。

具体到学校教学中，学习动机又集中体现为一种成就动机，包括认知内驱力、自我提高内驱力和附属内驱力三个方面。[1]

认知内驱力是一种了解、掌握知识的需要以及系统地阐述问题并解决问题的需要。这种内驱力多半是从如探究、操作、领会以及应付环境等有关的心理素质中派生出来的。这些心理素质最初只有潜在的而非真实的动机性质，还没有特定的内容。潜在的动机力量，要通过个体在实践中不断取得成功，才能真正表现出来。这种动机指向学习任务本身（为了获得知识），满足这种动机的奖励（知识的实际获得）是由学习本身提供的，因而属于内部动机。诱发这种内驱力需要激发兴趣，利用学生的好奇心，巧妙创设问题情境，诱发认知冲突，注重将学习内容与学生的生活背景、知识背景相联系等方法。

自我提高内驱力是个体因自己的胜任能力或工作能力而赢得相应地位的需要。自我提高内驱力从儿童入学开始，日益显得重要，是成就动机的主要组成部分。自我提高内驱力把成就看作是赢得地位与自尊心的根源，是一种外部动机。

附属内驱力，是指个体为了保持长者们或权威们的赞许或认可，而表现出来的一种认真学习、积极表现的动机。这种学习动机有较明显的年龄特征，多表现在幼儿和小学生身上，也属于一种外部动机。

认知内驱力、自我提高内驱力和附属内驱力在成就动机中所占的比例通常因年龄、性别、社会地位等因素的不同而有所变化。附属内驱力在儿童早期较为突出，是成就动机的主要成分。在此期间，儿童努力学习以求得到父母的赞许。到了儿童后期和青年期，附属内驱力不仅在强度方面有所减弱，而且开始从长者转向同年龄的伙伴。

2. 小学生学习动机分析

对于刚入小学的学生来说，其主导学习动机可能是来源于家长的希望和要求、教师的奖励和表扬，或者是由于教师课堂教学的生动、形象、趣味性而引发的兴趣等。进入少年期后，学生的学习动机有了进一步的变化，一方面，由

---

[1] 邵瑞珍. 认知心理学 [M]. 修订本. 上海：上海教育出版社，1997：297.

于学习内容的丰富和日益深化，兴趣也更为多样和分化，对学习的推动作用更强；另一方面，这一时期许多学生参加了少先队组织，队员的责任感和集体荣誉感常常成为学习中的强大动力。这两方面共同构成了少年期学生学习动机的主要特点。

由于各年龄阶段的主导动机不同，在分析学生的动机时，教师必须分清在某一年龄阶段中哪些是其主导的动机，哪些是辅助性的动机，这样才能有针对性地在教学中激发学生的动机。学生在同一年龄阶段，其学习动机的发展有共同的特点，但由于教育条件不同，社会条件不一样，学生个人素质差异也会导致形成不同的学习动机结构。

根据小学生的学习动机特点，小学阶段的教学设计需要加强外部学习动机的激发，注重教学的新颖性，激发儿童的学习兴趣，多用鼓励手段，调动学生的短期学习动机。

3. 激发和维持学生学习动机的模型——ARCS动机模型

学习者的动机水平是成功教学的重要因素。当学习者对学习内容没有兴趣或者缺乏动机时，学习几乎是不可能的。为此，不少学者致力于动机模型的研究。其中，约翰·M.凯勒的ARCS动机模型是将动机原理整合到教学设计过程的最系统的学说。ARCS动机模型由注意力（attention）、关联性（relevance）、自信心（confidence）和满足感（satisfaction）四个要素组成，并且每个要素包含了若干种策略。[①]

注意力即是要求在教学初激发和维持学生的注意力，包括以下三种途径：唤起感知、唤起探究和变化力。见表2-10。

表2-10 注意力策略

注意力	激发学习动机的策略
唤起感知（perceptual arousal）	运用新奇的、不合理的、不确定的事情来激发和维持学生的注意力
唤起探究（inquiry arousal）	通过提出要学生解决的疑难问题或者呈现与学生原有知识不符的材料来激发学生的探究心理
变化力（variability）	通过变化教育形式、变化语言风格和教育媒体来维持学生的兴趣

关联性即要求突出学习与学生自身的相关，包括以下三条途径：有熟悉感、目标定向和动机匹配。相应的激发学习动机的策略见表2-11。

---

① 张祖忻. 如何将动机原理整合到教学设计过程：谈约翰·M. 凯勒教授的动机系统学说 [J]. 开放教育研究，2003（2）：9-12.

表2-11 关联性策略

关联性	激发学习动机的策略
有熟悉感（familiarity）	使用具体事例和比拟，使学习材料与学生生活相联系；同时，教学活动与学习者已有经验相联系
目标定向（goal orientation）	从学生的需求出发去制订相关的学习目标，说明学习效用
动机匹配（motive matching）	运用与学生动机特征相一致的教学策略，为学生提供合适的选择和任务

自信心即要求在教学中培养学生的自信心，包括以下三条途径：期待成功、成功的机遇和归因引导。见表2-12。

表2-12 自信心策略

自信心	激发学习动机的策略
期待成功（expectancy for success）	让学生们明确掌握任务的要求和评价标准，帮助他们建立成功的期望
成功的机遇（success opportunities）	通过提供多样化的成就水平，使学生建立个人达标水平和表现机会，使得每个人都有成功的体验
归因引导（attribution molding）	帮助学生进行正确的归因，让学生意识到成功是努力的结果，而对于失败者也要肯定他们的努力，找出失败原因

满足感，也有三条途径，分别是：内部强化、外部奖励和公平。这些激发动机的策略可以为教师在进行动机设计时提供重要的指导。见表2-13。

表2-13 满足感策略

满足感	激发学习动机的策略
内部强化（intrinsic reinforcement）	提供机会使学生在真实的环境中运用新学到的知识与技能去解决问题，满足心理上的满足感
外部奖励（extrinsic reinforcement）	可使用点头微笑或者表扬来对学生的成功予以肯定，或者提供一些象征性的奖励措施
公平（equity）	运用公平的评价方法，来评价学生的成果，让学生正确认识自己的成果

简而言之，ARCS动机模型告诉我们这样一个过程：为了激发学生的学习动机，首先，要引起学生对这项学习任务的注意和兴趣，使学生理解完成这项学习任务与他自身密切相关；其次，要鼓励学生，让他们认为自己有能力做好此事，产生完成这项学习任务的信心；最后，当学习任务完成后，能够让学生体验到成功的喜悦。

进行教学设计时，可以依据ARCS动机模型的四个要素，结合小学生的特点及信息技术教学内容的属性，选择相应的动机激发策略，以便在教学中进行实践。

☞微课：如何分析学习者的学习风格？

三、学习风格分析

学习风格是学习者一贯的带有个性特征的学习方式，是学习策略和学习倾向的总和。[1] 学习风格是学习者特征的重要组成部分，因此对学习风格的分析是"以人为本"教育理念的具体体现。

1. 学习风格的分类

学习风格的分类方式有多种，此处简要介绍其中几种。

（1）基于学习风格的构成要素进行分类

学习风格的构成要素包括心理、生理和社会要素等，其中心理要素又包括认知、情感和意动三个方面。从学习风格的认知要素出发，研究较多的是场独立性认知方式与场依存性认知方式（见表2-14）、冲动型认知方式与沉思型认知方式。

表2-14 场独立性认知方式与场依存性认知方式的学习特点[2]

要素	场独立性认知方式	场依存性认知方式
学科兴趣	自然科学	社会科学
学科成绩	自然科学成绩好 社会科学成绩差	自然科学成绩差 社会科学成绩好
学习策略	独立自觉学习 由内在动机支配	容易受暗示，学习欠主动 由外在动机支配
教学偏好	结构不严密的教学	结构严密的教学

根据学习者个性特征的不同组合，人们区分了多种不同的学习风格类型。譬如，将个性结构分为外向与内向、感觉与直觉、思维与情感、判断与知觉四维八极，并研究在学习活动中各自的表现特征，表2-15呈现了外向与内向、感觉与直觉两个维度的特征。

表2-15 个性结构的四维八极在学习中的典型特征（节选）[3]

E（外向）	I（内向）
喜欢变化和活动 讨厌长时间进展缓慢的学习 对自己的学习过程和他人如何学习感兴趣 快速反应，有时甚至不假思索 通过讨论获得新思想、新观念	喜欢安静以集中注意力 不介意长时间从事一项学习活动 对学习中的有关现实和理论感兴趣 三思而后行 通过沉思获得新思想、新观念

---

[1] 邵瑞珍. 认知心理学 [M]. 修订本. 上海：上海教育出版社，1997：260.
[2] 邵瑞珍. 认知心理学 [M]. 修订本. 上海：上海教育出版社，1997：263.
[3] 谭顶良. 学习风格论 [M]. 南京：江苏教育出版社，1995：197.

续表

E（外向）	I（内向）
外表热情、善于与人交往 健谈 寻求小组交流的机会 喜欢面对面的口头交往 爱在做决定前滔滔不绝	外表冷淡，不善交往 寡言 寻求个别交流的机会 喜欢书面交往 做决定后再表达

S（感觉）	N（直觉）
爱用经验或常规方法解决问题 爱运用已获得的技能而不愿学习新技能 不相信、忽视灵感 学习中难得出错 学习从细节问题入手 喜欢持续稳定的学习 爱提供证据（事实、细节、实例） 喜欢实际的应用 依赖直接经验进行学习 学习循序渐进，按部就班 喜欢接受现实可行的建议	喜欢尝试用新方法解决问题 爱学习新技能 追随灵感 学习中经常出错 学习从整体入手 喜欢变化甚至是根本的变化 爱列出总的主题 喜欢提出挑战 依赖直觉和想象进行学习 学习喜欢跳跃式或迂回式 喜欢接受新奇的建议

（2）所罗门的学习风格分类

所罗门从信息加工、感知、输入、理解四个方面将学习风格分为四个组对八种类型，并设计了具体的自我测试量表。

活跃型与沉思型。活跃型学习者倾向于通过积极地讨论、解释来掌握信息。而沉思型学习者更喜欢安静地思考问题。活跃型学习者比沉思型学习者更喜欢集体工作。

每个人都是有时候是活跃型，有时候是沉思型的，只是有时候某种倾向的程度不同。

感悟型与直觉型。两者的对比，见表2-16。

表2-16 感悟型学习者与直觉型学习者的不同

感悟型学习者	直觉型学习者
喜欢学习事实	倾向于发现某种可能性和事物间的关系
不喜欢复杂情况和突发情况	喜欢革新，不喜欢重复
对细节很有耐心，很擅长记忆事实和做一些现成的工作	擅长掌握新概念，比感悟型学习者更能理解抽象的数学公式
不喜欢与现实生活没有明显联系的课程	个喜欢需要记忆和进行常规计算的课程

每个人都是有时是感悟型的，有时是直觉型的，只是有时候其中某一种倾向的程度不同。

视觉型与言语型。视觉型学习者很擅长记住他们所看到的东西，如图片、图表、流程图、图像、影片和演示中的内容；言语型学习者更擅长从文字的和口头的解释中获取信息。当同时通过视觉和听觉呈现信息时，每个人都能获得更多的信息。

序列型与综合型。序列型学习者习惯按逻辑关系理解问题，每一步都合乎逻辑地紧跟前一步。倾向于按部就班地寻找答案。综合型学习者习惯吸收没有任何联系的随意的材料，然后突然获得解决问题的方法。综合型学习者或许能更快地解决复杂问题或者一旦他们抓住了主要部分就用新奇的方式将它们组合起来，但他们却很难解释清楚他们是如何工作的。

围绕上述分类，所罗门设计了一份学习风格量表①，此量表可操作性强，学习者可以自我测定。利用所罗门量表检测不同学习风格的分布情况，国际上有多项研究得出十分接近的结果，②见表2-17。

表2-17 不同学习风格的比例

加工		感知		输入		理解	
活跃型	67%	感悟型	57%	视觉型	69%	序列型	71%
沉思型	32%	直觉型	42%	言语型	30%	综合型	28%
未知	1%	未知	1%	未知	1%	未知	1%

根据此研究结果，序列型、视觉型、活跃型、感悟型学习风格的学生占据了多数，教学中可据此对教学过程进行设计，以满足多数学生的实际需求。也可以通过测试了解学生学习风格的具体状况，考虑在不同的课时中满足不同学习风格学生的差异性需求。

2. 基于学习风格设计教学策略

任何一种学习风格都是既有优势，也有不足；既有促进学习的一面，也有妨碍学习的一面。因此，适应学习风格差异的教学应当包含两个方面。③

其一，匹配策略。即采用与学习风格中的长处或学习者偏爱的方式相一致的教学对策。

其二，有意失配策略。即针对学习风格中的短处进行有意识弥补的教学对策。

---

① 限于篇幅，本模块不呈现所罗门学习风格量表的具体内容，如需要，可以从网上搜索学习。
② 转引自：祝智庭. 现代教育技术：走向信息化教育 [M]. 北京：教育科学出版社，2002：135.
③ 邵瑞珍. 认知心理学 [M]. 修订本. 上海：上海教育出版社，1997：270.

在班级教学中,学生的学习风格类型存在较大差异,同一种教学方式,可能对部分学生掌握知识有利,而对其他学生的学习则不利。因此,可以考虑尽可能针对不同的学习风格类型采取相应的有效教学对策。前文提及外向与内向、感觉与直觉、思维与情感、判断与知觉四维八极,两两组合可以形成16种学习风格,以前两个维度为例,可以形成外向感觉型(ES)、外向直觉型(EN)、内向感觉型(IS)、内向直觉型(IN),与此学习风格类型相应的匹配策略与有意失配策略见表2-18。

表2-18 学习风格类型与教学策略[①]

学习风格类型	匹配策略	有意失配策略
外向感觉型(ES)	分析性教学,集体教学,小组竞赛,教师监控学习过程,演示、实习、实验、角色扮演、模仿等操作性教学,动手操作测验	整体性教学,鼓励独立学习,小组合作,调动学生学习积极性和主动性,讲授法,提供视听刺激,纸笔测验
外向直觉型(EN)	整体性教学,集体教学,讨论法,提供听觉刺激(磁带放音、电影、电视等),开放教学,纸笔测验	分析性教学,个别教学,独立学习,演示、实习、实验、角色扮演、模仿等操作性教学,教师监控学生学习,操作测验
内向感觉型(IS)	分析性教学,个别教学,独立学习,演示、实习、实验、角色扮演、模仿等操作性教学,动手操作测验	整体性教学,集体教学,讨论法,讲授法,提供视听刺激,纸笔测验
内向直觉型(IN)	整体性教学,个别教学,独立学习,讲授法,抽象演绎,纸笔测验	分析性教学,集体教学,演示、实习、实验等操作性教学,教师监控学习过程,动手操作测验

四、学习者初始能力分析

学习者初始能力指学习者学习特定学科内容时,已经具备的有关知识与技能的基础,以及对有关学习内容的认识和态度。确定学习者的初始能力或初始行为就是要确定教学的出发点。通过一系列教学活动,学习者获得了知识与技能,提高了认识,转变了态度。在此之后形成的能力和培养的态度称为终点能力。了解了学习者的初始能力,就能明确学习目标和学习后的终点能力,同时,还可以确定教学内容的重点和难点。

初始能力的分析包括三个方面:预备知识与技能的分析、目标知识与技能的分析和学习者对所学内容态度的分析。

☞微课:如何分析学习者的初始能力?

---

① 谭顶良. 学习风格论[M]. 南京:江苏教育出版社,1995:334.

1. 预备知识与技能的分析

对预备知识与技能的分析是了解学习者是否具备了进行新的学习所必须掌握的知识与技能，包括对当前学习有辅助作用的背景知识或技能。

教师可以根据课程标准、教学大纲等的相关要求，在对教学内容分析的基础上设定一个起点，以起点线下的知识与技能为依据，编写测试题，用以了解学习者的起点水平。测试结束后分析测试结果，如果学习者已经掌握了起点线下的知识与技能，对起点线上的目标要求没有掌握或者掌握得很少，则设定的教学起点线是合适的。如果学习者能够把依据起点线上的目标所编制的试题都能做出来，或起点线下的目标不能达到，则需要考虑向上或者向下调整教学起点线。需要指出，根据课程标准、教学大纲的要求设定的教学起点，并不是实际的教学起点。实际的教学起点应该根据学习者的实际初始能力确定。

2. 目标知识与技能的分析

对目标知识与技能的分析即了解学习者是否已经完全掌握或者部分掌握了学习目标中要求学会的知识与技能，对所要学习的领域已经知道了多少，这有助于详略得当地安排内容。

教学设计强调教学效果的评价是以预先确定的目标为依据的。因此，如果能把学习结束后的评价试题分别用于前测和后测，两次测试成绩的差距就反映了真实的教学效果。

3. 学习者对所学内容态度的分析

学习者对所学内容的态度直接影响着学习兴趣和动机，也决定着教学效果。因此对学习者态度（如是否存在误解或偏见）的了解、分析，是对学习者分析的重要方面，对选择学习内容、确定教学起点和设计教学活动等都有重要影响。

在实际的教学设计过程中，对预备知识与技能、目标知识与技能和学习者态度的分析通常是结合在一起进行的。

对学习者起点能力的了解可以使用测试、问卷、访谈、观察等方法。测试一般用于了解学习者已有的知识基础，对起点水平的了解可以通过访谈和观察的方法获得，判断学习者态度可以使用态度问卷量表。

五、学习者特征分析原则

1. 学习者特征分析的描述要具体

教学设计或者教学案例中呈现出来的学习者特征分析描述要具体，如果学习者特征分析过于抽象和笼统，将使其缺少具体的指导意义。从整个教学设计来看，空泛的学习者特征分析使教学设计缺少量身定制的针对性思考，将导致课堂教学的低效。

具体的学习者分析包括：第一，需要能反映某个特定班级学生的特点，从而为他人提供判断的依据或借鉴的参考；第二，学习者特征分析需要与某一次课特定教学内容紧密联系。

☞微课：如何阐述学习者特征？

> ▶ 案例板
>
> "制作知识卡片"[①]教学案例的学习者特征分析
>
> 本课的教学对象为听障学生，按小班化教学标准，每班由6~8人组成。本班共有6名学生，其中2人为中重度聋，4人为全聋。按智力水平和知识发展程度定为六年级，由于他们自身的障碍，抽象思维发展不成熟，使他们接受知识有一定的难度，对计算机的专业术语和知识点之间的内在联系难以理解，但他们对计算机的学习有较高的热情，同时，视觉功能较强，对于看过的事物或操作可以较正确地进行模仿。
>
> 教学前，学生已掌握了Word的基本操作，会插入图片，调整图片的大小和位置，会设置字体，会插入艺术字，还会复制、粘贴等操作。

该案例中的学习者特征分析对班级学生的特殊情况进行了细致的介绍，针对性强，包括听障程度、认知发展水平、已有知识与技能基础。

为了加强学习者特征分析的针对性，可以通过调查、访谈、作业分析、档案材料分析等方法了解学生的具体情况。

> ▶ 案例板
>
> "图形的选定和移动"[②]教学案例的学习者特征分析
>
> 通过调查的方式了解学生家庭中的计算机拥有情况及配合预习习惯情况，从而可以针对性地设计课堂教学。
>
> 我所教授的是三（3）班学生，共39人，家里有电脑的36人，占总人数的92%；家庭配合预习习惯养成的有39人，占总人数的100%。利用阅读预习可以明确学习任务和困难，教师通过检查预习效果又能准确把握学生的学习基础，及时调整教学策略。该方法在本年级取得较好效果。

[①] 武红静. 制作知识卡片 [M] //. 李艺，钟柏昌，等. 书写智慧 共同成长：全国信息技术课堂教学案例大赛优秀作品与点评（义务教育分册）. 北京：北京师范大学出版社，2009：92.

[②] 韩莹. 图形的选定和移动 [M] //. 李艺，钟柏昌，等. 书写智慧 共同成长：全国信息技术课堂教学案例大赛优秀作品与点评（义务教育分册）. 北京：北京师范大学出版社，2009：24.

也可以通过前测的方式了解学生的初始能力，从而确定教学起点。

> ▶ **案例板**
>
> "用鼠标描绘海底精灵——直线和曲线的应用"[①]
> 教学案例的学习者特征分析
>
> 本节课的学习主体是小学三年级学生，他们具有如下知识与技能：有两年的美术学习经历，一定的造型表现能力；已掌握了计算机的简单操作。但针对计算机美术领域，针对本节课的教学，学生到底会有怎样的表现？我进行了学习前测。
>
> （1）提问：谁在计算机上用"画图"软件画过画？（全班只有一两个学生没画过。）
>
> （2）给定主题或自命题，要求学生使用"画图"软件画一幅画。（全班只有一两个学生能画出简单图形。）
>
> 结论：学生需要进行系统的学习，以掌握画图的基本工具的使用方法和技巧。

前文提及学习动机与学习风格的分析，在进行学习者特征分析时，也需要考虑这两个因素。但通常情况下，一个班级在一个学期内的学习动机、学习风格不会有显著的差异，因此，进行学习者特征分析时，教师做到心中有数即可，不必在学习者特征分析中每次都予以描述。

> ▶ **案例板**
>
> 班级学生学习动机及学习风格的分析[②]
>
> 学习动机分析
>
> 对新鲜事物有强烈的好奇感，极力想知道。具有不甘落后于别人的争强好胜心。想得到别人对自己的鼓励和赞赏，努力去做好。得到别人的鼓励和赞赏，有一种优越感，促使学生想一直保持好的成绩。
>
> 学习风格分析
>
> 小学三年级的学生尚缺少独立思考的能力，受外界影响比较大，自控能力比较差，比较容易焦虑；他们喜欢通过动手操作进行学习；喜欢听觉、视觉等多种刺激同时存在的学习；需要外界的经常鼓励和安慰，

[①] 沈耘. 用鼠标描绘海底精灵——直线和曲线的应用 [M] //. 李艺, 钟柏昌, 等. 书写智慧 共同成长：全国信息技术课堂教学案例大赛优秀作品与点评（义务教育分册）. 北京：北京师范大学出版社, 2009：18.

[②] 转引自：何克抗. 教学系统设计 [M]. 北京：高等教育出版社, 2006：75.

> 特别是得到老师和同学的经常性赞许；他们很活跃，喜欢约束较少的学习环境，喜欢四处走动，希望有背景音乐和配乐；他们的好奇心比较强，属于冲动型学习者。

2. 学习者特征分析是动态的过程

本模块只阐述了前端分析时的学习者特征分析，实际上学习者特征分析是一个动态、连续的过程。从时间上看，包括课前、课中、课后的分析。课中分析，通过课堂观察、巡视、提问、过程性评价、作业分析等方法了解学生对知识与技能等的掌握情况。课后分析则是了解学生的学习效果，在教学反思中应当有所体现，并可在随后的教学或平行班授课中进行适当的调整。总之，需要将学习者特征分析当作课堂教学的内在需求，进而转化为日常教学中的自觉行为。

任务4 小学信息技术发展需求分析

发展需求分析源于学习需要分析。发展需求对于小学信息技术教学具有重要意义。本任务将从学习需要出发，阐述如何分析小学信息技术发展需求。

☞微课：如何阐述学习者的学习需要与发展需求？

1. 分析学习需要

学习需要是学习者学习方面目前的状况与所期望达到的状况之间的差距，也就是学习者目前水平与期望学习者达到的水平之间的差距。学习需要分析是一个系统化的调查研究过程，其主要目的是：①

- 找出学习者目前的学习状态与所希望的学习状态之间的差距；
- 揭示学习需要从而发现教学中存在的问题；
- 分析产生问题的主要原因，确定教学设计是否是解决问题的主要途径；
- 分析现有资源及约束条件，以论证解决该问题的合适途径；
- 分析问题的重要性，以决定优先解决的教学设计问题。

由上，学习需要分析的实质就是分析教学设计的必要性和可行性，因而，学习需要分析属于一种前端分析。

教学设计从学习需要分析开始，这本身就理顺了问题与方法、手段与目的的关系，即从问题的分析和确定作为出发点，形成总的学习目标（解决"为什么

---

① 祝智庭. 现代教育技术：走向信息化教育[M]. 北京：教育科学出版社，2002：163.

和 "是什么"），然后寻找相应的解决问题的方法，即达到目的的手段（解决 "如何"），从而最终解决问题。①

2. 分析学习需要的方法

学习需要分析是一项比较复杂的任务，因为可能涉及许多方面，有对学生认知、技能、态度方面的内部需求，也有社会对教育提出的外部需求。应根据内部、外部需求了解学习者现状与期望之间存在的差距，并对这些差距做进一步的思考。譬如：②

- 这些差距是不是学习需要？是否真正构成问题？
- 这些差距相互之间是否有联系？
- 这些问题中有没有非教学的其他原因引起的差距，如学生的身体状况、学生的学习态度、学习环境、教师态度与素质以及师生关系等？
- 列出的知识与技能、情感态度与价值观方面的差距是否能通过一定的教育解决？
- 能否通过简单又明显的方法如改进某些教学方法、调整教学进度和时间或采用其他教材来消除差距、解决问题？
- 教学设计是不是解决问题的合适途径？

可以采取调查表（表2-19）方式将有关的分析表现出来，并根据需要，在适当的时候与学习者、教师等探讨，共同确定教学问题和拟定初步的解决方案。

表2-19 学习需要评价表

分析项目 调查维度	现状	目标	差距	原因分析

要找到学习需要，就必须分别确定期望学生达到的学习状况和他们目前的学习状况，这个分析过程就是学习需要分析。具体到小学信息技术课程中，期望学习者达到的状况该如何确定？答案很简单，主要看相关课程标准或者是教学大纲的要求。还有一些省份有独立的小学信息技术课程标准也可以参看。那么，如何了解学习者目前的信息技术知识与技能的情况呢？方法有很多，例如可以通过调

---
① 乌美娜. 教学设计 [M]. 北京：高等教育出版社, 1993: 59.
② 乌美娜. 教学设计 [M]. 北京：高等教育出版社, 1993: 67.

查、访谈、观察或者测验等。

3. 分析发展需求

学习需要是教学设计（如课程开发、项目开发等）的一个环节，对于小学信息技术课程而言，在信息技术教育及相关课程与教学既定的情况下，教学设计就是解决需求问题的主要途径，因此，应该关注具体的发展需求。这也符合新课程强调以学习者为中心的、关注个体发展的指向。

在小学信息技术教学设计中，使用"发展需求"一词来表示学习者对课程教学在提升其知能素养方面的期望与可获得性，是一种学习者立场的学习需要。需要说明的是，发展需求分析并不是在教学设计流程之外的"画蛇添足"，在具体工作中，建议把发展需求分析包含在学情分析模块，以描述学习者的动态发展目标，是着眼于能力发展的发展性分析。

> ▶ 案例板
>
> "Scratch清扫机器人"教学案例的学习者发展需求分析[1]
>
> 本课的教学对象是小学五年级学生，他们已经具备了一定的几何知识，有一定的逻辑思维能力和分析能力，对计算机操作比较熟悉，喜欢新鲜有趣的事物，对新奇的知识能够保持比较长久的注意力和兴趣，为Scratch程序设计的教学打下了良好的基础。
>
> 从发展需求看，学生的计算思维处于启蒙阶段，学生通过Scratch设计有趣的任务，进行重复执行命令的学习，可以掌握程序设计基础知识、培养计算思维能力。

> ▶ 设计实践
>
> 结合学习者特征分析和发展需求分析，请选择任意小学信息技术教学案例进行学情分析，并将分析结果进行交流。

模块小结

前端分析是美国学者哈利斯在1968年提出的一个概念，指的是教学设计过程开始的时候，先分析若干直接影响教学设计但又不属于具体设计事项的问题。

---

[1] 张翼. Scratch清扫机器人[EB/OL]. http://www.ictedu.cn/CaseInfo.aspx?id=1777.

小学信息技术教学设计前端分析主要包括教学内容、学习者特征及发展需求分析。具体分析中需要整体分析小学信息技术教材的四个要素（总体要求与目标定位、逻辑结构、组织编排方式、课时安排）；学习者特征分析需要重点把握学习者的一般特征分析、学习动机分析、学习风格分析，学习者初始能力分析；发展需求分析应从学习需要分析出发。

反思探究

1. 根据下表右边的教材目录，小组讨论后形成整体教材分析结果，填写下表：

整体分析维度	分析结果	教材目录
主要目标（对照课标）		《信息技术（五年级下）》（浙江教育出版社） 第一单元 我们的信息生活 　第1课 生活在信息中 　第2课 现代信息技术 　第3课 用计算机处理信息 第二单元 我的数字名片 　第4课 初识PowerPoint 　第5课 丰富幻灯片内容 　第6课 让幻灯片动起来 第三单元 动画天地 　第7课 认识GIF动画 　第8课 修改动画 　第9课 文字动画 　第10课 人物动画 第四单元 演示文稿宣礼仪 　第11课 准备演示文稿资料 　第12课 制作演示文稿 　第13课 让演示文稿"有声有色" 　第14课 灵活的超链接 　第15课 演示播放技巧多
主要涉及的新课标模块		
内容之间的逻辑关系		
组织编排方式		
课时安排		
教学安排建议		

2. 小组讨论：什么是归类分析法？自选一节小学信息技术教学内容，用"概念图"归类分析该节课的内容结构。

3. 小组讨论：从以下方面分析上述题2这节课的教学内容。
- 依据学习目标（参考课程标准）确定内容的范围和深度；
- 分析教学内容的整体逻辑；
- 分析教学内容的知识结构与知识类别；
- 分析教学重点、难点。

分析结果：

4. 修改下面某节课的教学内容分析和学习者特征分析。

原设计	新设计
案例名称：新建文件夹 一、教学内容分析 　　本课是《小学信息技术（四年级上册）》（重庆大学出版社）第一单元第一课，本课通过对比阳阳和丽丽两家电脑中不同文件的存放情况，让学生充分感受通过文件夹分类存放和管理文件的好处，从而激发学生对自己的文件进行合理管理的欲望，进而学习新建文件夹的方法和重命名文件夹的方法。本课是Windows操作系统文件管理的基础知识的学习，熟练地掌握本课的知识点对学生今后使用计算机十分重要。 二、学习者特征分析 　　小学四年级的学生通过一学年的信息技术课的学习，已经认识了文件和文件夹，掌握了鼠标的基本操作，也能输入一些汉字。本节课就是在学生已有知识与技能的基础上，创设学生学习的情境，通过形式多样的练习，掌握新建文件夹的操作技能。	

5. 通过网络数据库检索，分析网络环境下小学生学习者特征的新变化。

设计实训

根据你所选定的小学信息技术教学设计的选题，结合小组成员的意见，在组长综合协调各个成员的不同选题的前提下，确定自己所要完成的教学设计选题，并填写下表。

设计者:			
小组成员:			
章节标题			
实施年级		学习环境	□多媒体教室　□多媒体网络教室 □1：1数字化教室　□_____
教材分析			
学习者特征 分析			
教学重点、 难点			

模块三　小学信息技术学习目标设计

学习提要

学习目标也称教学目标，是教学设计的出发点和归宿。本模块主要阐述小学信息技术学习目标的概念与分类、学习目标编写方法、学习目标编写误区、生成性目标等内容。本模块要重点把握小学信息技术学习目标的内涵，掌握学习目标设计与编写的方法。学习目标的设计与确定，既是对前端分析的体现，更是后续小学信息技术教学设计模块的前提，直接影响到教学是否能沿着预定的、正确的方向进行，在整个教学设计和教学实施过程中占据非常重要的地位。

学习目标

知识与技能	掌握学习目标的含义及意义；理解布卢姆教育目标分类理论以及基础教育课程改革的三维目标分类；熟练掌握ABCD方法编写学习目标；辨别学习目标编写的误区并能矫正；掌握生成性目标的内涵及其设计与应用
过程与方法	结合案例分析活动，体验小学信息技术学习目标设计的基本过程；通过评价小学信息技术学习目标的活动，掌握学习目标设计的系统方法
情感态度与价值观	结合教学设计工作坊实训的自主学习和案例研习活动，形成系统思维、合作学习和案例反思的意识与态度

引言

小张通过网络查找到了两位教师对"设置文本格式"这一课设计的学习目标,具体内容如下。

教师A:上课时,提供一份魔法学校的"开学通告"让学生进行字体、字号、字形的设计,帮助学生掌握字体格式的设置。

教师B:(1)能对Word文档中的字体、字号、字形等简单字体格式进行基本设置;(2)能总结出文档设置的一般方法和规律;(3)能养成及时保存的意识和习惯。

小张很是困惑,同一个教学内容的学习目标怎么差别这么大呢?他想比较教师A和教师B对这一节课学习目标设计的异同,但不知如何比较。经过他人的指点,他知道可以从以下几个方面进行比较,包括:(1)哪一个能更明确地指导和监控教学活动?为什么?(2)哪一个更便于对教学的效果进行评价?为什么?(3)哪种学习目标能够更好地指导教学活动?小张似乎找到了方向……

任务1 小学信息技术学习目标的概念及其分类

学习目标（learning objective）也称教学目标（instructional objective）。教学是促使学习者朝着学习目标所规定的方向产生变化的过程，因此，在教学设计中，学习目标的明确性、具体性和规范性直接影响着教学能否沿着预定的方向顺利前进。本任务中，你将了解学习目标的含义以及功能，理解并能够描述布卢姆教育目标分类理论以及新课程的目标分类。

☞ 案例：插入图片

☞ 案例：小鱼的梦

☞ 思考：上述两个教学案例中的学习目标是如何分类的？其依据是什么？

一、学习目标概述

1. 学习目标的含义

学习目标是对学习者通过教学后应该表现出来的行为的具体、明确的表述，它是预先确定的、通过教学可以达到的并且能够用现有技术手段测量的教学结果。

2. 编写学习目标的意义

学习目标的编写工作是将一系列明确、具体的学习目标组织成一个层次分明的体系。这项工作的意义在于：

（1）有利于课程规范化。学习目标表明了教学活动的结果，而学习目标的层次性则规定了教学活动的大致进程，教师和学生明确了学习目标体系后，有助于按照学习目标体系去调控整个教和学的过程，保证学生学到的知识正是目标所期望的结果。

（2）有利于教师的教学。明确学习目标，首先，可以帮助教师以学习目标如何达到这种特定的方式思考问题，从而较好地组织教学内容；其次，学习目标为教师选择有效的教学策略提供了具体的依据；再次，为编制习题和评价教学计划的有效性提供了依据；最后，编写目标本身能够促使教师深入思考教学，更好地提高业务水平。

（3）有利于学生的学习。明确学习目标，可以使学习目标内化为学生自己的目标，激发学生的学习动机；可以使学生的学习有明确的方向，不至于摸黑走路，使学习过程顺利发生，加强学生的自信心；还可以使学生自己评价自己的学习，对学习产生责任感。

（4）有利于交流和沟通。学习目标使教师知道教什么，学生知道学什么，家长知道学生学习后能做什么。因此，它是教师、学生、家长以及其他有关人员进行交流的依据。

二、学习目标的分类理论

☞微课：学习目标从哪儿来？

☞微课：如何分类学习目标？

在分析和确定学习目标时，为了避免目标的模糊性与抽象性，一般强调用行为术语来表述学习结果或描述学习者的变化，但这样做往往会使学习目标变得琐碎，难以把握。而对学习目标进行分类，不仅可以使琐碎的目标变得有序，防止目标分析中的疏漏与偏颇，还可以明确目标的类型，便于将目标与教学策略、教学评价协调一致起来。因此，要在教学实践中科学地确定和实施学习目标，除了了解学习目标的内涵、功能和意义外，还应了解学习目标分类理论。

明确提出学习目标分类课题的是美国教育家，早在1920年前后，鲍比特和查特斯就曾经试图通过对"成人社会"的"活动分析"来确定课程目标。后来，经过查特斯的学生泰勒和泰勒的学生布卢姆的发展，形成了完整的学习目标分类理论。布卢姆于1956年出版了《教育目标分类学》，并于同年率先发展了认知领域的教育目标分类系统。1964年，克拉斯沃尔等人发表了情感领域的教育目标分类系统。由于动作技能领域目标的复杂性及研究成果不太丰富，直至1965年和1972年，才分别由辛普森和哈罗分别提出了各自的动作技能领域目标分类提纲。此外，加涅的学习结果分类理论、梅瑞尔的学习目标分类理论都具有一定的代表性。本部分主要介绍布卢姆的教育目标分类理论，在此基础上进一步介绍我国当前正在推行的新一轮基础教育课程改革提出的三维学习目标分类。

1. 布卢姆的教育目标分类理论

在布卢姆的推动下，教育目标分类研究已经成为教育理论研究的一个专门的领域，对指导当代学习目标设计影响深远。

布卢姆等人认为，教育目标可分为三大领域：认知领域（cognitive domain）、心智运动技能领域（psychomotor domain）和情感领域（affective domain）。布卢姆本人提出了认知目标的分类，心智运动技能和情感目标的分类是由克拉斯沃尔和辛普森等人分别于1964年和1972年提出的。其分类结果如表3-1所示。

表3-1 布卢姆教育目标分类体系

分类	亚类目标及层级	说明	目标举例
认知领域	1. 知道 2. 领会 3. 运用 4. 分析 5. 综合 6. 评价	知识的结果	举例说明什么是信息 认识Word窗口的主要工具栏
心智运动技能领域	1. 感知 2. 准备 3. 有指导的反应 4. 机械动作 5. 复杂的外显反应 6. 适应 7. 创新	涉及骨骼和肌肉的运用、发展和协调	运用一种中文输入法，通过键盘输入文字，中文输入速度达到每分钟20字以上

续表

分类	亚类目标及层级	说明	目标举例
情感领域	1. 接受或注意 2. 反应 3. 价值判断 4. 组织化 5. 价值或价值体系的个性化	对外界刺激的肯定或否定的心理反应，如喜欢、厌恶等	体会信息技术给生活、学习带来的影响，感受信息技术的魅力

（1）认知领域目标分类

认知领域目标分类是教育领域中运用最广泛的。布卢姆把认知领域的教育目标分为六级：

知道指对先前学习过的知识材料的回忆，包括具体事实、方法、过程、理论等的回忆。"知道"是认知领域中最低水平的认知结果，它所要求的心理过程主要是记忆。

领会亦称理解或领悟，是较低层次地处理各种材料和问题的操作方式，是指把握知识材料意义的能力。领会超越了单纯的记忆，代表着最低水平的理解，它又可分为转换、解释和推断三种。转换是指用自己的话或用与原先不同的表达方式阐述自己的思想；解释是对一项信息加以说明或概述；推断是估计未来的趋势或后果。

运用指在将抽象概念运用于具体的情境中，这些抽象概念包括一般的概念、程序的规则或概括化的方法，以及专门性的原理、观念和理论。运用代表了较高水平的理解，比如能够运用搜索引擎查找、下载所需图片和文字，并运用文字处理软件编辑一个文档，完成小组报告以呈现本组研究的过程、方法和结果。

分析指将一种传播内容（现象、事物、过程）分解成为它的组成因素或组成部分，以便弄清各种观念的有关层次，或者弄清所表述的各种观念之间的关系。分析比运用的智能水平更高，可分为要素分析、关系分析和组织原则分析三种。

综合指将各种要素及组成部分组成一个整体，以构成更为清楚的模式或结构。综合强调的是创造能力，包括进行独特的交流、制订计划或操作步骤以及推导出一套抽象关系三方面的内容。

评价指为了一定的目的，对某些观念和方法等进行判断。评价是最高水平的认知学习结果，包含根据内部准则判断和依据外部准则判断两方面的内容。

例如，我们以搜索引擎为例，按照上述六级层次来设定学习目标，见表3-2。

表3-2 认知领域目标举例

目标层级	目标举例
知道	能说出常用搜索引擎的优缺点
理解	能解释搜索引擎的功能
运用	能够利用关键词等搜索技巧进行检索
分析	能找出搜索不理想的原因
综合	能够根据搜索需求，选择适合的搜索引擎和搜索策略
评价	能够判断一个人的搜索策略是否有效

（2）心智运动技能领域目标分类

心智运动技能涉及骨骼和肌肉的运用、发展和协调。在实验课、体育课、职业培训、军事训练等科目中，这是常见的学习目标。

心智运动技能领域的教育目标分类有多种分类法，目前尚无公认的最好分类。这里仅介绍一种容易理解的，即辛普森等人于1972年提出的分类系统，以便在编写学习目标时加以运用。

辛普森等人将心智运动技能目标分成下面所列的七级，这是目前应用较广泛的一种分类体系。

感知是指运动感官获得信息以指导动作，主要了解某动作技能的有关知识、性质、功用等。

准备是指对固定动作的准备，包括心理定向、生理定向和情绪准备。感知是其先决条件，我国有学者把感知和准备阶段统称为动作技能学习的认知阶段。

有指导的反应是指复杂的心智运动技能学习的早期阶段，包括模仿和尝试错误。通过教师评价或一套适当的标准可判断操作的适当性。

机械动作是指那些学习者的反应已成习惯，能以某种熟练和自信水平完成的动作。这一阶段的学习结果涉及各种形式的操作技能，但动作模式并不复杂。

复杂的外显反应是指包含复杂动作模式的熟练操作。操作的熟练性以精确、迅速、连贯协调和轻松稳定为指标。

适应是指技能的高度发展水平，学习者能修正自己的动作模式以适应特殊的设施或满足具体情境的需要。

创新是指创造新的动作模式以适合具体情境，以高度发展的技能为基础才能进行创新。

（3）情感领域目标分类

情感是人对客观事物态度的一种反映，表现为对外界刺激的肯定或否定，如喜欢、厌恶等。情感学习既与形成或改变态度、提高鉴赏能力、更新价值观念等方面有关，也影响认知的发展和动作技能的形成，所以它是教育的一个非常重要的方面。这里介绍克拉斯沃尔等人1964年的分类，该分类依照价值内化程度，将情感领域的学习目标由低到高划分成五级：

接受或注意指学生感受到某些现象和刺激的存在，愿意接受或注意这些现象和刺激。由于以往的经验，学生对每一种情境都会产生某种观点和心向，这种心向促使或阻碍他再认那些现象。接受或注意是低级的价值内化水平，包括觉察、愿意接受和有控制或有选择的注意三个方面的内容。

反应指学生不仅注意某种现象，而且以某种方式对它进行反应，可分为默认的反应、愿意的反应和满意的反应三种。

价值判断又称价值化，指学生将特殊的对象、现象或行为与一定的价值标准相联系，包括价值的接受、对某一价值的偏好、信奉三个方面的内容。

组织化指学生将许多不同的价值标准组合在一起，克服它们之间的矛盾、冲突，并开始建立内在一致的价值体系。

价值或价值体系的个性化指学生具有长时期控制自己的行为以致发展了性格化"生活方式"的价值体系。

例如，我们以信息技术中知识产权的相关教学内容为例，根据上述的分类来确定情感目标，见表3-3。

表3-3 情感领域目标举例

目标层级	目标举例
接受或注意	认真听讲知识产权相关内容
反应	参与关于知识产权的讨论、做作业
价值判断	对盗取版权的现象进行批评
组织化	计算机中盗版软件的处理
价值或价值体系的个性化	形成稳定的版权保护意识

克拉斯沃尔等人的分类启示我们，情感或态度的教学是一个价值标准不断内化的过程。一方面，教师或教科书上所介绍的价值标准，对学生来说是外来的，学生必须经历接受、反应和评价等连续内化的过程，才能将它们转化为自己信奉的内在价值。另一方面，情感或态度的教学不只是政治课或思想品德课的任务，各门学科也都包含这方面的任务。因为任何知识、技能或行为、习惯都不能离开

一定的价值标准。

2. 基础教育课程改革的三维目标

为了提升我国的综合国力和人才培养质量，进入新世纪以来，全面推行以素质教育为目的的新一轮基础教育课程改革。

☞微课：如何理解三维目标？

2001年5月29日发布的《国务院关于基础教育改革与发展的决定》拉开了新课改的序幕。教育部决定，大力推进基础教育课程改革，调整和改革基础教育的课程体系、结构、内容，构建符合素质教育要求的新的基础教育课程体系。2001年7月，教育部颁布了《基础教育课程改革纲要（试行）》。该纲要是基础教育课程改革的指导性文件，它的颁布与实施，对我国基础教育领域推进素质教育产生了重要、积极的作用。

《基础教育课程改革纲要（试行）》明确指出，"应体现国家对不同阶段的学生在知识与技能、过程与方法、情感态度与价值观等方面的基本要求"。而此处的"知识与技能、过程与方法、情感态度与价值观"即我们常说的"三维目标"。虽然这与大家公认的"认知""心智运动技能"和"情感"三类目标分类有所不同，但是三维目标不仅包含了上述三类目标分类，而且还特意将"过程与方法"单独提出来作为三维目标中的一项，这和联合国教科文组织编写的《教育——财富蕴藏其中》的第一大支柱——"学会认知"的思想是一致的。

（1）三维目标的内涵

第一维目标"知识与技能"意指人类生存所不可或缺的核心知识和基本技能，这也是我国基础教育界长期以来所强调的"双基"。第二维目标"过程与方法"的"过程"意指应答性学习环境与交往体验，"方法"指基本学习方式和生活方式，即让学生了解学科知识形成的过程、亲历探究知识的过程，学会发现问题、思考问题和解决问题的方法，并形成创新精神和实践能力等。第三维目标"情感态度与价值观"意指学习兴趣、学习态度、人生态度以及个人价值与社会价值的统一。目的是让学生形成积极的学习态度和健康向上的人生态度，具有科学精神和正确的世界观、人生观和价值观，成为具有社会责任感和使命感的公民。通俗地讲，"知识与技能""过程与方法""情感态度与价值观"分别表达的是"学会""会学""乐学"的含义。这三者之间互相联系、互相渗透、密不可分。

（2）信息技术课程中的三维目标内涵

知识与技能目标强调的是学生对"信息技术"概念的理解与常用信息技术工具的应用，旨在培养学生初步形成自主学习能力与适应发展变化的能力。要让学生理解运用信息技术能力的重要性，以及未来对信息技术运用能力要求的不断提高。从某种意义上讲，其根本目的是促进学生的一般发展和整体发展。

要让学生掌握"信息"与"信息技术"概念的本质，理解有关信息技术的基本原理，灵活运用信息获取、加工、管理、表达与交流的基本技能。引导学生关注信息领域的技术革新及其给社会带来的影响，并对发生在自己身边的变化进行评价，发掘信息技术应用价值，形成能够自主学习、持续发展的基本能力。

过程与方法目标并不是简单地让学生知道，完成某个任务需要哪几步，需要哪些方法，而是强调让学生参与到信息处理和信息交流的具体过程中，体验该过程与方法，并把对过程的参与和方法的运用内化为解决实际问题的能力。因此，在教学过程中，除了要知道做什么、怎么做之外，还要让学生理解为什么要这样做。让学生在技术工具操作与使用的过程当中，培养技术工具操作和使用的能力，在运用技术工具解决实际问题的过程中，掌握解决问题的方法，全面达成课程目标。

情感态度与价值观是从个人内在素养的角度考查信息技术课程学习的，信息技术的文化价值、信息技术与社会发展、信息社会中的伦理道德与法律法规等内容绝对不容忽视，并且要通过恰当的学习方法将其融合在过程中，使学生充分理解、内化。

> **》小组讨论**
> 布卢姆的教育目标分类与三维目标分类有什么异同点？请使用表格描述三者之间的关系。

（3）三维目标分类与布卢姆的教育目标分类的关系

三维目标是我国基础教育新一轮课程改革提出的要求，目的在于培养学生终身学习的能力和符合我国国情的伦理道德与价值观体系，整体提升我国的国民素质，尤其是创新精神和实践能力。三维目标符合我国当前教育发展的实际情况。

目前，得到大家普遍认同的认知领域、心智运动技能领域和情感领域的教育目标分类的意义在于对目标编写、教学策略设计、教学材料开发和教学评价具有重要指导意义。那么，如何处理三维目标分类与布卢姆的教育目标分类的关系呢？

事实上，知识与技能、过程与方法和情感态度与价值观三维目标中的任何一个都可能和目标分类中的任何一类都有紧密关系。

"知识与技能"指的是学生应掌握的基础知识和基本技能，即我们常说的"双基"。这也是我国基础教育的优势，以下是"知识与技能"目标实例。

a. 学生能够熟练使用用户名和密码登录论坛。

b. 了解"博客"的概念，会在"中国少年雏鹰网"上建立自己的个人博客。

c. 小学四年级学生在文字处理器中输入报纸上的新闻，每分钟输入汉字数量不少于60个。

按照教育目标分类理论，目标a属于认知领域中的"运用"层次目标，目标b属于认知领域中的"知道"和"运用"层次目标，目标c属于心智运动技能领域中的"技能动作"目标。不过目标b中用词有些含糊不清，不妨修改成"能为'博客'下定义，会在'中国少年雏鹰网'上建立自己的个人博客"。

设置"过程与方法"目的在于让学生了解学科知识形成的过程、亲历探究知识的过程，学会发现问题、思考问题和解决问题的方法，并形成创新精神和实践能力等，避免出现"高分低能""毕业即待业"等问题。以下是"过程与方法"目标实例。

a. 能够运用搜索引擎解决自己在学习中、生活中遇到的问题各一个。

b. 能够使用QQ兴趣组分类功能在网上交到三个志同道合的同龄人朋友。

c. 能够使用PowerPoint软件制作一个演示文档，汇报小组任务完成的过程与结论。

目标a、b、c都属于认知领域中的运用层次目标。

"情感态度与价值观"目标基本与情感领域学习目标相对应，意指学习兴趣、学习态度、人生态度以及个人价值与社会价值的统一。设置这一维度学习目标的目的是让学生形成积极的学习态度和健康向上的人生态度，具有科学精神和正确的世界观、人生观和价值观，成为具有社会责任感和使命感的公民。以下是"情感态度与价值观"目标实例。

a. 通过使用PowerPoint软件制作演示文档并做小组汇报，体会PowerPoint在辅助讲演中的重要作用，收获成功的喜悦。

b. 通过向PowerPoint演示文档中插入视频文件，并简单剪辑、控制播放，进一步认识到PowerPoint软件的强大功能。

目标a和b的前半部分都属于认知领域的"运用"层次目标；后半部分属于情感领域的"评价"层次目标。

需要提醒的是，情感态度与价值观一般是指人的感受、选择倾向和价值判断，往往是人的内部心理状态。因此，我们在编写情感态度与价值观目标时，应先找出能够代表这一情感态度与价值观目标的外显行为，然后根据该行为的目标分类所属选择适当的用词。

任务2 小学信息技术学习目标的设计与编写

> ▶ **设计实践**
>
> 　　选择《小学信息技术（三年级上）》（浙江摄影出版社）第8课"五彩的窗子"，按照下述步骤进行学习目标设计。小组间交流，分享设计成果。
>
> 　　**参考标准**：能使用简单绘图工具软件绘制基本形状、填充合适的色彩，能缩放、翻转、组合图片表达创意。（选自中国教育技术协会信息技术教育专业委员会《基础教育信息技术课程标准（2012版）》。）

　　学习目标设计是教学设计的重要组成部分，学习目标设计和实现贯穿教学的全过程，对教学有导向、调节的作用。因此，准确全面地确定学习目标是课堂的关键。那么如何确立学习目标？如何设计与编写学习目标呢？

一、学习目标的设计过程

　　通常可以参考以下四个步骤来设计学习目标。

1. 依据课程内容标准初步确定学习目标

　　信息技术课程内容标准是信息技术教学的依据和准则。课程内容标准的研究是科学地设计学习目标的前提。课程内容标准一般把学习内容、涉及的技能和情感教育结合在一起，通过参考课程内容标准，可初步确定学习目标。

2. 依据教材内容细化学习目标

　　教材内容是教学活动的基础，教学对教学内容应该有整体把握，抓住教材编写主线，分析重点与难点。要清楚地知道哪些内容是课堂上要重点理解和熟练运用的，哪些内容是让学生了解知道的，哪些内容可以一带而过的。教师通过分析教材内容，挖掘出教材中的知识、技能与情感培养要求，细化学习目标。

3. 依据学生的认知水平完善学习目标

　　教师在确定学习目标时应充分了解学生的实际情况，更应该了解学生存在的思想认识的特点和问题，设计与学生认知和能力水平相适应的学习目标。

4. 明确学习目标的分类框架和层级

　　根据新课程标准，学习目标从知识与技能、过程与方法、情感态度与价值观三个方面进行了分类，不同分类框架的学习目标，从低到高有三个不同层次的要求。在制订与表述学习目标时，先确定学习目标的分类框架，再明确要掌握的层次。对学习目标进行表述时，还需注意目标表述中的行为动词必须是可测量、可评价的，每个具体目标用表述学生外显行为的语言表达出来，否则就无法评价。

二、小学信息技术学习目标的编写

☞微课：怎样编写学习目标?

接下来以马杰的行为目标理论来说明小学信息技术学习目标的编写。马杰在1962年出版的《程序教学目标的编写》中提出了一个完整的学习目标应包括三个基本要素：行为、条件和标准。在教学设计实践中，有的教育研究者认为有必要在马杰的三要素基础上，加上对学习者的描述。这样，一个规范的学习目标就包括四个要素。

A—对象（audience）：阐明学习者。

B—行为（behavior）：说明通过学习以后，学习者应能做什么（行为的变化）。

C—条件（condition）：说明上述行为在什么条件下产生。

D—标准（degree）：规定达到上述行为的最低标准（即达到所要求行为的程度）。

例如：

<u>小学六年级的在校生</u>在<u>文字处理软件</u>中<u>输入汉字</u>，<u>每分钟可以输入40个</u>，
　　　　A　　　　　　　　C　　　　　　B

<u>正确率在90%以上</u>。
　　　D

需要指出的是，在实际运用ABCD法时，往往不可能也没有必要完全机械地按上述要求编写学习目标。

1. 对象的表述

学习目标的表述中应注明教学对象，例如，"小学六年级（1）班学生"。有的学者还主张在学习目标中说明对象的基本特点。

2. 行为的表述

在学习目标中，行为的表述是最基本的成分，说明学习者在教学结束后，应该获得怎样的能力。用传统的方法表述学习目标时，较多使用"知道""理解""掌握""欣赏"等动词来描述学习者将学会的能力。如果需要，可再加上表示程度的状语，以反映教学要求，如"深刻理解""充分掌握"等，但这些词语的含义较广，均可从不同角度理解，因而使目标的表述不明确，给后续的教学评价带来困难。因此，这些词语可用来表述总括性的课程目标和单元目标，但在编

写具体的学习目标时并不适合。

描述行为的基本方法是使用一个动宾结构的短语，其中行为动词说明学习的类型，宾语则说明学习的内容。例如，"操作""说出""列举""比较"等都是行为动词，在它们后面加上动作的对象，就构成了学习目标中关于行为的表述，例如：

a.（能）用全拼输入法输入汉字；
b.（能）说出计算机的基本结构；
c.（能）运用FrontPage软件制作自我介绍的网页。

在这样的动宾结构中，宾语部分与学科内容有关，学科教师基本都能很好掌握。困难在于选用恰当的、具有可观察特点的行为动词。

为了使学习目标合乎规范和要求，目标的编写一般采用可观察、可测量、明确、具体的动宾词组。表3-4、表3-5、表3-6分别给出了编写不同类别目标时可供选用的部分动词。

表3-4　编写认知领域目标可选用的动词表

目标层级	特征	可选用的动词
知道	对信息的回忆	为……下定义、列举、说出（写出）……的名称、复述、背诵、辨认、回忆、选择、描述、表明、指明
领会	用自己的语言解释信息	分类、叙述、解释、鉴定、选择、转换、区别、估计、引申、归纳、举例说明、猜测、摘要、改写、预测
运用	将知识运用到新的情境中	运用、计算、示范、改变、阐述、解释、说明、修改、订出……计划、制订……方案、解答
分析	将知识分解，找出各部分之间的联系	分析、分类、比较、对照、图示、区别、检查、指出、评析
综合	将知识各部分重新组合，形成一个新的整体	编写、写作、创造、设计、提出、组织、计划、综合、归纳、总结
评价	根据一定标准作出价值判断	鉴别、比较、评定、判断、总结、证明、说出……价值

表3-5　编写心智运动技能领域目标可选用的动词表

目标层级	特征	可选用的动词
感知能力	根据环境刺激作出调节	旋转、屈身、保持平衡、接住（某物体）、踢、移动
体力	基本素质的提高	提高耐力、迅速反应、举重
技能动作	进行复杂的动作	演奏、使用、装配、操作、调节
有意交流	传递情感的动作	用动作、手势、眼神或脸色表达……感情、用一段舞蹈表达……思想情感

表3-6 编写情感领域目标可选用的动词表

目标层级	特征	可选用的动词
接受或注意	愿意注意某事件或活动	听讲、知道、看出、注意、选择、接受、赞同、容忍
反应	乐意以某种方式加入某事，以示作出反应	陈述、回答、完成、选择、列举、遵守、记录、听从、称赞、欢呼、表现、帮助
价值判断	对现象或行为作出价值判断，从而表示接受、追求某事，并表现出一定的坚定性	接受、承认、参加、完成、决定、影响、支持、辩论、论证、判别、区别、解释、评价
组织化	把许多不同的价值标准组成一个体系并确定它们之间的相互关系，建立重要的和一般的价值观念	讨论、组织、判断、使联系、确定、建立、选择、比较、定义、系统阐述、权衡、选择、制订计划、决定
价值或价值体系的个性化	能自觉控制自己的行为，并逐渐发展为性格化的价值体系	修正、改变、接受、判断、拒绝、相信、继续、解决、贯彻、要求、抵制、正视

以上三个表格分别列举出了认知领域、心智运动技能领域、情感领域三类学习目标中不同层级子目标可选用的动词，这些动词都是较为明确的、可观察、可测量的，因此，我们在编写目标时可尽量从上述表格中选词。

3. 条件的表述

条件表示学习者完成规定行为时所处的情境，即说明在评价学习者的学习结果时，应在哪种情况下评价。例如，要求学习者"能写出800字左右的文章"，条件则可能指"在哪些提示下？有哪些资料的帮助下？利用什么工具（用计算机写还是用纸笔手写）？多长时间？"等环境因素。条件的表述常与诸如"能不能查阅参考书？""有没有工具？""有没有时间限制？"等问题有关。

4. 标准的表述

标准是行为完成质量可被接受的最低程度。对行为标准进行具体描述，是为了使学习目标具有可测量的特点。标准一般从行为的速度、准确性和质量三方面来确定，例如：

a. 在1分钟以内准备好必需的计算机配件（速度）。
b. 测量长方形的长和宽，误差在15 mm以内（准确性）。
c. 加工件质量要达到国家B级标准（质量）。

下面的学习目标实例中均包含了上述对象、行为、条件和标准四个要素：

小学三年级的学生，通过一周的信息技术强化培训，能够独立操作计算机，至少能正确开关机、操作鼠标、登录学习空间，利用课件进行学习，并能用正确的指法在10分钟内输入8~10个汉字。

学习目标中，有些条件和标准较难区别，如上例中"能在10分钟内"既可理解为时间的条件，也可看作是行为速度的标准。马杰认为，对这一问题不必争论。判断学习目标的主要依据是，它的表述是否说明了编写者的意图。如果学习目标能用以指导教学及其评价，那么对条件和标准的区别并不重要。

> **》小组讨论**
> 采用ABCD法编写学习目标，哪些部分是不能省略，哪些部分可以省略？为什么？

5. 基本部分和选择部分

在一个学习目标中，行为的表述是基本部分，不能省略。相对而言，条件和标准是两个可选择的部分。在编写学习目标时，可以不必将条件、标准一一列出。例如，目标：（1）学会"选择""用颜色填充"工具的用法；（2）能进行创意图形组合和色彩搭配。

在运用ABCD方法编写具体的学习目标时，应注意以下三方面：

（1）学习目标的行为主体须是学习者，而不是教师；

（2）学习目标须用教学活动的结果而不能用教学活动的过程或手段来描述；

（3）学习目标的行为动词须是具体的，而不能是抽象的。

> **▶设计实践**
> 判断下列所给出的行为表现目标的完整性：
>
> 1. 根据教师给定的多媒体素材，学生能进行小组讨论，参与活动。这个目标缺少的成分是：_____
>
>   A. 重要的条件和标准
>
>   B. 可观察的行为和条件
>
>   C. 可观察的行为和标准
>
>   D. 没有缺少成分
>
> 2. 对着计算机实物，三年级学生能说出计算机的硬件名称及组成，错误数少于2个。这个目标缺少的成分是：_____
>
>   A. 可观察的行为
>
>   B. 重要的条件
>
>   C. 行为标准
>
>   D. 没有缺少成分
>
> 3. 三年级学生能够写字。这个目标缺少的成分是：_____

A. 重要的条件
B. 重要的条件和行为标准
C. 可观察的行为和行为标准
D. 没有缺少成分

任务3 小学信息技术学习目标编写的误区

☞微课：信息技术学习目标编写的误区及矫正

学习目标是教学设计活动的起点和归宿，它决定着教学设计的前进方向，对教学质量具有重要意义。因此，教师对学习目标的认识和态度将会对教学结果产生重要的影响。然而，在实践中许多中小学教师对学习目标的认识和在具体操作上存在不少问题。在任务3中，我们将学习小学信息技术学习目标编写过程中常见的问题以及纠正的方法。

一、学习目标编写误区

结合实际情况，教师在学习目标编写中主要有如下几种误区：

1. 学习目标过程化

这指的是将教学过程的描述当作学习目标，至于学生到底要达到什么样的学习成效不得而知。纠正的策略是目标中一定要明确学习后的结果。

> ▶案例板
>
> 原学习目标：
> - 了解常见的汉字输入法。
> - 掌握"剪贴画"的使用。
>
> 修改后的学习目标：
> - 能说出常见的汉字输入法。
> - 能熟练使用"剪贴画"的"插入"和"调整"等操作。

2. 学习目标模糊化

一是采用抽象的行为动词描述学习目标，如，"了解""理解""掌握"等；二是行为对象过于概括，如"了解信息的一般特征"，至于哪些特征并未指明。

建议采用任务2中表3-4、表3-5、表3-6给出的描述学习目标的行为动词，在遇到过于概括的学习目标但涉及具体的内容又比较多时，可以采取列出几个知识点的方式。

> ▶ **案例板**
>
> 原学习目标：
> - 通过硬件实物教学生认识计算机的硬件组成。
> - 对学生做键盘指法训练。
>
> 修改后的学习目标：
> - 认识计算机硬件的基本组成部分：键盘、鼠标、显示器、主机等。
> - 能够比较熟练地按照键盘指法规则进行打字。

3. 学习目标虚泛化

这类学习目标的描述空洞、虚泛，没有针对性，成为学习目标中的摆设。例如，通过一节课"培养学生处理信息的能力，养成良好的思维习惯和行为方式"；"培养学生严谨的学习态度和团结协作的作风"。这样的目标描述过于抽象，可操作性不强，需要将目标具体化、明晰化。

规范的情感态度与价值观目标的描述应包含两部分：一部分是态度内容，即态度的认知成分；另一部分是情感体验，它与一定的态度活动联系在一起。例如，"走进信息世界"一课的情感目标可以表述为："通过列举身边的各种信息，体验信息的丰富性和普遍性。"

新课程提倡采用行为目标的形式陈述学习目标通常有两种描述类型。一是采用结果性目标的方式，即明确告诉学生通过本课学习后应达到的学习结果是什么，所采用的行为动词要求明确、可测量、可评价，主要应用于"知识与技能"目标，也可用于"过程与方法""情感态度与价值观"目标，如"能使用E-mail发送信息""能用图形表示表格数据"等；学习目标是学生的学习结果，学习目标不应该只表述教师打算做什么，而应该是学生经历了学习过程要学会什么。规范的学习目标应以"学生能……"开头。如"通过对海报主题设计的鉴赏和分析，使学生掌握海报主题展现的一般方法"表述的是教师的行为，作为学习目标显然不妥。正确的表述方法应该是"通过对海报主题设计的鉴赏和分析，学生能掌握海报主题展现的一般方法"。二是采用体验性或表现性目标的方式，即描述学生自己的心理感受、体验或明确安排学生表现的机会，所采用的行为动词往往是体验性的、过程性的，这种方式指向无需结果化的或难以结果化的课程目标，主要应用于"情感态度与价值观"目标，也可用于"过程与方法"目标，如"能尝试各种应用软件提供的助手，体验智能代理技术的神奇功能"等。

> ▶ **案例板**
>
> 原学习目标：
> - 培养学生的网络检索能力。
> - 帮助学生养成良好的及时保存文件的习惯。
>
> 修改后的学习目标：
> - 熟练使用网络检索信息。
> - 养成及时保存文件的习惯。

4. 学习目标主体错位

很多学习目标的行为主体是教师而不是学生。这种表述意味着只要教师组织学习者进行相关活动，目标就能达成。至于学习者达到了多少预期的效果常被忽略。在学习目标的撰写过程中，一定要切记，目标的行为主体是学生。

5. "过程与方法"与"知识与技能"混淆

新课程采用三维目标来进行学习目标的表述，综合分析教师们撰写的学习目标会发现，大多数的"过程与方法"只是"知识与技能"目标的一部分。如下面的案例中"学会插入表格的方法"和"学会设计简单的表格"是很明显的技能目标。

> ▶ **案例板**
>
> "在Word中插入表格"教学案例中"过程与方法"部分学习目标：
> - 在任务的引导下，学生通过自主探究，学会插入表格的方法；在小组合作与交流中，学会设计简单的表格。

那么，到底如何理解"过程与方法"目标呢？"过程与方法"目标是指让学生了解学科知识形成的过程、亲历探究知识的过程，学会发现问题、思考问题、解决问题的方法，学会解决问题的一般规律和方法，学会学习的方法。在信息技术教学中，"过程与方法"目标需要用信息加工的认知语言和体现学科思想方法的语言，来描述抽象于具体学科知识的一般认知能力。规范的"过程与方法"目标的描述应包含三个要素：学习的知识内容、学习过程的方式、能力发展的内容。知识内容的描述方法是"在获得……知识的过程中"，学习过程的方式的描述方法是："通过……"；能力发展的内容的描述方法是："发展……的能力"。例如，"信息获取"一课的"过程与方法"目标可以表述为："经历获取信息的过程，通过分析概括，掌握信息获取的一般过程和方法。"这个目标实例体现了三个要素的整体应用。

> ▶案例板
> "图表加工"教学案例中"过程与方法"部分学习目标:
> ● 能在利用图表分析数据的过程中,发现事物的性质及变化规律。
> "拼音输入"教学案例中"过程与方法"部分学习目标:
> ● 通过古诗的输入,掌握拼音输入法的一般使用方法。

新课程的学习目标是三维的,追求的是三个方面的有机整合。知识与技能目标是核心,它通过过程与方法、情感态度与价值观目标的实现过程而实现,过程与方法的培养则不能缺少知识与技能。情感态度与价值观的教育更不能独立和直接进行。所以在确定学习目标时,应该从三个维度出发对课堂教学进行精心设计,力求在教学活动中将三维目标的培养融为一体,让学生在掌握知识与技能的同时,亲身经历与体验学习和探究的过程,潜移默化地对其情感态度与价值观进行滋养。

二、解决学习目标编写误区的方法

☞思考与讨论:
克服学习目标含糊性的三种理论与技术分别适用于哪一类学习目标?

近几十年来,许多心理学家都致力于设计、开发、描述和分析学习目标的方法,并大致形成了两种不同的观点,即行为观和认知观。行为观强调用可观察的或可测量的行为来描述学习目标,而认知观则强调用内部心理过程来描述学习目标。尽管这两种观点有所不同,但它们一致认为,应把描述学习目标的重点放在学生行为或能力的变化上。

为了克服学习目标表述的含糊性,心理学家们提出了三种新的理论和技术。

1. 行为目标

行为目标是用预期学生学习之后将产生的行为变化来表述的目标,也就是用可观察和可测量的行为来表述的目标。1962年心理学家马杰提出,为了克服传统学习目标的含糊性,必须取消用描述内部心理状态的术语来表述目标的方法,代之以用描述行为的术语来表述目标。马杰提出,一个表述得好的行为目标应符合三个条件:一是要说明通过教学后学生能做什么,即表述行为;二是要规定学生的行为产生的条件,即表述条件;三是规定符合要求的作业的标准,即表述标准。

从学习目标指导测量和评价的功能来看,行为目标的优点是非常清楚的。好的行为目标实际上已蕴含了学习结果的检测方式和评价标准。但是,行为目标也有其固有的缺点。它只强调了行为的结果而未注意内在的心理过程，教师可能因此只注意学生表面的行为变化（外在表现），而忽视学生内在的能力与态度、品德方面的变化（内在实质），而使教学误入歧途。

2. 内部过程与外显行为相结合的目标

坚持学习的认知观的心理学家认为，学习的实质在于内在心理状态的变化，因此学习目标不是具体的行为变化，而是内在的能力或品德结构的变化。为此，格伦兰提出一个折中的方法，即采用描述内在心理过程与外显行为表现相结合的方法来表述目标。

按照内部心理与外显行为相结合的方法来表述学习目标，应明确表述记忆、理解、创造、欣赏、热爱、尊重等内在的心理变化，如"培养学习信息技术的兴趣"。但是，这些内在的心理变化不能直接进行观察和测量。为了使这些内在变化可以被观察和测量，还需列举反映这些内在变化的若干行为样例，如"学完本节课后，学生愿意参与信息技术教学活动中，积极参与小组作品创作"。如果没有行为样例，我们也就失去了评价学习目标究竟是否达到的依据。

总之，这样表述的学习目标强调教学的总目标是记忆、理解、创造、欣赏、热爱或尊重等内在的心理变化，而不是这些变化的具体行为实例。这样就避免了严格的行为目标只顾及具体行为变化而忽视内在心理变化的缺点，也克服了用传统方法表述的目标的含糊性问题。

3. 表现性目标

许多学习目标并不是参加一两次教育活动就能达到的，教师也很难预期一定的教育活动后学生的内在心理将会发生什么变化。如高级认知策略和心智运动技能的提高，爱国主义情感和自我意识的培养，都不是通过一两节课的教育教学就能立竿见影的。为此，艾纳斯提出了表现性目标，以弥补上述两种表述方法的不足。表现性目标只要求教师明确规定学生必须参加的活动，而不必精确规定每个学生应从这些活动中习得什么。例如，爱国主义教育方面的一个表现性目标可以这样表述：学生能认真观看学校组织的反映爱国主义的影片，并在小组会上谈自己的观后感。

总之，陈述得好的学习目标必须符合三个基本要求：

第一，学习目标应表述通过一定的学习活动后学生的内在心理状态的变化，如能力提高、态度改善、正确自我观建立等，而不应表述教师的行为。

第二，表述得好的学习目标应反映学习的类型，如知识、技能、社会规范等。即使在同一学习类型中，也应反映学生掌握的水平，如知识领域中的目标应反映记忆、理解和运用（包括简单运用和综合运用）三个层次。

第三，学习目标的表述应力求明确、具体，并可以观察和测量，尽量避免用含糊的和不切实际的语言表述学习目标。

任务4 小学信息技术课程生成性目标

☞ 微课：何谓生成性学习目标？

我们通常所说的学习目标，就是事先对学生学习结果的预设。教学就是师生共同努力，促使学生朝着预定目标前进的过程。"预则立，不预则废"，说明教学预设十分重要。但是课堂总会有师生互动，而这种互动又总是会有很多"突发"和"意外"发生，这就是课堂的生成性。在任务4中我们将学习"生成性目标"的概念，生成性目标与预设目标的关系以及生成性目标的生成策略。

> **》小组讨论**
>
> 阅读下面的案例，思考：完成预设目标是教学的唯一目的吗？
>
> "文件和文件夹的复制"教学片段
>
> 师：今天，我们学习如何复制文件和文件夹，谁能上来把桌面上的"苹果.bmp"文件复制到桌面上的"水果"文件夹中？
>
> 生：我来！（操作：用鼠标点中"苹果.bmp"文件，直接拖进了"水果"文件夹。学生没有按照教师的要求操作，是个意外。）
>
> 师：同学们注意了，刚才老师说的是"复制"，大家说，这位同学用的是"复制"的方法吗？（教师极力控制场面，想拉回到预期的路线上去。）
>
> 师：（将"苹果"重新拖回到桌面上）再请一位同学来完成"复制"的操作。
>
> 学生用右键的"复制""粘贴"完成操作。
>
> 师：非常好。这才是正确的"复制"操作。接下来请大家在自己的电脑上试一试这个操作。

在上面的案例中，教师用"苹果"和"水果"来类比"文件"和"文件夹"的关系，这对促进学生理解"文件"和"文件夹"的实际意义是很有帮助的。教师预设的流程是：学生演示，引出新知识；讲解"复制—粘贴"操作方法；学生练习。案例中第一位学生因为要表现得"技高一筹"，没有采用"复制—粘贴"方法，而是用"拖"的方法，对教师预先设计的过程来说，这纯粹是一个意外。

在这个意外发生时，教师首先考虑的是"忠于原文"——保障原先设计的教学进程，于是对"意外"进行了"丢弃"处理。把教学流程硬"拽"回到自己的掌控之中。虽然预设的学习目标完成了，但在教学过程中时常会出现上述案例中这样预料之外的事件和问题，若"墨守成规"，不敢逾越预设半步，那么课堂教学就很可能变得死气沉沉，毫无生机可言。

一、生成性目标的概念

1. 什么是生成性目标

一个灵动而丰富的课堂很显然不仅仅有预设性目标，还会有一些随机的"生成"，即生成性目标。那么，什么是生成性目标呢？

生成性目标是在教育情境中随着教育过程的展开而自然生成的课程与学习目标。这种目标所关注的不是外部事先规定的目标，而是师生根据课程教学的实际进展情况而提出的相应的目标。如果说"预设性目标"关注的是预期的结果，是在教育过程之前或教育情境之外预先设定的，是作为课程指令、课程文件、教学设计方案而存在的，那么，"生成性目标"注重的则是过程，是教育情境的产物和问题解决的结果。这种目标的教育哲学观是基于教育是一个演进（或进化）的过程，在此任何阶段的目的都不是最终目的，目的是演进着的，而不是预先存在的。

> ⟫ 小组讨论
>
> 在上一个案例中，如果你是任课教师，当学生的回答与你预期不同时，你会怎么做？
> - 想办法回到预设目标"复制"的操作。
> - 顺着学生的"生成"讲"拖动"的方法。
> - 其他的处理方法……

2. 预设性目标与生成性目标的关系

预设性目标是教育教学过程中非常重要的基础和前提，是实现教学目的的重要保证。在新课改中，我们也汲取了人本主义学习理论的精华，即要照顾到学生的发展需要和自我实现，所以，关注学生的兴趣和理想显得非常必要。因此，在教学过程中，我们常常会遇到教师预设以外的情况或问题，而学生非常感兴趣，与所学内容紧密相关，又有利于促进知识的掌握和迁移，此时，适当改变预设方案，引导学生"生成"新的学习目标和学习任务就显得十分必要了。

预设和生成有各自独特的功能和任务，在人才培养过程中都起着不可替代的作用。在教学实践中，教师应该如何深刻理解和处理好二者的关系呢？

（1）生成是对预设的丰富、拓展、调节和重建

课前，教师需根据学生实际和教学内容的特点，周密细致地预设教学活动，并预见学生在课堂上可能出现哪些问题与困惑，准备好点拨、引导的应对措施等；课堂上，在生成相关问题时能够及时、灵活、合理地调整教学预案，让预设真正服务于课堂的有效生成。

> ▶ **案例板**
>
> "复制"的生成课教学片段
>
> 师：……怎样把"苹果.bmp"文件复制到桌面上的"水果"文件夹中？
>
> 生：我来！（操作方法同案例A。）
>
> 师：（惊奇地）这个方法很快哦！不过你用的不是"复制"，请你介绍一下这种高级方法叫什么？
>
> 生：直接"拖"进去，就叫"拖"吧。
>
> 师：大家看，你们觉得这种方法好吗？
>
> 生：好，很方便。
>
> 师：那你知道"复制"的方法吗？（将"苹果.bmp"文件恢复到桌面上来。）
>
> 生：知道！（演示"复制""粘贴"方法。）
>
> 师：大家看看，这两种方法有什么不一样？
>
> 生1："拖"方便，"复制—粘贴"麻烦一些。
>
> 生2：用"拖"，原来的"苹果"没有了，用"复制"外面的"苹果"还在！
>
> 生3：复制是变出新的放进去，拖是直接放进去！
>
> ……

在这个案例中，当教学过程中出现同样的"意外"时，教师抓住了这个"意外"的价值："拖"和"复制"都是文件和文件夹重要的操作技巧，学生既然提出了"拖"的知识，就顺势把"拖"也放进教学流程，和"复制"进行对比教学，结果使学生更好地认清"复制"和"拖"的特点和本质区别，既加深对"复制"的理解，又学到新的知识。教师合理、有效地利用了"意外"带来的价值，充分体现了教学过程中的瞬间"生成性"。

（2）预设是生成的前提和基础

教师应事先分析学生的思维特征和教学内容的特点，提前进行有针对性的预设，不能过分依赖课堂中随意的动态生成。作为教学组织者和引导者的教师，不能只是期待教学中那种促进教学进展的"生成"，而应站在教育智慧的高度，把握、调控好每一个教学细节，预设"生成"，让预设成为生成的"催化剂"。

> ▶ **案例板**
>
> 阅读下面案例板中的案例，思考：
>
> ● 同一个教学内容，两个班级的学生学习完成后获得的学习结果相同吗？有什么不同？
>
> ● 出现差异的原因是什么？
>
> **案例1："认识计算机"教学片段**
>
> 师：请同学们告诉我，你们面前的这台机器我们都叫它什么？
>
> 生：计算机！
>
> 师：同学们来看一看"计算机的组成"课件，看完后我们来做一个游戏，请5位同学分别来扮演5个部件，说一说所扮演的部件的功能。
>
> 大屏幕播放课件，课件依次介绍了计算机的显示器、主机、键盘、鼠标及音箱。看完后，教师指定学生上来表演。
>
> 生1：我叫显示器，我可以显示计算机正在做什么。
>
> 生2：我叫键盘，用来打字。
>
> **案例2："认识计算机"教学片段**
>
> 师：在我们的生活中有很多计算机，请同学们把自己了解的计算机画在纸上，然后小组交流和全班展示。
>
> 学生交流。
>
> 生1：我画的是自己家里的计算机。这个是"联想"牌的。我的计算机显示器像电视机一样大，我的显示器上有摄像头，可以用来视频聊天。这个是主机；这是放光盘的；这有一个蓝色的灯，开机时会亮；这是键盘和鼠标。
>
> 生2：我画的是医院里查询用的计算机。它像一个立着的大箱子，上面有一个显示屏，可以通过触屏来查询科室在什么地方，还可以查药的价格。
>
> 生3：我画的是我爸爸的笔记本。它整个连在一起，没有鼠标，用手触摸就可以了。
>
> 生4：我画的是电影里看到的计算机，有3个显示器，可以一边看

电影、一边画画、一边玩游戏。

……

教师引导提升。

师：这些计算机有什么共同的地方？

生：我觉得它们都有显示器。

生：我觉得肯定都有主机，否则就不是计算机了。

生：都有键盘和鼠标。

生：反对。刚才××介绍的医院里的计算机就没有键盘，也没有鼠标，只能在屏幕上点。

师：同学们说得非常好。大家介绍的计算机都有一个主机，它是计算机工作和处理的"总部"。有没有谁的计算机没有"总部"？（学生大笑。）

师：那我们怎样来告诉"总部"要做什么，或者把"总部"需要的信息输进去呢？

生：用键盘、鼠标。

生：用触摸屏。

师：总部总部，我是键盘。三（×）班的小朋友让我命令你，根据卫星云图，立刻计算出下个星期五天气情况如何，降水概率有多少，可不可以去郊游。

师：那么"总部"处理的结果通过什么来告诉我们呢？

生：显示器。

生：打印机也可以。

生：喇叭也可以。

师：和同桌交流一下，哪里是自己计算机的"总部"？哪些是负责"输出结果"的？哪些是负责控制并给"总部"发命令的？（学生交流。）

案例1中，让学生面对着机房里统一规格的计算机，通过课件介绍和游戏方式给出学生计算机各组成部分名称和作用的"标准答案"。在学生脑子里的计算机形象是单一形态的。这时若提问：如果少了音箱还能组成一台计算机吗？学生可能会说："不行，要五部分呢！"也有可能询问教师。可见，学生没有和教学文本发生真正对话，没有建构起对计算机组成的真正意义，因而案例1是缺乏生成性的。

案例2中，教师让学生将自己印象或者想象中的计算机描绘在纸上，并与同学进行交流，来认识计算机。学生描绘的过程，就是和内在文本对话的过程。学生间相互交流自己的计算机作品，更是与多样的"计算机组成"文本的对话。每个学生都有着自己对计算机的理解和感受，在交流中或赞同或反对，或惊奇或质疑，这都积极促进着学生对计算机的意义建构。如果用同样的问题测试学生的学习结果，则会是："我现在还说不太清楚，有的计算机有主机、有显示器，有鼠标；有的还有摄像头；还可以有好几个显示器……"学生对计算机组成的意义建立在这些"特殊"计算机的基础上，虽然暂时还没有形成明确的、概括性的结论，但结论却在学生头脑中逐渐地明晰起来。这是一种体现"生成性"的教学。

之所以1和2两个案例出现截然不同的结果，是教学的不同预设导致的。案例1教学设计的目标单一、直接，就是让学生知道通常的计算机有哪几个部分，对学生原有计算机方面的经验、感受、理解和想象都没有考虑在内，因此设计的过程是平直的、传递的，没有预设出"生成"空间。案例2充分考虑到学生在正式学习计算机之前对计算机是有一定经验和感受的，因此在进行教学设计时就把学生对计算机的认识和感受作为教学的"生成性资源"考虑进去，虽然每个学生对计算机具体的感受是千差万别、不可预知的，但该案例中"生成"的方向性是非常明确的，始终朝着学习目标"计算机组成"进行，生成的目的是更有效地达成预设学习目标。因此，案例2的"生成性"体现的是一种"预设中的生成"。

可见，精彩的生成来源于精心的预设，也体现于教师机智的应答，在应答中反映预设的精密与周到。当然这种即时、灵活的一问一答，不是一朝一夕就能形成的，这需要教师具有扎实的本体性知识，以及长期在课堂中形成的实践性知识。只有在教学预设上做到"精益求精"，在具体实施教学时，促使师生之间的应答自然、和谐、风趣，才能让教学知识在宽松、和谐的学习氛围中自然"产出"。

在课堂中，瞬间的思想火花使得学生在学习过程中发生一些生成性事件。这些事件可能是学生本身理解上的偏差，可能是对课堂内容或形式的一个很好的建议，也可能是对教师备课时出现的错误、遗漏提出的异议。可以说，每一个生成性事件的发生都是学生"探究、自主、合作"的表现。此时，教师应该及时按下"教学暂停键"，抓住这些课堂中生成问题的"火花"，为课堂增值，给学生授"鱼"之外更授之以"渔"，使学生在学习过程中"找方法，找学法，用学法"，在知识和情感两方面有所收获。若学生的回答和反应跳出了课前预设的框架，给教师毫无准备的突然"袭击"，这时就需要教师冷静面对，顺其自然，因势利导，否则就会让活生生的知识变得"僵硬"而缺乏生趣。

3. 预设和生成是对立统一的矛盾体

就对立而言，生成学习是课堂教学的主过程，具有不确定性和多样性，生成的结果是实际意义上的学习目标。课前"过细"的预设会使本该动态生成的教学变成机械执行教案的过程。预设过度必然导致对生成的忽视，挤占生成的时间和空间；生成过多也必然影响预设性目标的实现以及教学计划的落实。从实践层面来看，不少有价值的生成是对预设的背离、反叛、否定，还有一些则是随机偶发的"神来之笔"。生成和预设无论从内容、性质还是从时间、空间讲都具有反向性。因此，无论是预设还是生成，都要服从于有效的教学和学生的发展。

就统一而言，预设与生成又是相互依存的，没有预设的生成往往是盲目的，而没有生成的预设又往往是低效的。预设是生成的起点，也是教师核验反馈信息和促进学生下一步学习的一个重要依据。从实践层面来看，生成往往基于预设，以预设为基础，是对预设的丰富、拓展或调节、重建。实际上，这个时候预设和生成是融为一体的，预设中有生成，生成中有预设，这是理想的关系。

总之，预设与生成是辩证的对立统一体，课堂教学既需要预设，也需要生成，预设与生成是课堂教学的"两翼"，缺一不可。教学既要重视知识学习的逻辑和效率，又要注重生命体验的过程和质量。为此，要认真处理预设与生成的关系，使两者相辅相成、相互促进。

二、生成性目标的特征

为了在教学实践中设计生成性目标，应进一步明确它的基本特征。

1. 过程性

生成性目标把课程教学视为一种动态生成的过程。它强调学生、教师与教育情境的交互作用，正是在这种交互作用中，不断产生出课程与学习目标，所以，生成性目标是教育情境的产物，它最根本的特征就是过程性。生成性目标的过程性决定了它不把重点放在特定的行为和结果上，而是放在认知过程和解决问题上。

杜威在"教育无目的"的理念中阐明了他的过程思想。杜威在批判"传统教育派"并阐述他的"教育无目的论"时指出："教育的过程，在它自身以外没有目的；它就是它自己的目的。教育的过程是一个不断改组、不断改造和不断转化的过程。"即目标不应该是预先设定的，而应该是教育经验的结果。目标是在过程中内在决定的，而不是外在于过程的。其实，他说的教育无目的，并非绝对意义上的无目的，而是指教育无预设的目的，因为教育的目的就在教育的过程之中。

2. 开放性

由于生成性目标是在教育教学的过程中产生的，多数情况是难以准确预料的，所以生成性目标往往是一个大致的方向，即是开放性的。甚至我们可以这样理解，最初的课程计划只是作为一种课程内容选择的可能性，是一个起点，在具体的实施过程中这一计划应有很大的灵活性和开放性。也就是说要不断地根据儿童的反应以及教师的价值观和经验判断进行课程计划的调整。它犹如旅行的指南，而不是施工的蓝图，它使我们看到课程发展和选择的各种可能性。它是一种开放式的，而不是封闭的系统。正是课程的这种开放式框架给儿童与教师的对话和协商提供了可能性。就是说，面对学习目标的开放性，教师如果能充分发挥教育机智，突破原先教学预设的框架，捕捉临时生成资源中的有意义成分，及时调整教学，往往会取得意想不到的效果。

3. 复杂性

教育的复杂性决定了生成性目标生成的复杂性。教师与学生、教师与课本、学生与课本之间是一种复杂的相互作用关系。学生个体通过自己的反思性理解与他人的理解之间的相互作用，个体能够转化并提高个人意识。同样，教师在同学生、文本间的对话中，也在不断转变。生成性目标在各种复杂的相互作用关系中生成。

4. 境遇性

境遇性是指人或事物在不同的环境与条件下表现出的不同状态或性质，而这些性质与状态会因境遇的不同而不断生成与转化。教学是双向的互动，在这样交互作用的课堂里，教学是即时创作。教学的即时创作观意味着教学的任务不是传授，而是让知识在即时创作中活起来。教学不是知识传授与道德教化的工具，而是在师生的共同解读、创造中生成的，是动态的、随机的。

三、生成性目标的"生成策略"

生成性目标的生成策略主要有：瞬间生成和预设生成。

1. 瞬间生成

瞬间性的生成是不可预知的，不知道会在什么时候闪现出生成的"火花"，因而在具体教学过程中非常难以捕捉和把握，但也有一些基本的着手点：

（1）从学生的提问中生成。在课堂教学中，学生经常会提出一些问题。学生的问题，也许就蕴含着生成价值。

（2）从学生的回答来生成。学生回答教师或者同学的问题，往往不会只有一个答案，特别是那些出人意料、与众不同的答案，恰恰可能是教学有效的生成点。如上述案例中学生出人意料的"拖"就是一个很好的例子。

（3）从学生的作业中生成。信息技术比较注重学生的实际操作，经常需要学生在课堂上完成一些作业，学生的作业往往也是很多有效的"生成性"资源的发源地。

（4）从突发事件中生成。意外总会出现在课堂中，比如机房停电、教师机意外死机、一个以前可以使用的软件在讲解时怎么也打不开……当意外发生时，教师慌张、着急、后悔都于事无补，不妨积极考虑能否从事件本身获得一些"生成"价值，变"灾难"为资源。比如在一次市级优质课上，电子教室系统故障引起学生机全部死机，执教教师冷静地抓住了这个事件的教学价值，进行计算机操作习惯的教学——让学生明白及时保存手头的工作是多么重要。虽然这节课预期的任务无法完成，但"操作计算机要及时保存"却深深地刻在每一位学生的脑海里，这种影响的深刻性是一般人为创设情境无法达到的。

2. 预设生成

在具体进行教学设计时，可以通过下面的方法促进教学的预设性"生成"。

（1）营造民主和谐的课堂环境。学生只有在轻松、愉快、和谐的课堂氛围中，在感觉到自己被欣赏、被认同和被期待的情况下，才能消除思想上的顾忌，积极、真实、充分和顺畅地表达自己的观点和见解，分享自己的经验和理解，进行积极和投入的课堂交流。教师可以通过与学生平等对话和交往，在课堂上营造出公正、民主的氛围，对学生进行激励和期待性的评价或用幽默的语言等方式来营造和谐的学习氛围，让学生处于兴奋状态。

（2）要有"可生成"的空间。教学的设计要有适当的留白，让学生有足够的时间思考，有机会和同学交流和讨论，有展示和表现的机会。

（3）进行"利于生成"的引导。合理、有效的引导可以使学生"豁然开朗"，带来思维上的跨越。教师要善于抓住一些关键问题，通过合理、恰当的引导，把学习活动引向深入，引向学习目标的达成。

教学"生成性"的内涵是非常丰富和复杂的，要体现教学的"生成性"，教师必须把握下面几点最基本的要求。

第一，把握正确、全面的学习目标观。信息技术课程的目标不仅仅停留在掌握知识和技能上，在知识和技能的背后，还有很多方法和智慧、情感态度和价值观、信息技术思想。它们需要学生自己理解、感悟和建构。如果学习目标只定位在表层的知识和技能上，仅以完成知识传递和技能训练为教学要务，那就从源头上扼杀了生成的需要。立足促进学生全面发展、培养个性的教学，往往离不开生成，因为很多深层次的知识与方法必须通过学生自己积极主动的建构过程才能获得，要实现这些方面的发展，就一定离不开生成性教学的土壤。

第二，尊重学生在学习过程中的资源价值和作用。学生是学习的主人。只有充分理解学生的学习基础，准确预测学生已有的经验、了解学生的心理发展状态，才有可能发现和挖掘来自学生自身的、丰富的教育教学"可生成资源"。

第三，熟谙学科知识体系。教师自身对信息技术知识和技能的掌握程度，对整个知识与技能体系联系的理解，是教师把握生成性目标的重要条件。知识基础扎实、技术功底深厚的教师更能有效地从变化万千的课堂活动中抓住瞬间闪耀的生成点，把教学引向深入，如案例板"复制"的教师，因为非常清楚"拖"和"复制"之间的内在联系，才能瞬间生成出新的教学活动。

在实际教学过程中总有一些意想不到的问题，总有教师和学生的"灵感闪现"，课堂中的非预期问题总会出现，有时甚至会打乱我们的教学安排，即整体的教学预设；预先设定的学习目标往往很难实现或完成。当然，有时这些非预期的问题又可以自动生成新的学习目标，从这个意义上看，学习目标也是可以动态生成的。课堂动态生成的，不仅仅有知识与技能，而且有过程与方法，有情感态度与价值观。为了促使学生和教师产生转变或被转变，课程应具有"适量"的不确定性、异常性、模糊性、不平衡性、耗散性与生动性的经验。

模块小结

学习目标的确定与编写需要依据布卢姆的教育目标分类原理以及基础教育课程改革的三维目标分类体系。确定学习目标的一般步骤为：依据课程内容标准初步确定学习目标、依据教材内容细化学习目标、根据学生的认知水平完善学习目标、明确学习目标的分类框架和层级；在编写学习目标时，采用ABCD法，主要确定对象、行为、条件、标准四个要素。在编写学习目标时，要避免学习目标过程化、模糊化、虚泛化、主体错位以及"过程与方法"与"知识与技能"混淆等误区。在进行教学设计时，除了预先设定学习目标之外，还要考虑课堂上的生成性目标。

反思探究

1. 根据布卢姆的教育目标分类体系，将给定的实例进行目标分类

选项	实例	布卢姆教育目标分类
	1. Word中文字的"插入"与"删除"	A. 认知领域 B. 心智运动技能领域 C. 情感领域
	2. 认识Word窗口的主要工具栏	
	3. 举例说明什么是信息	
	4. 体会信息技术给生活学习带来的影响，感受信息技术的魅力	

2. 修改以下学习目标

原设计	新设计
李老师在《小学信息技术（三年级下）》（浙江摄影出版社）第9课"南极探险"教学设计中，确定了以下学习目标： 1. 知识与技能 （1）了解Windows自带的"写字板"程序，并学会保存文件 （2）了解在"写字板"中拼音输入的格式 2. 过程与方法 （1）通过学习能够让学生掌握"写字板"程序的打开与关闭 （2）通过学习让学生掌握文件的保存方法 （3）通过学习掌握拼音输入方法，进一步提高输入速度 3. 情感态度与价值观 （1）让学生在探险的过程中，体会大自然的美，培养对探险的爱好与热爱大自然的情感 （2）借助文章让学生进一步体会南极探险，并通过文章的续写，培养学生的想象力	

3. 访问 http://jpkc.wzu.edu.cn/isd/cases/cd3，观看案例"趣变图形——图形的翻转与旋转"，对照提供的教学设计方案，小组讨论这节课是否存在生成性目标以及生成性目标是在什么情况下发生的。

设计实训

根据你所选定的小学信息技术教学设计的选题，结合小组成员的意见，在上次任务的基础上，完成学习目标的分析和编写，并填写下表。

设计者:				
小组成员:				
章节标题				
实施年级		学习环境	□多媒体电教室　□多媒体网络教室 □1∶1数字化教室　□_____	
教材分析				
学情分析				
教学重点、难点				
学习目标				

模块四　小学信息技术教学过程设计

学习提要

本模块为教学设计的核心模块，主要围绕着小学信息技术教学过程的有效设计、教学方法的选择、教学情境的创设以及教学活动的设计四个任务展开。教学过程设计需要重视教学环节的规划，遵循教学过程设计的有效原则；在教学过程设计中还需要考虑如何进行教学方法选择、情境创设以及活动安排等。教学过程设计既是前端分析的具体体现和自然展开，更是实现学习目标的关键环节，在整个教学设计活动中占据重要和关键的位置。

学习目标

知识与技能	掌握信息技术教学的有效设计原则；能够描述教学方法的概念、掌握常用教学方法的特点及适用内容；知道选择教学方法时需要考虑的因素；能够结合前端分析及学习目标评价教学过程设计案例；能够综合分析情境创设的合理性及有效性
过程与方法	在案例分析评价、设计实践的过程中，体验小学信息技术教学过程设计的基本思路与一般方法；通过评价小学信息技术教学过程的活动，掌握教学过程设计的系统方法
情感态度与价值观	结合教学设计工作坊实训的自主学习和案例研习活动，形成系统思维、合作学习、案例研究和案例反思的意识与态度

引言

小张通过网络查找到了两位老师对"画图"这一课的教学过程，分别是：

案例1：

1. 画一条直线，再画一条更粗的直线。
2. 画一个椭圆，再画一个边线更粗的椭圆。
3. 画一个矩形，谁能画一个标准的正方形？（给学生一个展示的机会，如果没人知道，直接提示：同时按住shift键。）
4. 画三角形和五边形。
5. 画一个实心的矩形。
6. 综合小应用：画一个哭脸（如图4-1所示）。

图4-1 哭脸图形

案例2：

1. 情境创设：动物运动会，引出本课的任务——绘制参赛的小动物。
2. "聪明鼠"（如图4-2所示）登场，教师询问："这只可爱的聪明鼠是如何画出来的呢？会用到哪些工具呢？"
3. 师生共同解剖范例，完成"聪明鼠"的绘制。
4. 提出任务：设计并画出参赛的动物。

（教师给出一些动物的简笔画供学生参考。）

图4-2 聪明鼠图形

小张又开始犯难。如何评价两位老师的过程设计？什么样的教学设计是有效的？老师提示他，可以从下面几个方面进行比较，包括：（1）上课结束后，学生学到了什么？（2）两节课的结果一致吗？为什么？（3）引起差异的原因是什么？（4）如何进行教学方法选择、活动设计、情境创设等教学过程设计？

任务1 小学信息技术教学过程的有效设计

☞微课：如何规划教学过程？

从教学本质角度来看，"有效教学"就是教学中教师通过一系列的教学行为或方式对学生的学习施以影响，从而促进学生的学习进步和学习目标的达成。[①] 从教学设计的角度来看，有效教学要求要进行系统设计，即在面向完整任务和聚焦解决问题的前提下，有序实施各个步骤，包括备课、上课和评课，动态生成与预设安排的统一。[②] 从学生发展的角度讲，学生发展能得以充分保障，并且以较少的时间完成更多的教学任务，则可以称之为有效教学。[③] 那么，对于信息技术教学而言，如何确保有效教学呢？本任务中，你将了解到小学信息技术教学过程有效设计的原则。

一、教学过程设计的概念

教学过程的设计主要包括教学方法、教学模式的选择，教学活动的设计与安排等，它是教学设计的主要环节。在这个环节中，需要合理地选择相应的教学顺序、教学方法和教学组织形式以及教学活动安排等。

其中教学顺序的选择就是要确定教学内容各组成部分之间的先后顺序；教学方法的选择就要通过讲授法、演示法、操练法等不同方法的选择，激发并维持学习者的兴趣和注意力，传递教学内容；教学组织形式主要有集体授课、小组讨论和个别化学习等形式，各种形式各有所长，需要根据具体情况进行相应的选择。

二、小学信息技术教学过程有效设计的原则

1. 感受经典

在计算机科学技术史上，有很多的经典事例，在信息技术课堂中如果能够恰当引用这些经典，不仅可以增强信息技术课程的底蕴，也可以激发学生求知的欲望。但是，如果我们把握不当，也很可能将经典演绎成"美丽的谎言"。

[①] 熊文中. 新理念下的有效教学，教师如何作为 [J]. 辽宁教育，2006（1）：7-9.
[②] 盛群力. 论有效教学的十个要义：教学设计的视角 [J]. 课程·教材·教法，2012（4）：13-20.
[③] 吴永军. 关于有效教学的再认识 [J]. 课程·教材·教法，2011（7）：9-14.

☞资料:《啤酒与尿布》

☞思考与讨论：阅读《啤酒与尿布》的故事，并讨论生活中应用聚类原则的经典案例

> ▶ 案例板
>
> 对《啤酒与尿布》的误读
>
> 　　《啤酒与尿布》的故事就是一个真实的教材故事，借以从理论上说明数据挖掘的实用价值，但它并非现实中真实发生的事情。按常理说，这个故事应该给超市无限启发才对，可实际上我们自己到超市里面观察一下，会发现根本没有类似离谱的物品摆放，更多的时候，"聚类"才是最重要的原则。即便电子商务网站中也是如此，如在当当网，用户买了一本书，马上就会列出与此内容相关或相同领域的书籍，这就是聚类关联。现在，我们能够确定的是，沃尔玛超市在美国本土摆放畅销商品的策略是这样的：利用跨时区优势，分布在美国东部的门店将当天开门营业一小时的数据传递到中部门店，中部门店根据这个数据按类集中码放当天的畅销商品；按同样的方式，东、中部门店将相关数据传递给西部门店做参考。实际上，有人考证，《啤酒与尿布》的故事并非源自沃尔玛，而是来源于某个软件公司，用于宣传其数据分析系统的一个成功的营销策划。

　　从这个故事，我们至少可以得到两点启示：其一，对于一些所谓经典和权威信息要有自己的判断，尽信书则不如无书，要相信自己的生活经验，要学会反思；其二，对于基础教育而言，如何将经典所包含的道理传递给学生，不能只是靠说教和灌输，更应该创造机会让学生能进行实践从而体验经典，比如，我们可以模拟沃尔玛超市的一些数据来让学生操作分析，比如提供其东部门店若干商品信息的名称和当天开门营业一小时的销量，让学生提出中部门店畅销商品的码放建议。在这个过程中学生至少需要做两项工作：首先，需要做好商品分类，分类没有统一标准，具有一定主观性，不同的分类会出现不同的码放方案，但学生可以说明自己的理由和依据，这也是社会多元化的一种体现；其次，有了商品分类，就可以通过电子表格的数据筛选、排序和分类汇总等操作，提出畅销商品按类码放的建议，将诸多电子表格的操作融为一体，解决一个实际的"数据挖掘"问题。

2. 任务变化重在实质

> ▶ 案例板
>
> "搜索技巧"教学案例节选
>
> 　　2011年3月正值日本东部大地震期间，一位信息技术教师为了让学生掌握利用全文搜索引擎搜索信息的技巧，特别设计了一个培养学生搜索技巧的教案。该教案共设计了四个任务：

> 任务一，从网上搜索关于日本地震的图片。
> 任务二，地震时我们应该怎样自救和救人？
> 任务三，福岛第一核电站外泄辐射尘对人们有影响吗？我们应该怎样防辐射？
> 任务四，查找能够展示人们害怕心理的图片。

这个案例"看上去很美"，不仅贴近社会生活且逻辑清晰，从一个基本任务开始，层层深入地带领学生全面了解日本大地震相关的很多信息。但是，教师在设计上述四个任务时，所提示的获取信息的方式皆为以关键词在百度进行检索，在搜索技巧上并无差异，属于同质任务。换句话说，这些任务没有区分度，而是让学生重复同一类工作。因此，任务设计时需要区分两种"逻辑"：一是了解一个问题可以层层深入，二是培养问题解决能力的过程也需要层层深入。两者不可等同，了解一个问题可以不断深入，但每一步所需要的搜索策略可能并没有差异。当我们以问题解决能力的培养为目标时，就务必考虑该任务是否隐含了不同层次的技能或能力，如果缺少这种层次感，在学生能力培养上便是同质任务的低水平重复。该案例所反映出的问题实际上也是实践当中很容易出现的问题，人们常常被一些眼花缭乱的任务或者活动所迷惑，很少分析其实效，缺少恰当的技能点的覆盖并陷入活动的海洋不能自拔。

3. 操作始于需求

> ▶ **案例板**
>
> "绘图——Word自选图形的使用"教学案例节选
>
> （出示范例）
> 这是我们学校五年级的同学为鸟儿创建的家园，房子旁边绿树葱郁，艳阳高照，花儿含笑……美不美？
> 这些都是用自选图形创作的。下面就让我们一起，利用Word软件的自选图形来帮助鸟儿重建一个美丽、温馨的家园。
> （1）请同学们试着为小鸟插入自选图形并将小鸟的对话补充完整。
> （2）为了使标注更引人注目，要对自选图形进行修饰。

操作应该始于需求，需求是自然发生的、完整的。比如，案例中为什么要插入自选图形？为什么要输入文字对话？也许更好的方式是设计几个前后关联的环节：首先，引导学生设计出几个由简单到复杂的关键场景（故事情节）；其次，逐一设计每个场景，在设计每个场景的时候，要让学生先学会明确需要哪些画面元素，比如除了小鸟图片外，还要有旁白或对话，需要放置文字的载体

（对话框），这样自然就引入了文本框的操作以及案例原文提到的图形叠放次序、图形组合等诸多操作技能；最后，赋予学生更多的想象和创造空间，真正让学生获得利用技术为自己服务的成功体验，而不是"为学技术而学技术"的枯燥体验。

4. 需求源于生活

> ▶ **案例板**
>
> "寰宇方寸间——电子地图的生活应用"教学案例节选
>
> | 任务概述 | 获取某学校的平面图 |
> |---|---|
> | 任务目的 | 规划学校卫生区（班级值周） |
> | 使用的工具 | Google Earth、QQ截屏工具 |
> | 任务成果 | |
> | 问题及解决办法 | （1）如何把图片截取出来？解决办法：同学互助，采用QQ截屏工具
（2）如何让彩色图片形成平面图的形式？未解决，留待课下探讨
（3）校园照片有些地方与现实不符，例如塑胶操场
解决办法：咨询教师 |

案例"寰宇方寸间——电子地图的生活应用"的这个任务体现了对应用需求的关注。遗憾的是，机械地设定技术工具的功能和适用场合，造成了"为学技术而学技术"或"为学技术而用技术"的后果。如果选择其他电子地图软件而不是Google Earth获取平面图在某些方面会更方便，如因为使用了Google Earth软件，出现教学中无法解决彩色图片转换成平面图的问题，这种舍近求远的做法，难免有误导之嫌。一味强调搜索技巧的使用，容易使学生形成"搜索依赖症"。如果我们能够尊重现实生活中的真实需求和解决问题的现实路径，本着"为需求而用技术""为用技术而学技术"的宗旨，就可以避免类似任务的设计。

5. 整体设计教学结构

在本章引言案例1中，如果把第6步放到最前面，首先将学习任务呈现给学生，让学生一开始就知道努力的目标，有了这个直观的目标，就可以引导学生先分解这个图形，包括哪些元素，然后再学习每个元素的画法，也许这样更容易激发学生学习的动力。实际上，这里涉及教学结构的整体设计问题，是采用由分到总，还是"总—分—总"的结构，不同的结构所产生的教学效果会存在差异。当然，由分到总的结构并非没有用处，需要根据教学内容具体问题具体分析。

当然，必须强调的是，学生的最终作品不应该重复教师提供的图片内容，而要有自己的想象和创意；作为教师，可以提出一些诸如要求图片中必须有某些元素的要求，但不宜限定主题。

6. 挖掘技术思想

很多时候，我们的教学容易停留在操作层面而缺少提升，从而被贴上"技能训练"的标签，其原因就在于未能引导学生理解操作背后所隐含的技术思想与技术价值。

▶ **案例板**

"邮戳的制作"教学案例节选

师：什么是图层？我们这里借量角器来说明一下。请每对同桌拿出量角器，左边的同学在量角器上画圆圈，右边的同学在量角器上画微笑，两个人合作拼出笑脸图，如图4-3至图4-5所示：

图4-3　　　　　　图4-4　　　　　　图4-5

师：你们拼好了，发现了图层之间有什么样的关系？

生：图层之间互不干涉，一起组合成一幅完整的图像。

师：改变下量角器的叠放顺序后发现了什么？

生：笑脸放到下面后就看不到了，说明上一个图层的图像会遮住下一个图层的图像。

师：现在你是如何理解图层的？

生：我们这里的量角器就像图层，图层按照一定的叠放顺序就组成完成的图像。

（师生一起小结如何理解图层的概念。）

师：我们借"微笑"理解了图层的意义，希望大家有问题微笑面对。

图层概念是图像处理中的一个重要概念，上述案例用量角器作比喻可圈可点，不足之处在于停留在表面上，没有揭示图层更为重要的技术思想和价值：为什么需要用多个图层来保存图像信息？（为什么要用不同的量角器画图形？）为什么不在一个图层上（一个量角器上）画出一个完整的图像信息？事实上，这也是专业画图软件（专业图片加工）与普通画图软件（简单图片加工）的差别之一。

7. 遵循科学严谨的精神

▶案例板

"体验非 Windows 操作系统"教学案例节选

1. 讨论：有没有系统可以取代 Windows？

2. 学生上台演示智能手机中 Android 操作系统中部分软件的使用，利用实物投影展示其演示过程。

3. 学生上台演示 iPhone 4S 或 iOS 中 OS X 操作系统中部分软件的使用。教师提醒学生注意观察其共性与异性。

4. 启动虚拟机，进入 Linux 系统，体验 Linux 系统中一些软件的应用。

思考：我们平时用电脑主要做什么？Linux 系统是否都能做到？

学生体验：浏览网页、收发电子邮件、聊天、文本编辑、图像处理，等等。

5. 总结常见的非 Windows 操作系统。

学生分组完成下列任务，至少完成一两个。

（1）写一篇 200 字以内的个人简介，通过邮箱发给老师。

（2）自定主题，做不少于五张的幻灯片演示文稿，通过 NFS 发给老师。

（3）完成一份数据处理，提交到 Moodle 作业区。

6. 分享收获和感悟：将本次课的收获与不足之处写成报告，分享到博客等平台。

什么是操作系统，也许我们并不需要让学生掌握其精确定义，但是，该案例却背离了操作系统的要义，无论是介绍的内容还是让学生体验的内容，均是操作系统中的应用软件，而不是操作系统本身，比如桌面系统、文件管理等。从应用软件的角度理解和评价操作系统，无疑会对学生产生误导。

8. 激发学生兴趣

> ▶ **案例板**
>
> "画图第一课"教学案例节选
>
> 一、激趣导入
>
> 为庆祝第二十二个教师节，学校举办了计算机绘画比赛，要求同学们画一幅作品参赛，下面请同学们先欣赏这些作品（略）。你们想不想用计算机画一幅啊？我们今天就来认识一个"画图"程序。
>
> 二、打开"画图"程序
>
> （1）"画图"程序藏在哪儿呢？请同学们注意观察。（师边说边演示。）
>
> （2）你能打开画图程序吗？试一试。
>
> （3）你会退出画图程序吗？学生演示。
>
> 三、认识"画图"软件
>
> 请同学们打开画图程序注意观察：
>
> （1）画图软件窗口，有哪些部分（或者按钮）？你能否说出它们的名称或者作用？
>
> （2）"画图"窗口除了有标题栏、菜单栏、状态栏外，还有哪些特有的组成部分？
>
> 四、准备画布
>
> （1）试一试：把画图区调整为 800×600 像素。
>
> （2）请学生演示调整画图区大小的方法。
>
> 五、尝试画图
>
> （一）用铅笔画
>
> （1）演示，讲解：选择铅笔工具写出数字一和二。
>
> （2）如果想写出红色的字，要怎样选择颜色呢？
>
> （3）有同学写错时，怎么办？
>
> （二）用刷子画
>
> （1）你能用刷子工具写出数字六吗？
>
> （2）学生展示。
>
> （3）比较：请先选择铅笔，再选择刷子。
>
> （4）用刷子工具，选择不同的状态，试试写出数字七、八、九、十。
>
> 六、保存文件。
>
> 七、总结交流。

"画图第一课"应该激发学生的兴趣和成就感，按该案例的设计，很可能打击学生的积极性，事实上，这种案例设计思路并不鲜见。建议教师先从一个简单有趣的实例（如简笔画）出发，带领学生完成一幅作品，也可以是一个半成品，让学生补充完成部分线条、涂色等。在画画的过程中再自然穿插一些基础知识和操作，比如界面的构成、几个基本画图工具的使用。案例中画布的调整应在学生画画过程中需要扩大画布时提出，这样才能脱离说教、灌输和技能训练的窠臼。

为让学生全身心投入到学习中，在教学内容的选取上，应该将信息技术内容与学生的日常生活和学习有效结合。教师要充分了解学生的兴趣爱好和特长，一方面，教师应该针对学生的个体差异设计不同的学习内容和任务，满足不同学生的需要，针对学生能力水平的差异提供不同难度的学习任务；另一方面，在选择工具时不强求一致，在条件允许的情况下，应该让学生选用自己感兴趣的软件。

9. 坚持基础性与发展性相结合的原则

在教学中贯彻基础性与发展性结合的原则，需要注意如下几点。

第一，重视信息技术基础知识、基本技能、基本方法和基本态度的培养，为学生的终身发展夯实根基。从教育心理学的层面来看，掌握必要的基础知识、基本技能、基本方法和基本态度（也有人称之为"四基"）是产生学习迁移的重要条件，有利于学习者形成良好的认知结构，为后续信息技术课程的学习奠定良好的基础。更为重要的是，信息技术迅速地接近大众，走进大众生活，现在以及将来的学习、生活和工作都将处在一个被信息技术填满的环境中，缺乏基本的信息素养会被社会所淘汰。

第二，以发展的眼光促进学生信息素养的发展，动态地认识学生信息素养的发展水平，并以信息素养的提升为旨归，实质上这也是现代教育哲学所倡导的"发展本位"教育价值观的重要体现。

第三，加强学习方法的培养，提高学生对信息技术发展变化的适应能力。从当前来看，信息技术发展速度快、知识更新周期短，仅依靠学校的有限学习是远远不够的；从长远来看，信息技术是支持信息时代公民进行终身学习不可或缺的工具。因此，提高学生对信息技术发展变化的适应能力，使他们学会学习，掌握学习方法，既是当前教学的需要，也是培养信息时代公民的需要。这就要求教师首先应在提高自身业务能力的前提下注意总结和归纳信息技术的基本特征和一般发展规律。比如应用需求与发展变化的关系，每一类新的工具都是为解决某些特定问题而设计的，而每个新的版本或者更新换代产品，都是为满足新的需求或提供更有效的方法而设计的。又如，不同工具平台、软件的使用方法，教学时不需强调这些平台、软件的特定细节，而是以这些软件的使用为载体，使学生掌握这一类平台或软件的基本知识和使用方法、技巧。其次，教师要引导学生学会自主学习。在给出教学任务之后，通过组织学生共同研讨、分析任务，尽可能让学生自己提出解决问题的步骤与策略；培养学生使用软件"帮助"和屏幕提示的习惯，使学生能够独立解决问题；还要注意培养学生利用网络获取帮助的能力，一是可以利用搜索引擎获取有关解决问题的方法，二是利用网络寻求他人的支持，实现智慧的互联和互惠。最后，教师还要培养学生的评价能力，一方面要引导学生学会对自己学习结果进行评价，使学生真正成为学习的主人；另一方面要引导学生在具体工具的使用中，认识其优点，发现其不足，培养批判意识。

坚持基础性与发展性相结合的原则，我们才可能以基本知识和基本技能为起点，以教师教学为支点，以学习方法为杠杆，奠定学生的未来发展之路。

> ▶设计实践
>
> 充分运用上述有效教学设计的原则，设计《小学信息技术（五年级上）》（浙江摄影出版社）"网上谈旅游"这节课的主要教学思路。

☞ 案例："网上谈旅游"的对比设计

任务2 小学信息技术教学方法的选择

信息技术教学方法，是指为培养学生信息素养、完成教学任务而采取的教与学相互作用的活动方式的总称。目前在教学实践中运用得卓有成效的教学方法不胜枚举，据不完全统计有700余种。[1] 信息技术教学在多年的实践中，既继承了较为成熟的、经典的教学方法，也开创了一些独特的教学方法。研究表明，教学方法在相互联系、相互融合的过程中已越来越模式化。[2] 大多教学方法可能同时包含有其他传统意义上的教学方法，如任务驱动教学法可能包括：讲授法、演示法、讨论法、练习操作法等。故本任务将教学方法的外延扩展，是广义上的教学方法，与教学模式含义相近，对两者不作严格区分。那么，在小学信息技术教学中如何选择教学方法？每种教学方法有何特点？应用要点又如何呢？在本任务中我们将一同来学习。

☞ 微课：如何确定教学策略？

---

[1] 马云鹏. 课程与教学论 [M]. 北京：中央广播电视大学出版社，2005：243.
[2] 黄甫全，王本陆. 现代教学论学程 [M]. 北京：教育科学出版社，1998：259.

> ▶设计实践
>
> 根据以下课题，小组讨论，可以采用什么教学方法？要考虑哪些因素？
> - 信息安全小专家（计算机病毒、危害、传播方式、防治）（五年级）
> - 初识计算机（三年级）
> - 图形的翻转与旋转（三年级）
> - 接触上排键（三年级）

一、教学方法的选择因素

☞微课：如何选择教学方法？

本任务将介绍几种比较典型的教学方法：讲授法、演示练习法、任务驱动法、讨论法、基于问题的学习法（problem-based learning，简称PBL）、范例教学法、WebQuest教学法、游戏教学法。当然，适用于信息技术课程的教学方法绝不止这些，并且随着研究和实践的深入，会涌现出更多有价值和推广意义的信息技术教学方法。面对众多的教学方法，哪些是教师应优先考虑的方法？一般认为应该根据学习目标、教学内容、学生特点、教师特点、学习环境、学科特点、教学时间、教学技术条件等诸多因素来选择教学方法。

1. 依据学习目标选择教学方法

学习目标包括知识与技能、过程与方法、情感态度与价值观。这就要求教师能够掌握相应的学习目标分类的知识和方法，能够把教学中总的抽象目标分解转化为具体的可操作性目标，并依此来选择和确定具体的教学方法。例如，动作技能类目标，包括小学信息技术教学中的键盘输入等，应以演示练习法、任务驱动教学法等为主；如果学习目标中包含"正确认识机器人的价值"等情感态度与价值观目标，则可以采用讨论法。

2. 依据教学内容特点选择教学方法

每节课都有特定的教学内容，教师要选择适当的教学方法，以达到教学目的。例如，教材中关于电脑硬件的组成就离不开具体的实物进行演示；如果是作品创作或者规划的内容，则需要优秀的范例进行引导；如果是比较难理解的概念、原理等，则可以借助教师的讲授。

3. 根据小学生的特征选择教学方法

学生的发展特点直接制约着教师对教学方法的选择，这就要求教师能够科学而准确地研究分析学生的特征，有针对性地选择和运用相应的教学方法。小学生低年级和高年级差距较大。例如，低年级用"喜羊羊"进行情境创设，小学生会很喜欢；但是到了小学高年级，学生们就会感觉有些幼稚。

4. 依据教师的自身素质选择教学方法

任何一种教学方法，只有适应了教师的素养条件，并能为教师充分理解和把握，才有可能在实际教学活动中有效地发挥其功能和作用。因此，教师在选择教学方法时，还应当根据自己的实际优势，扬长避短，选择与自己最相适应的教学方法。

5. 依据学习环境与条件选择教学方法

相同的教学内容，由于各学校的具体环境、设备条件不同，教学方法的选择也要各异。影响课堂教学的外部因素多种多样，例如，校风、班风、软件与硬件条件等。例如，班风班纪好的班级，给教法的选择较大的空间；反之，则受到较大的限制。再如，有些学校的软件与硬件条件非常好，且有很方便的移动上网设备，这就为合作学习提供了很便利的条件。教学方法的选择既不能脱离实际，又要努力创造条件，使教学方法更好地为教学目的服务。

当然，在教学方法的选择过程中，还需要考虑教学方法的适用范围和使用条件等。在教学过程中，各种教学方法是相互联系、相互作用的，需要综合分析各种教学方法的特点，注重教学方法的整体效应。

二、教学方法的特征比较

这些教学方法各有特点，各有利弊，了解不同教学方法的特征（见表4-1），有利于在不同的教学内容和学习环境中准确地选择教学方法，以达到事半功倍的效果。

表4-1 各种教学方法的基本特征与适用内容

教学方法	基本特征	适用内容
讲授法	以教师语言讲解为主，教师起主导作用，引导学生关注新知识并进行思考	适用于理论性知识内容，如概念、原理、方法；技能性知识中的操作要点等
演示练习法	教师进行操作演示讲解，学生观看并学习，随即进行练习	适用于操作性的知识内容，特别比较复杂的操作
任务驱动法	以任务为主线，学生在完成任务的过程中获得相应的知识	适用内容较为广泛，可以是新知识学习，也可以是综合技能训练等
讨论法	以小组或班级为单位，围绕一定的问题和内容展开讨论、对话等	适用于教材重点、难点；探讨性内容；涉及态度、行为、价值观的内容等
基于问题的学习法	将学习置于复杂的、有意义的问题情境中，小组合作解决问题	适用于综合应用课；也可尝试应用于软件学习等内容中

续表

教学方法	基本特征	适用内容
范例教学法	借助典型范例主动获取一般的、本质的知识、能力和方法	适用于应用软件的教学、计算机操作和网络操作等教学内容
WebQuest教学法	围绕某个主题，借助网络资源进行探究	较适合综合主题
游戏教学法	以游戏的形式，获得相应的知识和技能	适用范围较广，如技能的训练、知识的获得等

下面我们以《小学信息技术（三年级上）》（浙江摄影出版社）"花香满园"为例，来介绍教学方法的选择。

一位老师设定这节课的学习目标主要为：

（1）知道"选择"的重要性，理解"复制""粘贴"功能，熟练使用复制、粘贴、移动等操作；

（2）会对图形进行翻转等调整，并通过翻转的运用，获得图形变换的方法，能够根据需要选择合适的操作；

（3）体验用计算机画图和创作的乐趣。

通过上述目标我们发现，这节课主要是让学生掌握画图软件中图形的复制、粘贴、移动、变换等操作。在教学方法上，教师进行了如下设计。首先，为激发小学生的创设激情和兴趣，教师创设了一个创作"动物运动会参赛队列"的任务（可登录爱课程网，研习案例"动物运动会"）。这延续了前面课时中创作参赛小动物的情境，且有了之前的基础，这节课的"参赛队列"只需要通过复制、粘贴、移动等操作就可以完成。因此，教师先通过演示讲解法来进行示范讲解。然后在学生操作的环节，教师采用任务驱动教学法，设计了三个任务，分别是：

任务1：设计运动会参赛队列；

任务2：根据给定的素材设计跑步比赛；

任务3：合作设计运动中的动物（如跳高、拔河……）

其中任务2给定的素材为（图4-6）：

任务1的目的是在教师演示后，帮助学生掌握复制、粘贴、移动等操作；任务2主要是帮助学生掌握教材上呈现的"翻转"的变化方法；任务3是为了发挥学生的创作潜力，同时给予学生合作的机会，共同创作作品。

同时，为了给学生一定的参考、提示和指导，教师还采用了范例支架教学，提供了参赛队列范例、运动的动物范例供学生参考。

图4-6 任务2素材

▶ **设计实践**

课题:《小学信息技术(三年级上)》(浙江摄影出版社)第7课"多变的形状"。

要求:根据之前的前端分析和目标设定,选择教学方法,并陈述理由。

设计提示:

- 注重基本技能的获得
- 注重一般方法的掌握
- 注重范例的引导
- 可以提供半成品
- 让学生体会用计算机绘画和创作的乐趣

三、教学方法应用要点

每种教学方法在实施时,都可以有多种选择和应用的方法,但是也有一些要点需要把握,如表4-2所示。

表4-2 各种教学方法的应用要点

教学方法	应用要点
讲授法	1. 对内容进行合理的组织,线索清晰 2. 有良好的语言表达 3. 与其他方法相结合
演示练习法	1. 教师对操作的知识内容进行精准演示是重点 2. 让学生进行模仿并学习 3. 指导学生进行技能训练和创新是难点

续表

教学方法	应用要点
任务驱动法	1. 设计合适的任务 2. 任务与知识之间的关系梳理： （1）任务的合理性 （2）任务的操作性 （3）任务的层次性 （4）任务的趣味性 ……
讨论法	1. 讨论的"引爆点" 2. 讨论的组织和引导 3. 恰当的提示和小结
基于问题的学习法	1. 问题的设计 2. 问题解决过程中的引导和提示 3. 学生的有效合作
范例教学法	1. 范例的选取（教学链上的关键点） 2. 从范例到一般的引导 3. 形成合理的知识结构和学科框架结构
WebQuest教学法	1. 任务与过程的设计 2. 探究支架的设计 3. 恰当的指导、学生合作、资源的运用等
游戏教学法	1. 游戏的设计与选取 2. 游戏与知识之间的关系引导 3. 课堂秩序的调控

任务3 小学信息技术教学情境的设计

教学情境就是为学生参与学习营造的学习环境。一个优化的、充满情感和理智的教学情境，是激励学生主动学习的前提。从杜威的"做中学"到李吉林的情境教学理论、布朗等人的"情境化学习"（situated learning），以及建构主义学习理论等，都非常重视情境在教学中的运用。从建构主义学习理论的观点来看，学习总是与一定的情境相联系的，在情境的作用下，那些生动直观的形象能有效地激发学生的联想，唤醒学生原有认知结构中有关的知识、经验，从而使学生利用有关知识与经验去"同化"或"顺应"新知识。教学情境创设是教学设计中的一个重要环节。在这个任务中，我们将主要学习小学信息技术教学过程设计中的教学情境，重点分析教学情境的功能、种类、常见误区和创设原则。

> **》小组讨论**
>
> 下面是针对"设置动画"创设的两个教学情境。思考两个教学情境哪一个对小学生更有吸引力？为什么？
>
> 案例1：
>
> 课堂引入：利用多媒体播放自我介绍的幻灯片（设置动画），引导学生欣赏。
>
> 师：幻灯片我们欣赏完了，你们知道其中的动画如何做吗？
>
> 生：不知道。
>
> 师：今天我们就一起来学习怎样在幻灯片中设置动画效果，让我们的幻灯片动起来。
>
> 案例2：
>
> 故事引入：教师一边讲解一边播放幻灯片，课件出示"羊村"背景。
>
> 师：这是羊族生活的地方——羊村。在这里，羊族和灰太狼发生了很多的故事。
>
> 师：村长慢羊羊拿着红苹果宝石来了，突然不知从什么地方冒出了灰太狼，灰太狼企图夺走慢羊羊手中的红苹果宝石……（慢羊羊和灰太狼通过动画方式出现在幻灯片中。）这时，学生们已经坐不住了，很多人自言自语："呀，这个怎么做的啊？""这个怎么会动啊？""灰太狼好像是飞出来的？"课堂气氛一下子活跃了起来。
>
> 教师出示课题，并示范讲解动画设置的方法，学生练习。
>
> 师：下面请同学们发挥想象，对现有的幻灯片进行加工处理，用自己的方式展现故事情节，尝试对慢羊羊和灰太狼设置不同的动画效果。

一、小学信息技术教学情境的主要功能

一个理想的教学情境应具备三种功能：引起注意、激发动机、促进迁移。三种功能是相互递进的关系。教育家苏霍姆林斯基认为，如果教师不想方设法使学生进入情绪高昂和智力振奋状态，就急于传授，那么这种知识只能使人产生冷漠的态度，不动感情的脑力活动就会带来疲倦。因此，吸引学生的注意力，激发学生感官上的愉悦或惊奇，这是教学的第一步，但是，仅停留于这一步是不够的，更重要的是要在此基础上激发学生的学习动机，如果能做到这一点，有质量的学习才能持续展开。当代学习论认为，教学的根本任务就是要激发起学习者的成就

动机（获得某种成就的学习需求），包括认知内驱力、自我提高的内驱力和附属内驱力三个方面，形成主动学习、自主建构的良性循环。[①]

认知内驱力指向学习任务本身，是一种求知的欲望，由于满足这种动机的奖励（知识的实际获得）是学习本身提供的，因而也被称为内部动机，是一种最重要和最稳定的动机。[②]认知内驱力既与学习的目的性有关，也与认知兴趣有关，当一个人明确地意识到自己的学习活动所要达到的目标与意义时，就有可能以它来推动自己的学习。

> ▶案例板
>
> "信息的智能化加工"教学情境创设
>
> 背景：（上课前已打开广播系统）上课已经过去1分多钟了，我故意没有开始讲课。学生们都很疑惑，开始小声议论，这时我站起来，对着麦克风说"上课了"，电脑屏幕上出现自动打开一个文本文档，上面写着"请大家不要讲话了"，学生们都笑了，我知道他们仅仅关注的是文本中的内容。
>
> 师：同学们，上节课我们学习了信息的编程加工，今天我们来一起学习信息加工的另一方面。大家请看屏幕，并注意我的手可没有操作鼠标哟！（教师对着麦克风说"打开课件"，过了一会儿，电脑自动打开了事先做好的课件。）
>
> 大部分学生非常惊讶，议论纷纷，表现出极大的兴趣。

该案例中的教师在"信息的智能化加工"这节课中采用的电脑语音控制系统的演示引起了学生的好奇心，激发了他们学习人工智能技术的求知欲望，是一个非常典型的激发认知内驱力的情境。

自我提高的内驱力是个体因自己的学习能力或工作能力而赢得相应地位的需要，它并非直接指向学习任务本身，而把成就看作是赢得地位与自尊心的根源，是一种外部动机。

> ▶案例板
>
> "声音的采集与加工"教学情境创设
>
> 教师播放自己翻唱的英文歌曲《My Love》，并透露制作小秘密：伴奏是从网上下载的纯伴奏音乐；通过Cooledit进行人声的录制，然后

---

① 皮连生. 学与教的心理学 [M]. 上海：华东师范大学出版社，2009：287.
② 陈琦，刘儒德. 教育心理学 [M]. 北京：北京师范大学出版社，1997：123.

将人声与伴奏混合后生成我个人的音乐专辑。《My Love》这首歌原来是由WestLife男声演绎的，可不可以将女声版变成男声版呢？播放教师唱的男声版的《My Love》。这是怎么制作的呢？我们可以通过Cooledit的"变调"命令来实现（操作演示）。本节课由此引入数字音频的制作，让学生从教师提供的三个主题（制作配乐故事、打造自己的音乐专辑、过把声音剪辑瘾，设置不同的要求和难度系数）中选择自己最喜欢的主题进行创作。

上述案例中的教师在"声音的采集与加工"这节课中，用自己制作的女声版翻唱歌曲和变调的男声版歌曲，激发了学生通过完成学习任务展示自我风采和能力的需要，也就激发了学生自我提高的内驱力。

附属内驱力是一个人为了保持长辈（如家长、教师等）或同伴的赞许或认可而表现出来的把学习和工作做好的一种需要，也是一种外部动机。

▶ **案例板**

"数字化图像的简单合成"教学情境创设

我先演示了一组我在各地的留影照片（用Photoshop合成的），请学生们欣赏。"风景这么美！""泰山中天门。""青岛海滨浴场。""北京天安门广场。""法国凯旋门。""英国伦敦。""老师去过那么多地方吗？""值得怀疑！"学生们已忘记了刚才的不情愿，讨论着画面上的景色。

突然，一个学生大声说："看不出来吗？老师在各地留影穿的都是现在的这身西装，这组图片是用Photoshop合成的。"真是一语道破天机。

我接着说："是的，这是老师用Photoshop合成的留影照片，大家想不想去这么美丽的地方留影呢？"

"想！"学生们异口同声地说。

"正好我的邮箱里有自己的照片。"学生A很兴奋地说。

"那你想不想和老师合个影呢？"我轻声问她。"很想！"她大笑起来。

我边演示边与学生交流，共同完成学生A和我的合影。

上述案例中的教师"数字化图像的简单合成"中的"留影"抓住了小学生渴望得到他人关注和认同的心理，激发了学生的附属内驱力。

》**小组讨论**

以下案例中，教学情境具有怎样的功能？

案例1：《趣变图形——图形的翻转和旋转》

> http://jpkc.wzu.edu.cn/isd/cases/cd3.
> 案例2:《指定轨迹运动——美羊羊历险记》
> http://jpkc.wzu.edu.cn/isd/cases/cd2.

当然,同一个教学情境可能同时具有激发三种成就动机的功效。但是,激发学习动机也并非教学情境的全部追求,作为一个以培养学生能力为目标的教学活动,教学情境还应有促进迁移的功能。传统的信息技术教学常常是"去情境"的,即将知识和技能从具体情境中抽离出来,进行概括性的知识学习或技能训练,使得学习结果难以自然地迁移到真实情境当中。新课程提倡培养学生利用信息技术解决问题的能力,这就要求教学过程的"情境化",从"真实"的情境中获取知识,再适当地"去情境",获得一些抽象的技术思想和方法,然后再创设情境,让学生利用所学知识和技能去解决情境中所包含的问题。如此一来,在"情境化—去情境—情境化"的过程中,学生的知识才能得以自然地迁移与深化,从而有效增强学习的实际效果,做到学有所用。

二、信息技术教学情境的常见形态

☞微课:如何创设教学情境?

根据不同表现形态,可以将教学情境分为悬念、问题、任务、演示、故事、游戏等。

1. 悬念情境

悬念情境是指教师针对学生的求知欲强、好奇心切等特点,创设具有科学性、新颖性,能够激发学生的学习兴趣,引起学生探索活动的各种疑问。所谓"学起于思,思源于疑",创设悬念情境就是将学生引入新的思维境界,引发学生对问题的深层次思考与探究。

> ▶ 案例板
>
> "复制和粘贴"教学情境创设
>
> 先提出问题:"同学们,你们谁能1分钟打1000个字?"学生们一听,有的张大了嘴巴,有的无奈地摇头,有的在凝神思考,教室里变得鸦雀无声。我紧接着说:"其实,你们每个人都能1分钟'打'1000个字,想知道其中的奥秘吗?"学生听了更惊奇了,一个个瞪大了眼睛,全神贯注地听讲,继而引出"复制和粘贴"的学习内容。

2. 问题情境

问题情境的创设是将学习内容转化为问题的形式，激发学生解决问题的热情，目的在于将学生引入一种与问题有关的情境。

设计信息技术问题情境的过程可以分为两大步：先将信息技术知识问题化，即进行知识点分析，明确本次问题情境要完成哪些学习内容；再将信息技术问题情境化，即设计或选择一个能覆盖这些问题的情境。

3. 任务情境

任务驱动教学的展开，起始于有效任务情境的设计。有了任务情境的烘托，教师就可以"顺理成章"地提出学习任务，使学生明确所要完成的学习任务及任务所包含的学习目标。

▶ **案例板**

"出租车计价器程序的设计——IF语句的教学"情境创设节选

师：同学们坐过出租车吗？

生（大家异口同声）：坐过。

师：注意过出租车的计价器吗？

生：注意过！

师：好，现在请一位同学描述一下我们当地的出租车是如何计费的。

学生甲：3公里以内起步价13元；超出3公里，每公里2.3元。

师：好，这说明大家对计价器是比较熟悉的。那我们能否编一个计价器程序呢？也就是当我们给它一个路程值，让它自动算出车费。

4. 演示情境

演示情境一般是通过教师或学生的操作演示，或者实物展示、播放多媒体作品等，培养学生观察与思考的习惯。在这一过程中，学生会对演示过程中产生的现象及要领等产生好奇，并生成新的求知动机。

▶ **案例板**

"电脑设计小水壶"教学情境创设

同学们，上课前,老师请大家看一组幻灯片（出示图4-7），回忆一下我们学过的一节美术课"小水壶"。请同学们边看边思考，我们的小水壶是多种形状的组合，用我们的画图软件能否表现出来？

总结：这些小水壶可以用我们的画图软件来完成。今天，我们就用画图软件进行设计。

☞案例：班级相册

☞思考：演示情境的应用与作用

板书课题：电脑设计小水壶。

图4-7

5. 故事情境

根据学生的年龄特点和生活经历，创设与学习内容相关的、富有情趣和寓意的故事情境，以故事的形式作为教学的切入点，不仅能够调动学生的积极性，吸引学生的注意力，激发学生的学习兴趣，还能发挥学生的想象力。本任务开篇"设置动画"中的案例2就是通过创设羊村的故事情境来吸引小朋友的兴趣。

6. 游戏情境

游戏活动是吸引学生主动参与学习的有效形式。由于学生具有好奇、好动、好胜的心理，教学时组织学生开展游戏活动，可以使抽象的知识在生动活泼的课堂活动中为学生所接受，达到寓教于乐的目的。

当然，上述教学情境的分类只是相对的，在具体的运用中，我们可以根据教学需要将多种方式结合起来，从而有效实现教学情境的功能。

☞案例：网上交个好朋友

☞思考：故事情境在该案例中的运用与作用

三、信息技术教学情境创设的常见误区

在教学实践中，许多教师对创设教学情境的目的不太明确，创设的教学情境有效性不高，有的情境忽视了学习目标；有的情境与教学内容不匹配；有的情境走马观花，拘泥于形式；有的情境脱离生活实际；等等。

1. 离

指创设的教学情境游离于教学主题、教学过程之外，喧宾夺主，不仅不能发挥情境的功能，甚至会成为课堂教学的干扰因素。实践中有三种层次的游离：一是"形离神也离"，这是比较低层次的游离，在教学中较易避免；二是"形离"，指情境内容的表现形式与教学内容的特点"不兼容"，无法进行迁移；三是"神离"，形式上好看，但目标偏离。

> ▶ **案例板**
>
> "设置动画效果"教学情境创设
>
> 　　师（出示"动画乐园"动画）：同学们，今天我要带大家去一个非常好玩的地方，你们看，这是哪里呀？
>
> 　　生：动画乐园。
>
> 　　师：这里有放映厅、闯关室、设计室，还有游戏房呢，让我们先去放映厅欣赏一部动画片吧！
>
> 　　（教师播放"龟兔赛跑"演示文稿。）
>
> 　　师：你们喜欢这个动画片吗？为什么？
>
> 　　（学生回答。）
>
> 　　师：你们知道吗？其实这个动画片就是用我们所学的 PowerPoint 软件制作出来的。你们想不想知道它是怎么制作出来的呢？今天，我们就一起来学习第 40 课"设置动画效果"。
>
> 　　登录爱课程网，研习模块 4 任务 3 案例"动感地带——自定义动画"，分析该案例中情境的创设。思考在情境创设中如何做到形式与内容的统一。

在这个案例中，动画乐园中放映厅、闯关室、游戏房等情境的创设与本节课关联不大，在这个情境中，学生反而可能会更加关注这些有趣的内容。还不如直接播放"龟兔赛跑"的动画片创设情境。

2. 假

从情境表现形式的真实性角度看，教学情境还可以分为现实情境与虚拟情境两类。现实情境主要是指以实实在在的物体原型或真实事件为主的情境。教师在课堂上所展示的教学实物、讲述的真实故事、播放的视频等都是现实情境，学生凭借自己的视听感官可以直接感知。虚拟情境主要是指将一些由于成本高、难度大，或者真实世界难以观察到的微观世界的内容以虚拟的方式直观展示给学生的一类情境。两类教学情境都有各自的适用对象和使用价值，如果两类情境出现错位，假情境便不可避免，主要表现为：其一，创设的现实情境不是现实，脱离生活实际，甚至有悖于生活常理，是教师生硬编造的；其二，创设的虚拟情境完全可以用现实情境替代，导致虚拟情境异化为虚假情境。

> ▶ 案例板
>
> "浏览图片"教学情境创设
>
> 小朋友们,传说在神秘的图片王国里收藏了各种不同的图片,凡是见过那些图片的人就能得到快乐,其中有一张最神奇的图片,它会让人梦想成真。这节课就让我们走进图片王国,一起去探个究竟吧!

这样的情境会给学生的学习带来认识上的误区,课堂为了穿上这件华丽的衣服而掩藏了信息技术自身的价值。教学中适度而有效地联系"生活现实"是大有裨益的,但在教学中有些教师往往取了情境之"形"而忽视了内容之"实",以虚假的事实呈现在学生的面前。

3. 繁

繁琐的教学情境常有两种表现:其一,从教学情境的内容看,所设计的情境情节冗长、复杂,出现了过多与教学内容无关的信息,直接增加了学生的认知负担,且冲淡了教学的主题;而教学情境冗长会挤占过多的课堂时间,导致课堂教学效益下降,又间接增加了学生的学习负担。其二,从教学情境设计过程看,教师花费了过多的时间和精力编造情境,直接增加了教师的工作量。

> ▶ 案例板
>
> "制作课程表"教学情境创设
>
> 在绿光小学的魔幻班里贴着一张神奇的课程表,它控制着本教室一切行为的发生。可有一天,课程表突然不翼而飞了,魔幻班变成了一个静止的世界,必须要找到一张一模一样的课程表,一切才能恢复正常。小朋友们,你们能完成任务吗?

这样的情境拖泥带水,不利于学生的学习,若直接出示教学任务"制作课程表"教学效果会更好。

> 》小组讨论
>
> 以下是"花香满园"这一课的三份教学情境设计,小组讨论并评价教师的设计。
>
> 设计1:
>
> 一、课堂导入
>
> 师:同学们都喜欢看动画片吧,看看这是什么动画片?
>
> 生:《猫和老鼠》。
>
> 师:对了,这就是我们大家都喜欢看的动画片《猫和老鼠》中的主

人公Tom和Jerry，今天它俩也来到了我们的课堂。

二、任务驱动

任务一：如何将Tom和Jerry进行复制？（学生演示后教师进行演示补充。）

任务二：如何将Tom和Jerry进行水平翻转和垂直翻转？（学生演示后教师进行演示补充）。

设计2：

（教师呈现一个制作精美的多媒体Flash课件，画面中出现了可爱的卡通动物Tom和Jerry，通过它俩为学生们讲故事。）

有一天，Tom和Jerry在相互掐架，Tom非常得意地说自己会变魔术，于是，它通过"复制"和"粘贴"操作（画面中Tom演示了如何复制与粘贴），变出了很多个自己，看得Jerry目瞪口呆。

身怀另一个绝技的Jerry当然不服，于是表演了自己的拿手好戏，将自己水平或垂直翻转（画面中Jerry演示了如何水平翻转，如何垂直翻转），Tom看了也是极为佩服。

于是Tom和Jerry就出题考考大家了：你们会像我们刚才那样变魔术吗？

设计3：

（把Tom和Jerry带进课堂。）

任务一：帮助Tom——复制、粘贴

师：Jerry请来了自己的亲戚朋友想和Tom一决胜负，可是Tom面对一群老鼠，势单力薄，谁能帮帮它，多请一些猫咪朋友出来？

（引出复制、粘贴，并请同组学生相互讨论，如何选定、复制、粘贴，最后请学生上前演示，教师进行补充。）

任务二：解救Jerry——水平翻转

师：快看，Jerry又一次惹怒了Tom，眼看着小老鼠就要被抓住了，怎么办呢？

生：让它转过身来，面向鼠洞跑。

（学生自主看书探索"水平翻转"，最后请学生上前演示，教师进行补充。）

师：没有完成的同学，按照刚才那位同学的讲解再操作一次。可以用"撤销键"回到初始状态。

（出示课件："亲爱的同学们，多亏你们的帮忙我才能够安全回家，谢谢你们。"）

> **任务三：拯救花瓶——垂直翻转**
> 师：细心的同学可能都会发现，有一个花瓶从柜子上掉了下来。一定是Tom和Jerry在追逐中，不小心碰掉了。眼看着花瓶就要摔碎了，怎样才能让它回到柜子上？
> （学生在水平翻转的基础上，探索垂直翻转，并请操作成功的学生上前操作、演示。）

四、信息技术教学情境创设的基本原则

要充分发挥情境的功能，避免情境创设过程中常见的误区，应遵循以下原则。

1. 真实性原则

传统的技能训练式的教学，其最大的不足就是将知识和技能从实际应用的情境中剥离出来，成为抽象、空洞的概念、规则、操作方法。而脱离真实情境获得的知识和技能常常"沉淀"为不具备实践作用的"惰性知识"或"惰性技能"。创设教学情境正是为了避免传统教学脱离真实生活的窠臼，强调按照真实的生活情境来改造教学，使学生对情境所涉及的人和事产生移情作用，产生学习的沉浸效果，主动地建构知识。可以说，真实性是教学情境的生命所在。教师应该立足学生的生活，留心收集、积累能成为教学情境的事件、信息，把生活融入教学，使教学面向生活。[1]由此可见，真实性原则必然要求情境贴近学生的学习和生活，这样才有利于激发学生的已有经验，唤起学生的学习愿望，并以此作为出发点，更好地改造和拓展学生的已有经验。切不可片面理解"真实性"的含义，选取来自实际，但远离学生生活经验的实例，导致学生在理解情境的过程中，要补充过多的相关知识，浪费时间和精力。

2. 针对性原则

一方面，教师要根据学生的特点，如年龄、城乡生活环境、学习和生活经验等，设计有针对性的教学情境，以有效吸引学生的注意和激发其学习动机。另一方面，教师要根据教学内容和教学过程，设计与教学内容和教学过程有紧密联系的教学情境。情境创设不是一个独立的教学环节，它与后继的教学过程应该是一脉相承的，这样不仅有利于维持学生的成就动机，还能确保教学的流畅性，有利于迁移和提高教学效率。

---

[1] 余玉春. 新课改背景下的情境教学 [J]. 上海教育科研, 2004 (7): 40-42.

3. 经济性原则

创设教学情境本身并不是教学的终极目的，因此必须充分考虑所需花费的时间和精力，恰当把握情境设计和运用的时间。过于繁琐复杂的教学情境不仅占用过多的课堂教学时间，而且易造成课堂教学内容主次不清，影响学生思维，不利于学生的选择性知觉。在创设情境时，还要考虑投入产出比，避免增加教师自身的负担。

4. 趣味性原则

一个有趣的教学情境，可以吸引学生的有意注意，引起学生愉悦的学习感受，保证有质量的教学过程。因此，趣味性也是情境创设应遵循的一个重要原则。当然，不同的年龄阶段，思维水平和兴趣点都有很大变化。

> **》小组讨论**
>
> 阅读案例"羊村菜园历险记——在幻灯片中处理图片"，小组讨论该案例情境创设的基本形态、功能及有效性。

任务 4　小学信息技术教学活动的设计

小学信息技术教学中常用的教学活动有哪些？在设计时需要注意什么呢？本任务中将学习小学信息技术教学中的主要教学活动和设计要素。

☞微课：如何组织教学活动？

一、合作

1. 认识合作

教学的合作活动设计目前基本形成了一种固定形式——合作学习。合作学习是 20 世纪 70 年代初兴起于美国的一种教学理论与策略体系。由于它在改善课堂心理气氛，大面积提高学生的学习成绩，促进学生非智力品质的良好发展等方面实效显著，很快就受到世界各国的普遍关注。

美国明尼苏达大学合作学习中心（cooperative learning center）的约翰逊兄弟认为，合作学习就是在教学上通过分组使学生共同活动，以最大限度地促进他们自己以及他人的学习。① 具体到课堂教学中，合作学习是指以小组学习为主要组织形式，根据一定的合作性程序和方法促使学生在异质小组中共同学习，从而利用合作性人际交往促使学生认知、情感发展的教学策略体系。②

综合世界各国合作学习专家对于合作学习概念的认识，合作学习的内涵至少涉及以下几个层面的内容：

- 它是以小组为主体进行的一种教学活动；
- 它是一种同伴之间的合作互助活动；
- 它是一种目标导向活动；
- 它是以各小组在达成目标过程中的总体成绩为奖励依据的；
- 它是由教师分配学习任务和控制教学进程的。

目前，实践中所运用的合作学习方法或策略种类繁多，异彩纷呈。约翰逊兄弟认为，任何一种形式的合作学习方法，有五个要素是不可缺少的：（1）积极互赖。要求学生知道他们不仅要为自己的学习负责，而且要为其所在小组的其他同伴的学习负责。小组成员之间是沉浮与共、休戚相关的关系。（2）面对面的促进交流。要求学生进行面对面的交流，组内学生相互促进彼此学习的成功。（3）个人责任。要求每个学生都必须承担一定的学习任务，并要掌握所分配的任务，分工明确，责任到人。（4）社交技能。要求教师必须教会学生一些社会交往技能，以进行高质量的合作。（5）小组自评。要求小组定期地评价共同活动的情况，检讨小组活动情况和功能发挥程度，以保持小组活动的有效性。

2. 小学信息技术合作学习活动设计

虽然知道了小组合作学习应该有哪些要素，并且努力在课堂上应用小组合作学习，但合作学习的诸多要素相加并不等于合作学习，下面我们结合具体的实例来为大家做一些介绍。

（1）合理分组③

小组合作学习是以小组为基本单位进行教学活动的，科学合理地编排学习小组是进行有效合作学习活动的基础。合作小组是发展学生探究能力的基本环境，使学生与小组其他成员共成长，共受益。

根据信息技术学科的特点以及机房设置情况，每个小组以4人左右为宜，方便一起合作交流，人数过多则不利于合作开展。学生可以自由组合，也可以就近组合。教师可以事先给出一定的分组建议，例如男、女生的比例，成员特点等，再由学生自由组合。在分组的过程中，教师需要特别关注一些处于游离于学习状

---

① Johnson D W, Johnson R T. 合作学习 [M]. 北京：北京师范大学出版社，2004：2-4.
② 付琨，等. 基于网络环境的化学远程合作学习研究 [J]. 科技创新导报，2007（34）：209-210.
③ 李冬金. 浅谈小学信息技术课堂小组合作的有效性 [J]. 中国教育信息化，2013（12）：30-32.

态之外的学生，可以通过适当的座位调整，尽量能让他们融入真正的学习小组中。分组应力求每组力量均衡，避免出现强势小组和弱势小组。为了提升小组成员的凝聚力，还可以鼓励学生为自己的小组取一个响亮的名字等方式，帮助学生建立团队的概念。

一段时间后，教师可能会发现有些小组的合作效果很差，所以为了保证合作学习的有效性，有必要对小组人员进行适当的调整。经过一段时间的观察，对于完成合作学习情况不好、相互推诿、没有凝聚力的小组要采取适当重组的方法。

（2）明确分工

每个小组成员必须进行明确的分工，建立个人责任分工表，以便在以后能及时进行跟踪和指导。在跟踪、指导过程中还要注意做好奖励与督促，组织学生进行资源共享，提高学生自主学习的效率。必要时，也可适度营造组间的竞争氛围，激发和维持学生积极参与的热情。

▶ 案例板

"制作旅游计划"任务与分工记录表[1]

任务："畅游世博四天游"。要求用所学过的Excel知识，小组合作完成一个含有住宿费用、旅游线路、时间安排等资料的旅游计划。学生在具体设计旅游路线之前，需要填写分工记录。

主题：制作旅游计划			
班级： 组号： 组长：			
成员姓名	具体负责的工作	完成情况	分析原因
	数据收集统计		
	图片与文字的搜集与加工		
	文稿编辑和审核		
	作品的汇总和协调统一风格		
	代表小组在班上展示作品		

---

[1] 鄢晓珑."分组"亦有法，"合作"亦有道[J]. 中国信息技术教育，2012（7-8）：55-56.

在上述案例中，教师通过分工记录表引导学生明确各自的分工，并起到管理和督促的作用，有效地激发和促进学生自主学习的兴趣，最终达成对总目标的实现。

（3）精心设计合作任务

合作学习要处理的是个人力量难以解决的、方法不确定的、答案不唯一的、内容开放的、较复杂或较高层次的学习任务。当多人共同完成可以增加作品的丰富性时，也可以采用小组合作的学习方式。

例如，学习完画图软件后，教师设计了一个任务：要求4人为一组，共同设计完成一幅4格漫画。这个任务具有较强的合作性和一定的开放性，并且"漫画"主题也比较受小学生的欢迎。要完成这个任务，要求小组成员经过协商统一主题和风格，并各自承担其中部分漫画的创作，从而保证在完成任务的过程中，既有合作，也有每个成员都能独立完成的分任务。

（4）提供方便的合作学习支持平台[①]

在信息技术的课堂合作中，学生经常需要沟通信息、分享资料、递交作品等。如果有多元的、便捷的信息化应用平台为其提供支撑，就可以提升合作学习的效率。

最简单的方式是通过局域网设置网络文件夹共享，这种方式资料分享效果好，但交互性较差。还有一些老师会提供专门的合作学习网站，在学习活动支持方面功能会更加强大。另外，在合作的过程中，教师可以充分引导学生利用一些社会化通讯软件（如QQ、E-mail、微博等）进行实时和非实时的沟通与交流。

（5）设计多元的评价方法

为了保持小组活动的有效性，合作学习小组必须及时评价小组成员共同活动的情况。教师应该根据实际情况，采用多种评价方式。要注重过程评价，在评价的过程中，注重自评、互评和教师评价相结合。

▶ 案例板

"制作旅游计划"评价表

学习收获	程度条	自评	互评	教师评
组内分工合理，合作愉快	□□□□			
掌握搜集素材的方法	□□□□			

[①] 王斌华，蔡慧英. 在小学信息科技课中提升合作学习有效性的策略研究[J]. 中小学信息技术教育，2013（4）：48-51.

续表

学习收获	程度条	自评	互评	教师评
景点具有代表性，日程规划合理	☐☐☐☐			
总结、汇报安排具有条理性	☐☐☐☐			
其他收获：				

二、讨论

对于广大的信息技术教师来讲，讨论这种形式的教学活动并不陌生，特别是在提倡发展学生的主体性、培养学生的创造性的今天，讨论频繁地出现在合作教学、分层教学以及问题教学等各种形式的课堂中。班级BBS、电子信箱等成为信息技术教师运用讨论的有效阵地。

那么，如何能够让讨论活动开展得更加有效果？在教学设计时需要考虑什么呢？

1. 讨论的主题（话题）

这是讨论成功的关键，在设计时一定要选择好讨论的主题，即创设讨论的"引爆点"，让学生有话要说。不要把一些没有必要的内容拿来讨论，不要为了讨论而设置讨论环节。学生没有生活体验的内容不要讨论，因为没有生活体验很难有自己的思想；学生观点几乎一致的内容不要讨论，因为没有思想的碰撞和不同观点的交锋就失去了讨论的意义，学生会觉得乏味；学生没有思考过程的内容也不要安排讨论，因为在这样草率的讨论中，学生交流的实质性内容太少；技术和操作的内容不要安排讨论，因为对于这些内容，讲授比讨论的效率会高很多。

例如，有老师在五年级"创建交互式演示文稿"一课中，讲完超链接后，马上说："同学们刚才学习了超链接，接下来要学习动作按钮，给大家两分钟时间先讨论一下。"很显然，这个讨论在这里就显得毫无必要。关于"动作按钮"，要讨论什么，教师并没有明确说明，而且很多学生可能并没有动作按钮的操作体验，因此，讨论更无从谈起了。

2. 讨论提纲（支架）

为防止讨论走题，或者没有焦点，教师可以预先准备一个讨论提纲，以便学生在讨论时能有次序、有焦点地进行。

讨论并不是提出一个问题就可以了，事实上，在实施讨论之前，教师需要对讨论的内容和已有的材料以及观点有全面、深刻的了解，对讨论中可能出现的观点有一个大致的预期。教师还需要为学生在讨论时提供一些"支架"进行引导。例如，可以通过一些问题、提纲、表格，引导学生的讨论，也可以通过呈现一些已有的观点引发学生的讨论。

> ▶案例板
>
> "幻灯片综合制作"讨论设计
>
> 设计1（演示几个作品后）：请同学们分小组讨论一下这几个作品怎么样？
>
> 设计2（演示几个作品后）：同学们可以参照下面的问题，点评一下这几个作品。
>
> （1）作品表达的主题是什么？
> （2）几个作品主题表达的形式上有什么不同？
> （3）你认为哪一个主题表现得最突出？它是如何表达主题的？

在设计1中由于缺少讨论提纲，学生很难形成对这个作品的深入评价，而且很难把握讨论的要点。而在设计2中，教师通过几个问题进行引导，学生的讨论就深入具体多了；而且通过分析多个作品，把握了"作品如何表达主题"这一核心问题。

三、竞赛

课堂竞赛是课堂活动的形式之一。精心组织课堂竞赛活动，是激发学生的学习兴趣，调动学生学习积极性、主动性，挖掘学生潜能，激发学生参与意识，充分发挥学生主体作用的有效措施。课堂竞赛还是一种强大的外部压力，当它和学生的自尊心和荣誉感相结合时，可以很快转化为个人的内在动力。实践证明，在教学活动中适当开展竞赛活动，有利于提高课堂教学效果。竞赛这种活动形式，可以穿插在不同的教学方法中。例如，可以是完成任务竞赛、游戏竞赛、创作作品竞赛、信息技术知识竞赛、电脑组装大赛，等等。

小学生具有争强好胜的心理。利用他们的这一特点，教师可以组织游戏和竞赛活动来激发他们的学习欲望。但是，游戏和竞赛活动要以学习目标为目的，以重点与难点为主题，紧扣教学内容，促使学生在最大能力范围内完成学习任务。切忌为游戏而游戏，一味强调气氛，这样既浪费时间又用影响效率。

1. 竞赛的形式

根据教学内容和具体课堂实践的需要，竞赛活动可以分为以个人获奖为目标的竞赛、以小组获奖为目标的竞赛形式等。小组竞赛可分为双人小组、四人小组、十人小组或男女小组等。竞赛的结果应当场公布，对获胜的组或个人给予表扬或奖励。竞赛活动可以穿插在每节课的各个环节中。

2. 竞赛的组织

（1）创设竞赛环境

民主、平等、合作的课堂环境是进行各种教学活动的基础。教师要创设一种民主、平等、合作的课堂学习环境，让学生能大胆地参与一切课堂教学活动。只有在学生积极参与这些活动的前提下，才能有效地实施竞赛活动，为开展各种竞赛活动提供环境基础。

（2）制订竞赛的规则

教学设计时要制订好规则。主要有时间、纪律、行为动作、奖惩方式等方面的内容。还可以加入计时器记录学生完成所有项目所用的时间，在教师的引导、调动下为课堂教学创设一种适合学生竞争的氛围，有效防止学生产生疲劳和厌烦情绪，积极地参与到学习竞争中。

竞赛前，教师应简明扼要地讲清规则，并控制好时间。竞赛活动的进展顺利与否与规则的制订和呈现有很大关系。过于繁杂的活动规则会浪费很多时间去理解，操作时也易出现失误。如此一来，竞赛活动的重点和目的都会发生偏移。如何将活动规则制订得简洁且易操作，需要教师在备课时仔细拿捏。同时，教师要在活动开展前，将规则清楚地表达或通过多媒体清晰地呈现，必要时可以请学生协助示范。

（3）实施竞赛活动

在实施竞赛活动时，教师要公平对待每一个学生，鼓励学生积极参与，激发学生的竞争意识。在具体的活动中，要根据不同的活动内容，确定竞赛的侧重点。如打字竞赛可按准确性和速度进行，作品创作可以按照创意、色彩搭配、主题表达进行竞赛等。

（4）评价竞赛活动

评价竞赛活动时，一定要做到公平、公正，给予每个参与活动的学生及时正确的评价，并给其所在的小组加分或其他形式的奖励，让参与活动的学生都有一种成功感和集体荣誉感。竞赛活动结束时，教师要对整个活动进行小结，此时教师一定要注意保护学生的积极性，竞赛只是一种调动学生积极性、提高教学效果的手段，其结果应该是所有的学生都是胜利者，只是每个学生取胜的方面不同而已。

(5) 竞赛后的延伸及反思

竞赛式的教学活动要想取得预期效果，课前准备必不可少，课后的延伸也是很有必要的。一般来说，大部分学生都会在课前积极准备，但是当竞赛结束时，学生往往只关注竞赛的胜负，而把学习活动终止下来，这种现象不利于学生知识与能力的完善和发展。因此，教师一方面要反思和补救学生中普遍存在的问题，要求学生对其自身不是很明确的内容及时补缺补差；另一方面要引导竞赛向课后延伸。学生学习的目的是为了发展，因此在课堂教学中就要努力实现学生主体的回归，大胆放手让学生做课堂的主人、学习的主人。

在信息技术教学中，还有很多其他的教学活动，如集体教学、头脑风暴、角色扮演等。

> ▶ **设计实践**
>
> 　　课题：《小学信息技术（三年级上）》（浙江摄影出版社）第7课"多变的形状"。
>
> 　　要求：根据任务1中选择的方法，选择和设计恰当的活动，并给出该活动的设计要点。

模块小结

小学信息技术教学过程的有效设计主要需要遵循感受经典、任务变化重在实质、操作始于需求、需求源于生活、整体设计教学结构、挖掘技术思想、遵循科学严谨的精神、激发学生兴趣、坚持基础性与发展性相结合的原则；在选择教学方法的时候需要考虑学习目标、教学内容、学生特点、教师自身的素质、学习环境与条件等因素；在小学信息技术教学中常用的教学方法有：讲授法、演示练习法、任务驱动法、讨论法、基于问题的学习法、范例教学法、WebQuest教学法、游戏教学法；小学信息技术教学情境的常见形态有悬念情境、问题情境、任务情境、演示情境、故事情境和游戏情境，在设计教学情境时，不要陷入离、假、繁的误区；小学信息技术常用的教学活动包括合作、讨论、竞赛。

反思探究

1. 举例说明你是如何理解小学信息技术教学"操作始于需求"这一观点的？

2. 结合小学信息技术的教学特点，谈谈如何理解"教学有法，教无定法，贵在得法"？

3. 访问http://jpkc.wzu.edu.cn/isd/cases/cd2，观看案例"小漫画——自选图形"，结合前端分析及学习目标设定，根据提供的表格分析该案例的教学过程设计。

分析要素	"小漫画——自选图形"教学案例
主要教学方法有哪些？并就其合理性及效果进行分析	
教学展开的线索是什么？主线是否清晰？	
教学的重点、难点是否突出？是否在教学中得以解决？	
其他（如从教学组织形式、课堂互动、教学手段等方面进行分析评价）	

4. 下面是小学信息技术课堂中的一些教学场景，分析该现象产生的原因，并就信息技术课堂中如何开展有效的合作学习给出建议。

小组围坐，没有分工或分工不明，"小能手"一人唱独角戏；组内交流，大家都在讲话，没有倾听、没有妥协；班级交流时，只讲个人意见，而不是小组意见。

5. 一位老师在"在幻灯片中插入图片"一课中设计了如下情境，请分析该情境创设的合理性。

情境：同学们，你们喜欢喜羊羊吗？喜羊羊又聪明又喜欢动脑筋，大家都很喜欢，对不对？老师也很喜欢，今天就让我们一起学习在幻灯片中插入图片，好不好？

设计实训

根据你所选定的小学信息技术教学设计的选题，结合小组成员的意见，在模块三的基础上，完成教学过程设计，并填写下表。

设计者:			
小组成员:			
章节标题			
实施年级		学习环境	□多媒体电教室　□多媒体网络教室 □1:1数字化教室　□_____
教材分析			
学情分析			
教学重点、难点			
学习目标			
教学过程设计（请写出主要的环节、师生活动安排、方法选择等）			

模块五　小学信息技术学习环境设计

学习提要

本模块围绕小学信息技术学习资源、学习工具和信息化学习环境展开，学习过程从典型案例的分析任务出发，以案例分析为主，引导学习者分析不同学习环境的具体功能与一般使用方法；结合教育新技术的发展，引导学习者关注新型学习环境与学习工具的选择与设计。在本模块学习过程中应注重多媒体技术对教与学的作用分析，从而完成对小学信息技术学习环境选择与设计的知识与能力建构。

学习目标

知识与技能	理解小学信息技术学习环境的内涵及其主要构成；理解不同教学媒体资源对教学活动的支持作用；初步掌握教学媒体资源选择的依据、方法和程序；掌握微型学习资源的设计；知道常用学习工具及其应用；理解信息化学习环境对教学活动的支持作用；认识典型的信息化学习环境等的典型功能
过程与方法	结合教学设计工作坊实训活动，体验小学信息技术学习环境设计的一般过程；通过评价小学信息技术学习环境的活动，初步掌握教学过程设计的系统方法
情感态度与价值观	结合教学设计工作坊实训的自主学习和案例研习活动，形成系统思维、合作学习、案例研究和案例反思的意识与态度

引言

最近,小张跟随教学设计课程教师到某小学进行教学实践,有个现象让他比较吃惊,那就是当前小学教师使用的技术和学习环境与他上学时非常不一样了。那天的示范课上,信息技术教师使用了电子白板、触摸屏等显示技术,上课过程中还给学生分发了一些"微视频"课件;学生的作品还能快速上传到一个网站中,学生登录之后可以相互评价各自的作品。这一切让小张感觉到数字技术给教学带来了巨大变化,各种软硬件技术已经改变了课堂教学和教师的教学行为,他非常期待掌握这方面的知识和技能,尤其是面对这么丰富的新技术、新资源,应该如何去设计和整合?

任务 1 小学信息技术学习环境

学习环境是一个多义的词汇。本任务将从概念上厘清学习环境的内涵，以及小学信息技术学习环境的基本构成。

一、学习环境的内涵

何克抗、李文光两位学者认为，学习环境是学习资源和人际关系的组合。学习资源包括学习材料（即信息）、帮助学习者学习的认知工具（获取、加工、保存信息的工具）、学习空间（比如教室或虚拟网上学校）等等。人际关系包括学生之间的人际交往和师生人际交往。

根据何克抗教授的总结，国内外有关学习环境的界定，主要有四种观点：一是将学习环境视为一种学习场所，一种物理环境；二是认为学习环境是学习活动展开过程中赖以维持的情况与条件，情况指的是学习活动的状态，条件则包括物质条件和非物质条件；三是认为学习环境是各种学习资源的组合，学习资源包括信息资源、工具技术、人力资源等"硬资源"，也包括任务情境活动等"软资源"，建构主义尤其强调这一观点；四是将学习环境视为学习资源与人际关系的组合，这一观点强调了学习中有形资源与无形资源的整合。

在建构主义者看来，学习环境是建构主义教学设计的重要内容，国外对学习环境的定义很多，如威尔逊认为，学习环境是这样一个场所——学习者在这里相互合作，相互支持，并且用多种工具和信息资源参与解决问题的活动，以达到学习目标。乔纳森认为，学习环境是学习共同体一起学习或相互支持的空间，学习者控制学习活动，并且运用信息资源和知识建构工具来解决问题。乔纳森还认为，学习环境是以技术为支持的，在学习过程中技术是学习者探索、建构和反思学习的工具，并强调了认知工具、学习策略、社会背景支持因素的重要性问题。

综合以上国内外学者对学习环境的定义，可以发现，学习环境与学习场所、空间、支持、技术工具、信息资源、共同体、建构性学习、情况与条件、社会环境有着密切的关系。学习环境是影响学习者学习的外部环境，是促进学习者主动建构知识意义和促进能力生成的外部条件，可以从以下几个方面来理解它：

- 学习环境概念中最基本的是以学习者为中心；
- 学习环境是一种支持性的条件；
- 学习环境是为了促进学习者更好地开展学习活动而创设的；
- 学习环境是一种学习空间，包括物质空间、活动空间、心理空间；

- 学习环境和学习过程密不可分，是一种动态概念，它包括物质环境和非物质环境两个方面，其中既有丰富的学习资源，又有人际互动的因素；
- 学习者在学习环境中处于主动地位，由学习者自己控制学习；
- 学习环境需要各种信息资源、认知工具、教师、学生等因素的支持；
- 学习环境可以支持自主、探究、协作或问题解决等类型的学习。

二、小学信息技术学习环境的主要构成

根据上述理解，进一步可以将学习环境细分为物理学习环境、资源学习环境、技术学习环境、情感学习环境。

1. 物理学习环境

这里的物理学习环境包含自然因素和人为因素。自然因素包括学习的自然环境，如声音、空气、光线等。这些环境影响学习者的情绪与学习动机。人为因素包括网络环境、使用计算机情况以及网络的运行状况。相对于其他课程，小学信息技术课程的物理学习环境一般为典型的计算机网络环境，对声音、光线等方面要求高，教学设计者需要综合考虑上述可能影响学习效能的因素。

2. 资源学习环境

资源学习环境是指那些与学习内容相关的信息，比如教科书、教案、参考资料、书籍、网络资源等，这些信息资源可以用不同媒体呈现，以不同格式存储，包括印刷、图形与图像、音频视频、软件等形式，还可以是这些形式的组合。在信息环境下，信息技术课的学习资源在存储、传递、提取、加工和呈现等方面都具有更独特的优势，这也为小学信息技术课的教学设计提出了新的要求，如何有效地利用这些学习资源日益成为教学设计的一个重要内容。教师应对学习资源进行整理、数字化，优化整合信息资源，以增加其易用性和共享性，并围绕学习者的需要进行合理组织。

3. 技术学习环境

技术学习环境是支持与领导整个系统合理高效运行的重要因素，要能够激发学习者学习兴趣，各功能模块有良好的导航机制，便于学习者在学习过程中能根据学习进程进行任意选择。

4. 情感学习环境

情感学习环境主要有三部分：心理因素、人际交互和教与学的策略。学习者的学习观念、学习动机、情感、意志等心理因素对学习动机的激发、学习时间的维持和良好学习效果的获得有着直接的影响；人际交互（包括自我交互）的顺畅对学习者的自主学习起着不可小觑的作用；教学策略和学习策略直接影响着学习

者的学习效果。

从教学设计的操作层面来看,考虑到教学系统的要素分布以及设计流程的细化,可以考虑将学习环境的重点放在学习资源、学习工具、信息化学习环境三个层面,一是这三个部分与其他教学要素的设计不存在重复和交叉;二是情感学习环境作为一种动力机制,更多与教学模式、教学策略的选择及运用相关;三是对于小学信息技术教学而言,学习环境还要考虑硬件、软件系统环境,而不仅仅是常规的物理学习环境。因此,在简要分析小学信息技术学习环境的要义之后,将着重阐述学习资源、学习工具和信息化学习环境三个方面。

任务2 小学信息技术学习资源的设计

> 》小组讨论
> 分析学习环境构成:
> 1. 观看优质课视频"给幻灯片添加背景"教学片段(15分钟)。
> 2. 对照学习环境分析表,归类该课例中学习环境的构件。

☞ 案例:给幻灯片添加背景

学习资源是指在学习过程中可以利用的一切显现的或隐性的条件,包括信息、人员、资料、设备和技术等。本任务具体分析小学信息技术学习资源的类型,不同教学媒体资源对教学活动的支持方式与作用,并掌握学习资源的制作与设计、教学媒体的选择方法与流程。

☞ 资料:《学习环境设计分析表》

一、学习资源的内涵

从教育理论、教育技术和资源建设的观点来讲,AECT(The Assocation for Educational Communications and Technology,简称AECT),美国教育传播与技术协会对学习资源的定义为大家所公认。在AECT94定义中,学习资源是支持学习的资源,可以包括能帮助个人有效学习和操作的任何因素,如所有能够支持学习者进行学习的工具、材料、设施、人员、机构等,从传统的教科书、印刷品,到各种现代教学媒体,以至网站、社会文化机构等。

一般根据表现形态的不同分为硬件资源和软件资源两类。硬件资源主要是专门的学习设备资源,如图书馆、博物馆、语言实验室等;软件资源主要是指各种多媒体学习资源或可利用的学习资源，如教科书、音频视频教材等。

二、教学媒体资源对教学活动的支持

教学媒体资源是指经过数字化处理，可以在计算机或网络环境下运行的多媒体材料或教学系统。它能够激发学生通过自主、合作、创造的方式来寻找和处理信息，从而使数字化学习成为可能。教育部教育信息化技术标准委员会发布的《教育资源建设技术规范》将教育资源分为以下八个部分。

（1）媒体素材。传播教学信息的基本材料单元，主要分为文本、图形、图像、音频等。

（2）试题。测试中使用的问题、选项、正确答案、得分点和输出结果等的集合。用于进行多种类型测试的典型成套试题。

（3）课件。两个或几个知识点实施相对完整教学的软件，根据运行平台划分，可分为网络版的课件和单机运行的课件。网络版的课件需要在标准浏览器中运行，并且通过网络学习环境被大家共享。单机运行的课件可通过网络下载后在本地计算机上运行。

（4）案例。由各种媒体元素组合表现的有现实指导意义和教学意义的代表性事件或现象。

（5）文献资料。有关教育方面的法规、条例、规章制度，对重大事件的记录、重要文章、书籍等。

（6）网络课程。通过网络表现的某学科的教学内容及实施的教学活动的总和，它包括两个组成部分：按一定的学习目标、教学策略组织起来的教学内容和网络教学支撑环境。

（7）常见问题解答。针对某一具体领域最常出现的问题给出全面的解答。

（8）资源目录索引。列出某一领域中相关的网络资源地址链接和非网络资源的索引。

不同的教学媒体资源可以支持不同的教学活动。尤其是多媒体课件、专题学习网站和网络课程，以其丰富、多样的信息资源承载形式，灵活、方便的交互特点，将越来越多地应用于信息技术环境下多元"学与教"方式之中。各种教学媒体资源对教学活动的支持作用见表5-1。

表5-1 教学媒体资源对教学活动的支持作用

教学媒体资源类型 \ 可以支持的教学活动	讲授	问答	演示	示范	传统（面对面）讨论	网上讨论	传统（面对面）探究	网上（远程合作）探究	学生自主学习	真实实验	虚拟实验	练习	操练	传统测验	计算机辅助集体测试	计算机辅助自主测试
印刷品（教科书、挂图）	√	√			√		√		√							
模型	√	√	√	√			√		√			√	√			
多媒体素材	√	√	√	√					√					√		
多媒体课件	√	√	√	√					√		√	√	√		√	√
网络型课件	√	√	√	√	√	√			√		√	√	√		√	√
工具（学科工具和通用工具）	√	√	√	√					√		√	√	√			
教学案例	√								√							
网络课程	√	√	√	√	√	√	√	√	√			√	√		√	√
专题学习网站	√	√	√	√		√	√	√	√						√	√
试卷试题与测评工具	√	√	√	√					√			√	√	√	√	√
文献资料	√	√	√	√					√					√		
目录索引	√	√	√	√			√	√	√					√		

三、学习资源的制作与设计

1. 多媒体课件

多媒体课件是根据课程标准的要求和教学的需要，经过严格的教学设计，并以媒体的多种表现方式和超文本结构制作而成的课程软件。

作为信息技术与教育深度融合时期的教师，课件的运用与制作已经是必须具备的一种能力。面对科技飞速发展的今天，学生学习知识的多面性、广泛性、自主性对学校教育提出了更高的要求，多媒体课件的合理使用可以极大地提升教与学的效率。

（1）多媒体基本要素

多媒体教学课件中的基本要素主要有如下几类：文本、图片（流程图、表格、线图、结构图形）、动画、音频和视频等。

第一，文本包含文字和表格两方面的内容。文字的大小、字体、颜色、样式甚至动态效果等都可根据需要设置或更改，多媒体课件具有文本规整、美观，显

☞登录爱课程网，研习模块5任务2对比课件"我的空间我做主"和"资源管理小能手"，分析各自的特点以及在课件教学中的作用

示速度快的优点。

第二，多媒体课件中的图片包括图形和图像两种，如流程图、表格、线图、结构图等。图片多是由扫描仪、摄像机等输入设备捕捉实际的画面产生的数字图像，其由像素点阵构成，色彩比较丰富，层次感强，可以真实地重现生活环境（如照片），它承载的信息量比较大，通常用于表现大量细节（如明暗变化、场景复杂、轮廓色彩丰富）的对象。但图像存储文件比较大，而且在缩放过程中容易造成变形或产生锯齿。

第三，多媒体课件中的动画是对事物运动、变化过程的模拟，可以用来模拟事物的变化过程、说明科学原理。动画提供了静态图形缺少的运动景象，是一种可感觉到相对于时间、位置、方向和速度运动的动态媒体。此外，经过创造设计的动画更加生动、有趣，有利于激发学生学习的兴趣和积极性。

第四，多媒体课件中的音频包括音乐、语音和各种音响效果，多是以波形音频记录声音，对记录与播放的环境要求不高，在多媒体教学软件中应用相当多。

音频属于过程性信息，有利于限定和解释画面，主要用于语言解说、背景音乐和效果音。发音标准的解说、动听的音乐有利于集中学生学习的注意力、陶冶学生的情操、激发学生学习的潜力。在教学中利用音频传递教学信息，是调动学生使用听觉学习的必要前提。

第五，多媒体课件中的视频是数字信号。借助计算机对多媒体的控制能力，可以实现视频的播放、暂停、快速播放、反复播放、单帧播放等。

视频具有表现事物细节的能力，适宜呈现一些学生感觉比较陌生的事物。它的信息量比较大，具有更强的感染力。通常情况下，视频采用声像复合格式，即在呈现事物图像的时候，同时伴有解说效果或背景音乐。当然，视频在呈现丰富色彩的画面的同时，也可能传递大量的无关信息，如果不加辨别，便会成为学习的干扰因素。

（2）多媒体课件设计与开发的基本程序

为了克服教学设计与软件开发割裂的弊病，在此我们采用瀑布模型作为课件设计与开发的操作程序[①]，如图5-1所示。把开发过程划分为需求分析评估、结构设计评估、程序开发评估、部件生产评估、系统集成评估和综合集成评估等六个步骤。

多媒体课件是为了解决教学中的重点和难点而开发的，因此它是针对具体的知识点的。在需求分析评估中，首先要对知识点的学习目标进行分析，在进行学习内容分析和学习者分析的基础上，认真选择和设计学习策略，编制对学习者学

---

① 李龙. 教学设计 [M]. 北京：高等教育出版社，2010：335.

习过程和学习结果的评价工具；在结构设计评估中，要考虑学习内容呈现的顺序与方式，学习者与学习内容、学习环境、学习资源，以及学习者与学习者、学习者与教师的交互方式，做好课件界面的设计，以便学习者的使用。

至此，与教学设计相关的任务宣告完成。随后进入多媒体课件的前期制作、后期合成与测试阶段，具体方法和要求将在相关的课程中进行学习。

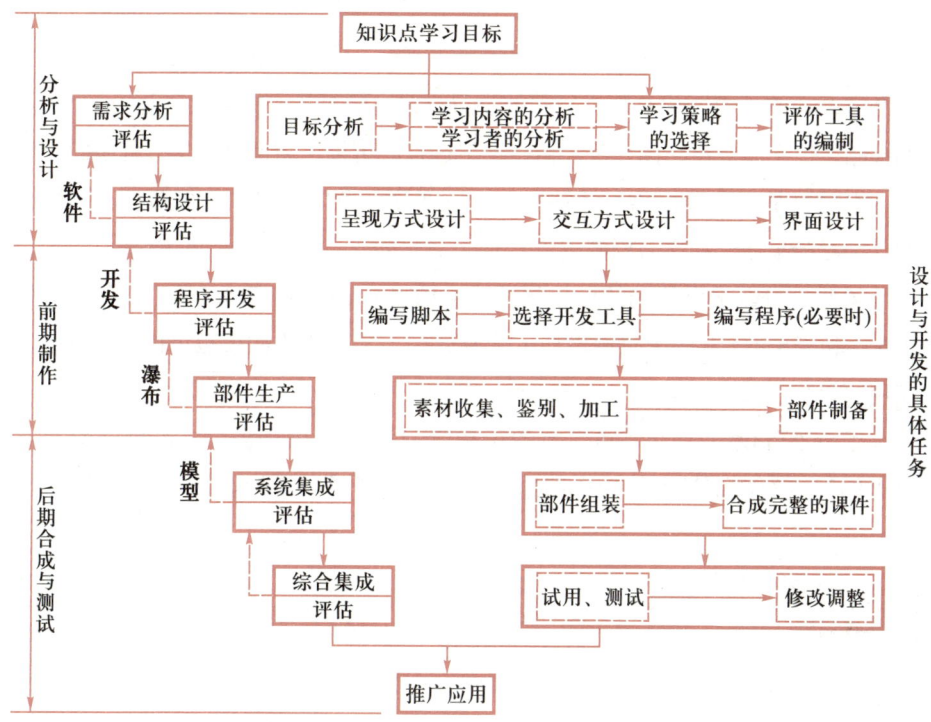

图5-1　多媒体课件设计与开发的操作程序

2. 微型学习资源的设计

随着社会的发展、科技的进步，泛在学习、移动学习、个性化学习逐渐成为现实。泛在学习、移动学习、个性化学习的特点就是：不受时间、地点限制，随时随地都可以进行学习。因此，短小精简、高效的微型学习方式应运而生。

微课：微课微在何处？

（1）微型学习的内涵

微型学习（microlearning）是以特定的学习目标为依据，具有时间短（一般在10分钟左右或更短）、内容精练（一般只涉及一个知识点或一个具体问题）等特点，是在信息化环境下，充分发挥学习者主体作用的一种学习活动。[①]

微型学习具有以下主要特点：

第一，微型学习容量小，目标明确，具有相对独立性；

---

① 摘自：李龙.全国教育科学"十二五"规划国家课题"信息技术促进区域教育均衡发展的实证研究"开题报告.

第二，微型学习时间短，使学生可以集中注意力解决一个问题；

第三，微型学习内容的选择范围广泛，既可以是学科教学内容，也可以是促进学生全面发展需要的内容；

第四，微型学习以学生为中心，重视学习情境、资源、活动的设计；

第五，现代微型学习是在信息化环境支持下进行的；

（2）微型学习的设计

☞登录爱课程网，研习模块5任务2讲座"微课全接触"

微型学习由学习资源、学习过程和教学评价三要素构成。微型学习资源是经过专门设计的、内容相对独立完整的学习材料，既可能是在网络上运行的平台，也可能是传统的文本、图片等。微型学习过程既可以作为课堂教学过程中的一部分，也可以是学生自主学习活动中的组成部分。微型教学评价包括学习过程评价、学习结果评价和学习资源评价。

微型学习教学设计包括：教学设计（见表5-2和表5-3）、学习任务单（见表5-4和表5-5）和学习资源设计（见表5-6）。下面提供的模板可供学习者练习使用。

表5-2可供针对一个知识点的微型学习活动使用，表5-3可供针对两个以上知识点的微型学习活动（即通常所说的微型课）使用。

表5-2　微型学习教学设计表

学科		微课名称		
设计者		所属单位		
学习目标				
内容分析				
学习者特征分析				
策略选择				
教学环节	教师引导语	学生活动	资源形式	设计意图
教学评价				

表5-3 微型学习教学设计表

学科		微课名称	
设计者		所属单位	
学习目标			
教学内容分析			
学习者特征分析			
知识点学习目标描述			
知识点	学习目标	具体描述语句	
策略选择			
学习内容呈现方式	□基于主题的　□基于案例的　□基于问题的　□基于项目的		
学习（教学）模式	□传递接受模式　□探究发现模式　□问题解决模式　□自主体验模式		
学习活动方式	□集体化学习　□个别化学习　□合作式学习　□协作式学习		
教学环节	教师引导语	学生活动	资源形式	设计意图
教学评价				

微型学习任务单表5-4和表5-5由教师设计，学生按照学习要求自主进行学习活动。

表5-4 微型学习的学习任务单

学科		微课名称	
学生姓名		学校与班级	
学习目标			
学习要求	思考的问题	学习过程及问题回答	
教学评价			

表5-5 微型学习的学习任务单

学生姓名		学校与班级	
学号		日期与时间	
学习目标			
思考研讨			
其他思考			

微型学习资源设计表是制作微型学习资源的依据,由教师根据表5-2和表5-3"微型学习教学设计表"中对学习资源的要求进行设计,然后由教师本人或者资源开发人员完成制作任务。微型学习资源设计表见表5-6所示。

表5-6 微型学习资源设计表

学科		微课名称	
作者姓名		所属单位	
学习目标			
问题阐述（100字左右）			
策略设计（200字左右）			
画面及解说设计（100字左右）			
评价设计（100字左右）			

3. 微型学习资源的制作

微型学习资源的种类主要有：图文微型学习资源（文本和图表）；PPT微型学习资源（含Flash）；视频微型学习资源（微视频）；富媒体微型学习资源（多种媒体组合）；融媒体微型学习资源（增强现实浏览器）。微型学习资源的制作可以借助于各种视频处理软件和设备，主要方法如下。

（1）用PowerPoint软件制作

最简易的方法就是直接将PowerPoint课件内容转化为视频文件，这要求

微课：如何制作微课？

PowerPoint课件设计者在设计内容的时候充分考虑微型学习的需求与特点，不能简单地把上课使用的PowerPoint课件转换为微型学习资源。

① PowerPoint课件自动播放。为做好的PPT加上解说、音乐、设置好每一幅的放映时间，做好相关链接，在使用时进行自动播放。

② 利用PowerPoint 2010版的视频转换功能，把PowerPoint课件转化为视频文件。

这种方法的优势在于不依赖任何外部设备，不足在于只能针对PowerPoint课件内容。

（2）便携式设备拍摄（手机+白纸）

使用具有视频摄像功能的手机以及一打白纸和几只不同颜色的笔、相关主题的教案即可。主要方法是使用便携摄像工具对纸、笔结合演算、书写的教学过程进行录制，如图5-2所示。过程如下：

① 针对微型学习主题，进行详细的教学设计，形成教案；

② 用笔在白纸上展现出教学过程，可以画图、书写、标记等行为，在他人的帮助下，用手机将教学过程拍摄下来。尽量保证语音清晰、画面稳定、演算过程逻辑性强，解答或教授过程明了易懂。

③ 可以进行必要的编辑和美化。

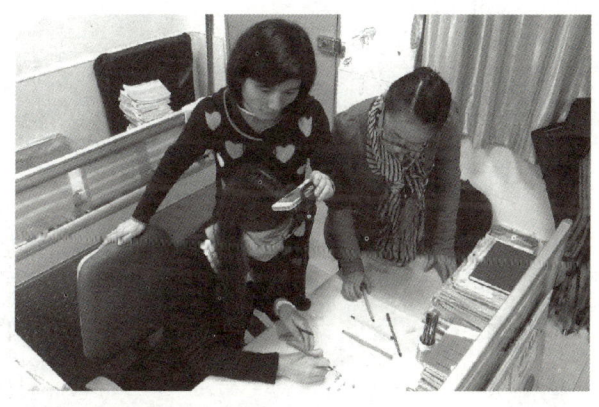

图5-2　用手机拍摄视频资源

这种优势是工具随手可得，不足在于录制效果粗糙，声音和画面效果较差，只能表现手写的内容，无法实现其他多种效果。

（3）屏幕录制（屏幕录制软件+PowerPoint软件）

屏幕录制的工具与软件包括电脑、耳麦（附带话筒）、视频录像软件Camtasia Studio或相关微课程制作系统、PowerPoint软件。方法是对PowerPoint课件演示进行屏幕录制，辅以录音和字幕。过程如下。

① 针对所选定的教学主题，收集教学材料和媒体素材，制作PowerPoint课件；

② 在电脑屏幕上同时打开视频录像软件Camtasia Studio或微课程制作系统、PowerPoint课件，执教者戴好耳麦，调整好话筒的位置和音量，并调整好PowerPoint界面和录屏界面的位置后，单击"录制桌面"按钮，开始录制。执教者一边演示一边讲解，可以配合标记工具或其他多媒体软件、素材，尽量使教学过程生动有趣。

③ 对录制完成后的教学视频进行必要的处理和美化。

这种方法的优势在于录制快捷、方便，在个人电脑上即可实现。不足在于：Camtasia Studio软件的应用较复杂，不支持直接手写，要实现手写功能还需安装和启动手写设备的配套软件，对教学应用缺乏一定的针对性。

（4）专业微课制作软件（专业微课程制作软件＋手写设备）

目前市场上出现了多种直接支持微型学习资源（微课）录制的专业工具，专业微课程制作软件以"微讲台"微课程制作系统为代表，配合数码手写笔或者手写板实现手写原笔迹录入，如图5-3所示。制作者通过"微讲台"微课程制作系统对教学过程进行讲解演示，并同步录制，可以实现片段式的录制。过程如下：

① 针对微型学习主题，进行详细的教学设计，形成教案；

② 在微讲台软件里做好各类教学对象（支持多种多媒体对象）的布局；

③ 通过"微讲台"微课程制作系统同步录制教学过程；

④ 进行必要的编辑和美化。

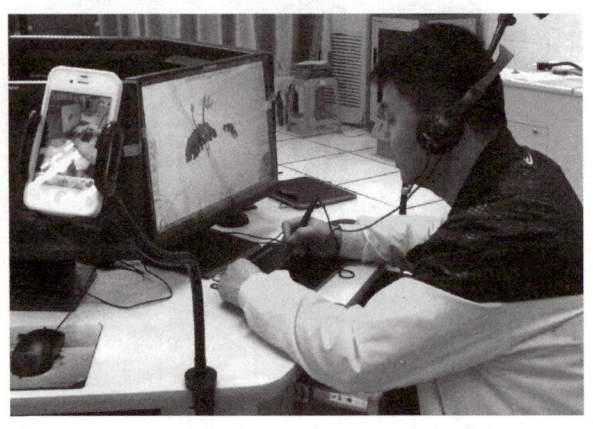

图5-3　用手写板制作视频文件

这种方法的优势在于制作系统操作简单，使用风格符合用户习惯；可灵活调用各种教学资源、素材；真实还原黑板授课模式；轻松实现语音和视频的合成和编辑、轻松生成多种格式的视频文件。不足在于在视频编辑功能上还不如专业的视频编辑软件强大。

（5）专业视频工具拍摄（摄像机＋黑板或电子白板）

专业摄像设备能够通过高清晰设备多机位设置微型学习资源，主要工具包括专业摄像机、黑板（或电子白板）、粉笔、其他教学演示工具等。制作者使用上述工具对教学过程同步摄像，并进行后期编辑即可完成。过程如下：

① 针对微型学习主题，进行详细的教学设计，形成教案；

② 利用黑板展开教学过程，利用便携式录像机将整个过程拍摄下来；

③ 对视频进行简单的后期制作，可以进行必要的编辑和美化。

这种方法的优势是可以高质量录制教师画面，教师按照日常习惯讲课，无需改变习惯，黑板上的内容与教师画面同步；不足在于需要专门的演播环境，设备和环境造价高，需要多人合力才能完成微课视频的拍摄，效率低，后期编辑需要专业人士配合。

4. 微型学习资源的评价

微型学习资源评价量规如表5-7。

表5-7 微型学习资源评价量规

评价项目	高级	中级	初级	满分	得分
结构	内容结构十分明确，语言引导到位	内容结构较为明确，有一定语言引导	内容结构基本清楚	40	
画面	画面流畅，字迹清晰，声音清晰，能够表达内容重点，文字和声音匹配	画面较为流畅，主要内容字迹清晰，声音较为清晰，能够表达内容重点，文字和声音匹配	画面有停顿，字迹模糊，声音含糊不清，文字和声音基本匹配	20	
文字	文字在画面中的布局合理	文字在画面中的布局较为合理	文字杂乱地呈现在画面上	20	
语言	语言生动幽默，画面可视化，教学设计具有创新性	语言较为生动，画面清晰，教学设计流畅	语言平淡，画面较为清晰，教学设计基本流畅	20	

四、教学媒体资源的选择

当学习目标确定后，组织教学活动中要做的一项重要工作就是对教学媒体资源的选择。

1. 选择教学媒体资源的依据

对教学媒体的选择一般要考虑各种教学媒体资源的功能特性和教学的实际需要，将两个方面结合起来加以分析，决定取舍。具体地说，要注意以下几点。

（1）依据学习目标

每个单元、每个课时都有确定的学习目标。比如要使学生知道某个概念，或明白某种原理，或掌握某项技能等。为达到不同的学习目标常需使用不同的教学

☞微课：如何描述教学媒体与资源？

媒体资源去传输教学信息。

（2）依据教学内容

教学内容不同，对教学媒体资源也有不同要求。如有的内容为抽象的结论及概念间的相互关系，则可用投影仪去表现；有的内容需要反映事物或现象的运动、发展状况，那么电影、电视就是适宜的媒体。

（3）依据学生的需要和水平

学习者有发展阶段的特征，他们在不同的发展阶段有着不同的认知能力和思维特点。如小学生的认知特点是以直观形象思维为主，注意力不易持久集中，针对他们的认知特点，采用的媒体要生动形象、色彩鲜艳，这些比真实角色更能吸引学生。

（4）依据特定的教学条件

对媒体的选择还要考虑：技术问题，即使用某种媒体是否方便，教师自己能否操作、控制；制作问题，学校现有的条件能否提供必要的设备和软件支持；学习环境问题，即教学的地点和空间、教室内的条件是否有利于使用媒体等。

2. 选择教学媒体的方法

人们在大量的媒体应用实践中逐步总结出了一些选择媒体的方法、程式或模型，主要有问题表、矩阵式、算法式和流程图四种模型。这里简单介绍一下问题表的方式。

问题表实际上是列出一系列要求媒体选择者回答的问题，通过对这些问题的逐一回答，来比较清楚地发现适用于一定教学情景的媒体。以下面的一组问题为例：

- 所需媒体是用来提供感性材料还是提供练习条件？该媒体是用于辅助集体讲授还是用于个别化学习？
- 媒体材料与学生的认知水平一致吗？
- 教学内容是否要进行图解或图示的处理？
- 视觉内容是用静止图像还是活动图像来呈现？
- 活动图像要不要配音？是用电影还是电视来展现视听结合的活动图像？
- 有没有现成的电影或录像以及放映条件？

问题表列出的问题根据实际情况可多可少。这种模型出现较早，并为选择其他一些模型提供了基础。

3. 选择教学媒体资源的程序

由于人们在选择媒体时考虑的因素不同，思考问题的角度不同，设计的选择方案也就不同，因而形成了各种各样的媒体选择程序。选择教学媒体资源的程序一般分为三个步骤，如图5-4：

（1）在确定学习目标和知识点的基础上，首先确定使用媒体要达到的目标；

（2）选择媒体类型；

（3）选择媒体内容，媒体内容是指把教学信息转化为对学习者感官产生有效刺激的符号。媒体内容选择可通过选编、修改、新制三种途径进行。

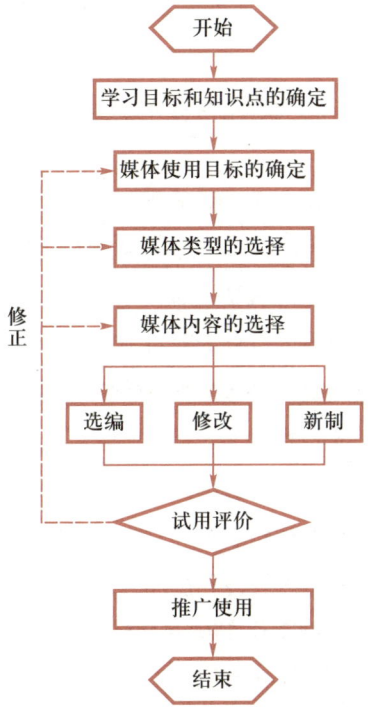

图5-4　教学媒体选择程序

任务3　小学信息技术学习工具的利用

学习工具是指帮助学习者获取、加工、保存信息的认知工具。本任务将要解决三个核心问题：基于信息技术的认知工具如何分类？小学信息技术教学中有哪些可供选择的学习工具？如何使用各种新型学习工具实现学习目标？

一、学习工具的内涵

学习工具可以视为促进学习的认知工具。相对而言，认知工具是一个比较专业的学术词汇，本书基于教学视角，采用学习工具这一概念。

学习工具并不是某种新的产品，而是对某些计算机软件的重新归类，是指那些能让使用者利用它们进行积极思考的软件工具，是一种促进认知的工具。学习工具提供环境和设施，要求学生在所学课程领域主动努力地思考，产生自己的想法，进行知识建构。

二、基于信息技术的学习工具的分类

美国著名教学设计专家乔纳森对信息技术学习工具的分类影响最为广泛，他把各种对学习有支持作用的信息技术学习工具分为以下六类。

（1）语义组织工具（问题或任务表征工具）。语义组织工具有助于学生对他们已了解的和正在学习的内容进行分析和组织。

（2）静态/动态建模工具：静态/动态建模工具有助于学生描述概念间的关系。

（3）信息解释工具：信息解释工具有助于学生获取信息和处理信息。

（4）知识建构工具：知识建构工具可以帮助学生反思对概念的理解，而且还可以让学生掌握作为设计者所需的各种技能。

（5）交流合作工具（协同工作工具）：交流合作工具有助于学生对于问题进行交流学习，培养学生的社会性合作能力。

（6）绩效支持管理工具与评价工具。

> 》小组讨论
> 以不同学习工具为分析对象，归纳认知学习工具在教学中的作用。

三、常见的学习工具

1. 数据库

数据库系统是一种有效的学习工具，属于语义组织工具。数据库的建立和操作本身就是一种建构的过程，即学生积极地参与知识表示的过程。学生可利用数据库系统进行学科内容分析和组织，在概念之间进行联系，建立字段和记录以反映这些联系等。这些都是对信息进行思考、处理的过程，使得学生更有效地理解学习的内容。

将数据库运用于实际学习中大致可分三个不同的层次：最简单的应用就

是教师建立好数据库，让学生加入数据，例如，在课堂上，要求学生查阅教材或网络，寻找有关多媒体信息的分类、文件格式、文件大小、应用范围等特征信息，并将相关信息填入教师建立的空数据库中；第二个层次，由学生自己建立有关多媒体知识数据库，这是一种较为复杂的活动，学生需要建立数据结构（确认各字段），查找相关信息，将信息插入到适当的字段和记录中；第三个层次，为了更好地应用数据库，学生需要查询数据库和对数据库进行排序等，以便对学科知识的查询进行应答，或者确定知识间的相互关系，进行推理等。

2. 概念图

概念图是指利用图示的方法来表达人们头脑中的概念、思想和理论等，是把人脑中隐形的知识显性化、可视化，便于思考交流和表达，属于问题、任务表征工具。常见概念图工具有Inspiration、Kid-spiration、Mindmanager、CmapTool、MapMaker、MindMapper和ThinkingMaps等，其中Inspiration、Mindmanager最常用。

教师可以使用概念图工具来辅助教学设计，整理教学思路，设计出更为新颖、有效的教学方法。而学生则可以方便地把头脑中概念的层级式空间表征及其相互关系用节点和链接绘制出直观的概念图，这种绘制概念图的学习策略有助于学生用概念网络的形式把正在学习的各种概念加以联系，标识诸多概念间的关系，以及描述概念间关系的本质。

通过比较在不同时间先后建立的几个概念图，学生可以评价他们思维的变化，此时概念图工具就是一种学生学习的评价工具。使用概念图工具能反映出学生的知识建构过程，显著提升学生的认知能力。在中小学的教学中应大力推广、广泛使用概念图工具。

3. 电子表格

电子表格属于动态建模工具，是计算机化的数字记录跟踪系统，由行、列标识的单元格组成的矩阵就是一张电子表格。每个单元格中可填入数值、公式或函数。电子表格也可以作为学习工具，增强学生的心智功能。电子表格可以做出用计算表达的数学模型，通过把隐含的逻辑关系呈现给学生，促进学生对相互关系和过程的理解。建立电子表格需要学生进行抽象的推理，并成为规则的制定者。

4. Flash、Photoshop、Painter等知识建构工具

信息技术环境下，有助于学生知识意义建构的工具平台非常多，如可以利用汉字输入和编辑排版工具，培养学生的信息组织、意义建构能力；利用"几何画板""Flash""Painter"等工具，培养学生创作作品的能力；利用信息"集成"工具，培养学生的信息组织、表达能力与品质；借助网页开发工具，

学生可以制作属于自己的网页，有利于培养学生对信息的甄别、获取和组织能力。

5. QQ、电子公告板等交流合作工具

随着通信技术、网络技术的发展，各种基于网络和计算机的同步或异步交流环境开始出现在课堂中，它们可以支持学习的社会性协商过程，如QQ、电子公告板等。利用这些远程通信技术，可以支持学生间的人际交流、信息收集。在线交流合作工具使学生以有意义的方式参与交流，为了做到这一点，他们需要解释信息，考虑适当的反应和作出连贯的回答。学生不能只记忆老师告诉他们的知识，他们需要就讨论的课题发表自己的观点。

四、新型学习工具及其应用

☞微课：如何选择学习工具？

随着信息技术的不断发展，学习工具也在不断地发展。当前在学校中使用的笔记本电脑、移动学习机、iPad、智能手机等，为信息技术课程教学和学生学习提供了丰富的工具。新型学习工具有利于支持探究性学习的各个过程，在帮助学生收集和整理资料、观察记录和分析实验中的数据、表达结果、交流合作等方面具有明显优势。

1. iPad

iPad总体定位应该是一种介于手机和笔记本电脑之间的娱乐和上网终端。通过iPad可以实现浏览互联网、收发电子邮件、观看电子书、播放音频或视频等功能。

iPad的一大特点就是好看且易用，对电脑不熟悉的用户都可以轻松上手，对于小学生而言使用较方便。长时间的待机性能、触摸屏都加大了iPad的易用性，触摸屏的操作非常直观，而且乐趣横生，习惯使用鼠标和键盘的用户也很容易使用。

2. 智能手机

所谓智能手机，是指像个人电脑一样，具有独立的操作系统，可以由用户自行安装软件、游戏等第三方服务商提供的程序，通过此类程序来不断对手机的功能进行扩充，并可以通过移动通信网络来实现无线网络接入的这样一类手机的总称。简单地说，智能手机，就是一部像电脑一样可以安装和删除软件的手机。

3. 社会性软件

社会性软件是指能够帮助人们汇合、联系与合作的中介传播工具，这些工具的使用有助于推动网上社区的形成。社会性软件首先是个人软件，是个人参与互

联网络的工具,个人软件突出了个体自主性的参与和发挥。常用的社会性软件,如表5-8所示。

> **》小组讨论**
> 　　1. 以小组为单位,由每个组员说出自己所知道的社会性软件,然后分享自己使用某个社会性软件的经验和体会,并分析其用于学习中的可能性及优缺点。
> 　　2. 尝试没有使用过的信息工具,体会其功能及对学习的支持。

表5-8　社会性软件举例

名称	简介	属性
360浏览器	安全性能较高的网页浏览器	免费使用
优酷网	视频清晰度高,用户较多的视频分享网站	免费注册使用
又拍网	相片分享网站	免费注册使用
QQ书签	使用率较高的社会性书签网站	免费注册使用
UUcall	符合华人通话习惯的网络电话	免费注册使用,通话收费
随心微博	界面简洁、用户随心使用的微博客网站	免费注册使用
新浪点点通	RSS信息聚合阅读器	免费使用
臭豆网	根据兴趣建立社群的社交网站	免费注册使用
新浪博客	人气很旺的博客网站	免费注册使用
网易邮	使用者很多的邮箱服务网站	免费注册使用
麦库	笔记记录和管理网站	免费注册使用
百会秀秀	在线幻灯片制作网站	免费注册使用
红蜻蜓抓图精灵	屏幕抓图功能较强的截屏软件	免费使用
QQ影音	功能比较全面的影音播放软件	免费使用
百度	最大的中文搜索引擎	免费使用
XMind	思维导图工具	免费开源软件
好看簿	可以给图片配上解说的相片分享网站	免费注册使用
百会网	具有文字、幻灯片制作等多种功能的在线软件服务网站	免费注册使用
全时网络会议	在线会议网站	免费试用、付费使用
ThinkSNS	提供SNS构建开源代码	免费开源软件

续表

名称	简介	属性
易魔灯	Moodle国内研究网站	免费使用
超级捕快	屏幕录像软件	免费试用、付费使用
课件大师	多媒体课件制作软件	付费使用
Tap@	提供自建网站功能的网站	免费注册使用

社会性软件在学习上有很多用处，主要表现在：

1. 快速获取信息，提升学习质量

随着软件智能性的提高和界面友好性的增强，社会性软件的使用将会日常化，利用它学习者能快速从网上获取信息。例如，通过博客上的链接，同学间能够对最新的信息进行处理与讨论；使用RSS（really simple sydication，简称RSS）还能将各博客的内容聚合起来，使用者能够得到更多适合自己的资讯。另外，当学生使用博客学习时，必须要进行撰写工作，这样将思考与操作结合起来，可以积极调动自己的归纳、分析、判断和数字化表达能力，按照自己的认知方式和学习风格进行表达，无形中对知识进行了二次加工，加深了对知识的理解和运用。

2. 分类存储和处理信息，实现个人知识管理

对个人拥有的信息进行有效的分类和管理，是信息时代每个人应具有的一种能力。社会性软件的使用在这方面给人们提供了方便。例如，Tap允许用户自由选择关键词对网站进行更为灵活的分类，且这种分类融合了使用者的思想，允许系统依照用户行为所产生的自然方式进行检索。过去，人们通过下载、复制等方式保存网页，Diigo（digest of internet information, groups and other stuff，简称Diigo）中的Social Bookmark给用户提供了新功能，可以把喜爱的网站随时加入自己的网络书签中，并可与他人共享。即每个用户都可以与别人共享各自保存的链接，还可以用多个关键词标识和整理自己的书签，实现个人知识的管理。

3. 方便信息交流和资源分享，促进知识建构

学习过程从独白走向对话、从个体走向合作，在分享中实现认知，在认知中促进共同发展，是社会建构主义学习论所倡导的。社会性软件的使用可以有效地支持这样的学习过程。例如，学生在利用社会性软件学习的过程中，可以不断使思考结构化、认识清晰化，促进思维的发展。在理解的前提下，进行主体间的交流，才能产生真正意义的对话，并在自我讨论和相互讨论中去发现与对方的差异和内在的统一，最终使双方在一种新的集体中相互结合起来，从而促进更广范围

的知识建构和集体智慧发展。

> **》小组讨论**
> 查找概念图在教学应用中的相关文献，分析并思考：
> （1）概念图在教学中有何作用？
> （2）案例中的学习工具设计是否合理？能否有其他学习工具可以替代？

任务4 小学信息技术信息化学习环境的构建

用新技术构建的信息化学习环境，成为教学的重要组成。信息化学习环境是经过数字化信息处理、信息显示多媒体化、信息网络化、信息处理智能化和学习环境虚拟化的新型学习环境。本任务的核心问题在于：信息化学习环境有哪些类型？其功能如何？不同的信息化学习环境怎样支持教和学？不同的学习对信息化学习环境有何要求？新型学习环境如何选择与使用？

> **》小组讨论**
> 据你观察和体验，小学信息技术课堂信息化学习环境有什么特殊性？可以从广义和狭义的学习环境两个层面来思考。

一、信息化学习环境对教学活动的支持

信息技术的发展，改变了传统的粉笔加黑板这种单一的学习环境，构建了多媒体教室、网络教室、专用教室，以及校园网络环境和互联网环境，使得学与教的活动可以在各种适宜的信息化环境中展开。多媒体教室可以实现多种教学资源的随机呈现，网络教室使学生可以使用信息技术工具和网络资源进行自主学习和研究型学习（移动网络教室还可以实现不受时间、地点限制的学习活动），专用教室可以满足特殊学习活动的需要。不同的学习环境可以支持不同的教学活动，如表5-9所示。

表5-9 信息化学习环境对教学活动的支持

信息化学习环境	硬件、软件构成	讲授	问答	演示	示范	传统（面对面）讨论	网上讨论	传统（面对面）探究	网上（远程合作）探究	学生自主学习	真实实验	虚拟实验	练习	操作	传统测验	计算机辅助集体测试	计算机辅助自主测试
简易多媒体教室	DVD机+电视机	√	√	√	√	√		√		√			√		√		
	电视机+机顶盒	√	√	√	√		√		√				√		√		
多媒体教室	计算机+电视机	√	√	√	√		√		√				√		√	√	
	计算机+投影机+幕布	√	√	√	√		√		√				√		√	√	
	计算机+投影机+交互式电子白板	√	√	√	√		√		√				√	√	√	√	√
网络教室	学生机+教师机+投影机+幕布/交互式电子白板+多媒体电子教室系统	√	√	√	√	√	√	√	√	√			√	√	√	√	√
	学生机+教师机+投影机+幕布/交互式电子白板+多媒体电子教室系统+网络教学平台	√	√	√	√	√	√	√	√	√			√	√	√	√	√
移动网络教室	移动学习终端+教师机+投影机+幕布/交互式电子白板+无线电子教室系统+无线路由器+充电设备+网络教学平台	√	√	√	√	√	√	√	√	√			√	√	√	√	√
普通语言实验室	教师机+学生跟读机+耳麦+投影机+幕布	√	√	√	√		√		√	√			√	√	√		
数字化语言实验室	学生终端机+学生终端网卡+教师机+三网合一交换机+ATM多媒体网络交换机+语言学习网络平台	√	√	√	√		√		√	√			√	√	√	√	√
普通实验室	学科实验设备	√	√	√	√		√		√		√		√	√	√		
数字化科学实验室	传感器+数据采集器+信号发生器+实验设备+计算机+数据采集分析软件	√	√	√	√		√		√		√	√	√	√	√		√

通过对信息化学习环境的选择，可以充分利用现有的信息技术软硬件条件，为教学活动提供支持和保障。学校中的信息化学习环境除去上述各种教室外，还包括教师电子备课室、校园网与学校主控室、录播教室、区域综合性应用平台等公共教学服务环境。

把信息化学习环境与"学与教"方式相对应，则可为学科教师选择合适的"学与教"方式及信息化学习环境提供便利和依据，如表5-10所示。

表5-10 "学与教"方式的基本类型对信息化学习环境的要求

"学与教"方式		需要的信息化学习环境	备注
学习（教学）模式	学习活动方式		
接受型（传递接受型）	集体化学习	普通教室、多媒体教室	首选
	个别化学习	普通教室、学生笔记本电脑	首选
	合作式学习	普通教室、网络教室	其次
	协作式学习	普通教室、网络教室、移动学习机	其次
发现型（探究发现型）	集体化学习	带有电子白板的多媒体教室	首选
	个别化学习	学生笔记本电脑、移动学习机	首选
	合作式学习	网络教室、学生笔记本电脑	首选
	协作式学习	网络教室、学生笔记本电脑、移动学习机	其次
研究型（问题解决型）	集体化学习	带有电子白板的多媒体教室	其次
	个别化学习	学生笔记本电脑、移动学习机	首选
	合作式学习	网络教室、学生笔记本电脑	首选
	协作式学习	网络教室、学生笔记本电脑、移动学习机	首选
体验型（自主体验型）	集体化学习	带有电子白板的多媒体教室、仿真环境或真实环境	其次
	个别化学习	学生笔记本电脑、移动学习机、仿真环境或真实环境	其次
	合作式学习	网络教室、学生笔记本电脑、仿真环境或真实环境	首选
	协作式学习	网络教室、移动学习机、学生笔记本电脑、仿真环境或真实环境	首选

二、典型的信息化学习环境

随着电子白板的普遍应用，带有电子白板的多媒体网络教室也逐步进入学校，应用于各学科的教学中。

》小组讨论

"从黑板到电子白板再到触摸一体机"的发展
从信息化学习环境对教学支持的角度思考下列问题。

1. 从网络中查找杜郎口中学的教学改革资料，分析将黑板作为主要学习环境的优缺点。
2. 电子白板是当前常用的黑板的替代品，它真能替代黑板吗？
3. 触摸一体机是一种新型的学习环境设备，如何发挥其功效？
4. 对比这三种信息化学习环境设备，你有什么观点？

1. 电子白板

微课：交互式电子白板应用

电子白板，又称是电子交互白板，是一种新的高科技电子教学系统。它是由硬件电子感应白板和软件白板操作系统集成。电子白板集传统的黑板、计算机、投影仪等多种功能于一身，使用非常方便，可以实现无纸化办公及教学。电子交互白板技术为课堂互动、师生互动、生生互动提供了技术可能和方便，为建立以学生学习为中心的课堂教学奠定技术基础。

交互式电子白板具备超越黑板的一些功能，包括随意书写、画图、批注重点、使用或编辑丰富多彩的电子课件。在教学中的应用主要体现在以下三方面。

（1）无需粉笔或鼠标。教师和学生使用白板笔甚至手指，可以完全替代传统粉笔的功能，这样既可以避免粉笔产生的各种危害，又节省了资源，全面实现健康、环保、节能的教学模式。

（2）丰富多彩的多媒体资源。利用交互式电子白板可以使用丰富多彩的多媒体资源，并且可以随时书写或标注。教学过程可以轻松保存成教学录像发给学生，学生无需边听讲边做笔记，教师之间也可以相互交流和研究教学录像，提高教学水平。

（3）强大的计算机多媒体工具。利用交互式电子白板扩展、丰富了传统计算机多媒体的工具功能，提高了视听效果。电子白板有拖放、照相、隐藏、拉幕、涂色、匹配、即时反馈等功能模块，展现出的精彩的视觉及听觉效果能大大提高学生的注意力和理解力，激发学生的兴趣。

总之，性能稳定、先进的交互式电子白板系统，有助于实现真正意义上的互动式教学模式。传统多媒体教室的投影幕布与电子白板的比较如表5-11所示。

表5-11 传统多媒体教室的投影幕布与电子白板的比较

传统多媒体教室的投影幕布	电子白板多媒体教育环境
只可看，不可书写，不可批注、修改，不可保存	可看，可放大、缩小，可书写，可批注、修改，可保存、回放

续表

传统多媒体教室的投影幕布	电子白板多媒体教育环境
教师无法在幕布显示内容上即兴书写、演绎	教师可在电子白板上即兴发挥,及时记录并保存上课时的瞬间灵感,并可通过电子文档共享现场教学,图文、声像并茂,还可供学生课后复习
教师讲课时需时时回到电脑前操作,和学生缺乏互动交流	电子白板直接操控电脑,和学生交流互动性强,可时时看到学生的动态
网络教室需配有大量计算机等设备,耗资巨大	只需将原有幕布更换成电子白板,普通多媒体教室可升级
不能对所放视频、所展示 PowerPoint 等文档进行批注保存,没有资源库,教学单一化	播放 PowerPoint、Word 等课件可及时批注、修改、保存,有大量资源库及各科教学图形
普通幕布只能当一块显示屏	电子白板拥有大量教学功能,能极大地吸引学生的注意力,有助于提高教学质量

2. 白板多媒体教室

典型白板多媒体教室由交互式电子白板、交互式电子白板和计算机软件、资源库、投影设备、扩音设备、计算机等组成。在信息技术教学中典型的教学应用模式有:

(1)教师通过交互式电子白板展示学习情境、学习内容和范例;
(2)教师通过交互式电子白板提出小组协作任务要求;
(3)学生通过交互式电子白板完成协作任务;
(4)教师即时修改完善小组学习成果;
(5)交互式电子白板记录、展示小组的协作结果。

> ▶ 案例板
>
> 观看白板教学课例:小学三年级信息技术优质课"我们来帮忙";记录白板功能的使用时机与作用;概括该案例中白板使用的适切性,并提出你的建议。

☞ 案例:我们来帮忙

模块小结

学习环境是一个多义的概念,在现代教学设计中,需要重点把握学习资源、学习工具和信息化学习环境三大要素;不同的学习资源、教学媒体对教学活动的支持作用也不同;多媒体课件是当前教学中的主要资源,微型学习资源则是数字时代一种新的资源形态;越来越多的社会化技术应用到教学中来,新型数字化学习工具及社会性软件的选择与使用是学习环境设计中需要重点考虑的要素；不同信息化学习环境能够匹配不同教学方式，电子白板、触摸一体机等信息化环境的教学应用正成为教学改革的重要方向。

反思探究

1. 学习环境的内涵是什么？构成有哪些？小学信息技术学习环境设计要分析哪些要素？

2. 学习资源与教学媒体选择的依据是什么？小学信息技术教学设计中如何选择学习资源与教学媒体？

3. 根据题2的结论，登录爱课程网分析并评价"教学设计工作坊实训"习题作业中学习资源与教学媒体选择的合理性。

分析结果：

4. 通过网络检索及查阅资料，列出至少10种可以用于小学信息技术的学习工具，并且完成如下表格。

学习工具的名称	主要功能	教学作用	使用方式	主要特色	工具来源

设计实训

根据你所选定的小学信息技术教学设计的选题，结合小组成员的意见，在组长综合协调各个成员的不同选题的前提下，确定所要完成的教学设计中的学习环境设计与分析，并填写下表。

设计者：	
小组成员：	
章节标题	
实施年级	学习环境　　□多媒体电教室　□多媒体网络教室 □1∶1数字化教室　□_____

1. 学习资源与教学媒体选择分析表

媒体类型	媒体内容要点	教学作用	使用方式	所得结论	占用时间	媒体来源

①媒体在教学中的作用分为：A. 提供事实，建立经验；B. 创设情境，引发动机；C. 举例验证，建立概念；D. 提供示范，正确操作；E. 呈现过程，形成表象；F. 演绎原理，启发思维；G. 设难置疑，引起思辨；H. 展示事例，开阔视野；I. 欣赏审美，陶冶情操；J. 归纳总结，复习巩固；K. 其他。②媒体的使用方式包括：A. 设疑—播放—讲解；B. 设疑—播放—讨论；C. 讲解—播放—概括；D. 讲解—播放—举例；E. 播放—提问—讲解；F. 播放—讨论—总结；G. 边播放、边讲解；H. 其他。

2. 学习工具选择分析表（工具软件）

学习工具名称	学习工具主要功能	教学作用	使用方式	主要特色	工具来源

3. 学习环境选择分析表（网络系统环境）

学习环境类型	型号/版本	基本功能	使用方式	主要特色	使用注意事项

模块六　小学信息技术教学评价设计

学习提要

教学评价是成功教学和有效学习的基础，也是诸多教育决策的重要依据。新课程强调评价的有效学习功能，教学评价设计是教学设计的一个关键要点，直接影响到小学信息技术教学实施。本模块主要阐述教学评价的内涵、测验编制技术、评价方法和评价技术；本模块学习中要重点理解小学信息技术教学评价的要义；熟练掌握包括测验编制技术，同时结合教学改革新趋势，把握新型教学评价的方法和技术。

学习目标

知识与技能	理解教学评价的含义与功能，把握小学信息技术教学评价的基本导向；理解测验的类型，熟练掌握各类主观性试题和客观性试题的编制原理与方法；熟练掌握档案袋评价、评价量规、同伴评价、轶事记录评价、学习契约评价等评价技术的应用
过程与方法	结合教学设计工作坊实训和案例分析活动，体验小学信息技术教学评价设计的一般过程；通过小学信息技术教学评价设计的活动，初步掌握教学评价设计的系统方法
情感态度与价值观	结合教学设计工作坊实训的自主学习和案例研习活动，形成系统思维、合作学习和案例反思的意识与态度

引言

在小学信息技术教学观摩课活动中，授课教师提醒小张，教学过程设计固然重要，但一定不能忽视评价这个环节。在小张的印象中，评价与考试好像是同一个意思，每个学期末或者学期中都要进行测验或者考试，这不就是评价吗？但是授课教师却说：评价是一种对教学过程和结果进行评价的过程，不是简单的考试，应该把评价看成教学过程的一个部分——以评价促进教学！想起授课教师在上课的时候让学生进行网络互评，小张似乎明白了什么。他希望学习小学信息技术课程中怎么来设计测验，也希望了解到底有哪些方法和技术可以用来评价学习。

任务1 小学信息技术的教学评价

教学评价是系统化教学设计的一个重要环节。教学评价的最终目的是促进学生的发展，因此必须重视对学生学习的评价，这种评价更为重要，也更为本质。本模块教学评价主要针对学生的学习进行评价，并不涉及对教师教学质量的评价。那么，什么是教学评价？教学评价的作用是什么？它们与测验、考试、评估等概念有什么联系和区别？在教学设计和教学实践中，教学评价的类型有哪些？如何选择不同类型的教学评价以促进有效教学？在本任务中，将对这些问题进行探讨。

一、教学评价的含义与功能

教学评价是指以学习目标为依据，制订科学的标准，运用一切有效的技术手段，对教学活动的过程及其结果进行测定、衡量，并进行价值判断。它是教学各环节中必不可少的一环，也是教学设计中极为重要的一个组成部分，其目的是检查和促进教与学。

教学评价在学习和教学过程中发挥着许多重要的作用，一般可以概括为以下五个方面。

1. 诊断功能

对教学效果进行分析和评价，可以了解教学各方面的情况，从而判断学习目标的适当性以及教学方法的有效性。教学评价的结果为教师检验与改进教学提供依据。

2. 导向功能

通过教学评价使教师和学生了解所完成的任务和可能面临的问题，这将为被评价者的下一步教学或学习起到很好的导向作用。

3. 激励功能

教学评价作为对学生学习结果的反馈，可以进一步增强学生的学习动机，提高学习的积极性和学习效果。

4. 调节功能

教学评价可以提供有关教学活动的反馈信息，从而调节教与学的活动，使教学能够始终有效地进行。

5. 反馈功能

教学评价的结果为学生家长了解子女在校学习情况提供参考，以便家长尽到

> ☞ 思考与讨论：
> 教学评价领域有几个意义相近的词汇，如评价、测量、测验、考试、评估等，请查询资料后进行区分与讨论

督促子女学习的责任，与学校和教师一起合作解决学生学习中存在的问题。

教学评价的作用还体现在各种不同类型的教学评价中，每一种类型的教学评价均有其特殊的功能。

二、教学评价的类别

依据不同的划分标准，可以将教学评价分为不同的类型。

1. 根据评价阶段：诊断性评价、形成性评价和总结性评价

教学评价并不只是在教学结束后才进行的，而是贯穿整个教学活动的始终。在教学过程中不同阶段，可以实施不同的教学评价。

（1）诊断性评价

诊断性评价也称前置评价、准备性评价（preparative evaluation），是指在教学之前为了解学生对学习新知识应具备的基本条件的评价，是一种为了确定学生已有的学习准备程度或者教学设计基础而进行的评价活动，一般在教学或设计活动开始之前进行。

（2）形成性评价

形成性评价（formative evaluation）是指在教学进行中为了解学生的学习情况，及时发现教和学中的问题而进行的评价。

（3）总结性评价

总结性评价（summative evaluation）是指在教学结束后为全面了解学习目标的实现情况所进行的评价。

由于三种评价的目的不同，所使用的评价技术也有很大的差异。尤其是形成性评价由于强调对学习过程的测量，就必须使用一些反映过程特征的测量手段，如学习包或作业分析法、观察法等。而在总结性评价中一般以测验、考试的方式进行。另外从评价的执行者来说，总结性评价主要由教学或设计活动以外的人来承担，而形成性评价则由承担活动的人自己来进行。

2. 根据评价取向：过程性评价和结果性评价

教学过程与教学结果是密切联系在一起的，传统的教学评价大多与最终的结果判断相关。但从教育的本质来看，学生的学习过程更为主要，因此必须重视学生学习过程的评价。

（1）过程性评价

过程性评价（process-based evaluation）着重于测量和评价学生的学习情况，即采用特定的测量程序和方法对学生的学习过程、使用的学习策略以及学习各阶段的成效进行评价。过程评价常常由实施者自己来进行，它经常表现为一种自我

评价和自我反馈的活动。

（2）结果性评价

结果性评价（outcome-based evaluation）主要关心和检查教学活动或项目实施之后的结果，它可能会直接与事先确定的学习目标进行对照，从而判断教学过程的教育价值。

过程性评价可以同时考虑实际发生过程及其情景条件，而结果性评价通常难以再现学习活动、研究活动发生的情景，因此过程性评价可以更好地帮助研究者和教师了解学习过程。

3. 根据评价基准：相对评价和绝对评价

（1）相对评价

相对评价是在被评价对象的集合中选取一个或若干个体为基准，然后把各个评价对象与基准进行比较，确定每个评价对象在集合中所处的相对位置。

（2）绝对评价

绝对评价是在被评价对象的集合之外确定一个标准，这个标准被称为客观标准。评价时把评价对象与客观标准进行比较，从而判断其优劣。评价标准一般是课程标准或教学大纲以及由此确定的评判细则。

在小学信息技术教学中，评价是为了促进学生的发展。教学评价要重视教学效果的及时反馈，评价的方式要灵活多样，要鼓励学生创新，主要采取考查学生实际操作或评价学生作品的方式。因此，评价标准要体现多元性、发展性、全程性，适应不同个性和能力的学生，帮助学生了解自己的学习水平和能力，鼓励每个学生在原有的基础上提高学习的兴趣和综合能力。

> **》小组讨论**
>
> 　　教学评价是一种价值判断，对教学过程的发生产生重要的引导和激励作用。就这一问题，展开一次小组讨论会，主题为：
>
> 　　1. 2014年9月3日，国家颁布了《关于深化考试招生制度改革的实施意见》，详细阅读政策文本，有哪些关于评价导向方面的阐述？
>
> 　　2. 结合上述阐述，你对当前的教学评价现状有何评价？
>
> 　　3. 收集《基础教育课程改革纲要（试行）》《中小学信息技术课程指导纲要（试行）》等文本，挖掘其中对教学评价的有关描述，并提炼教学评价改革的方向和具体举措。

三、小学信息技术课堂教学评价的基本导向

传统的结果性评价方式是以考试为主要方式、面向结果的评价，强调的是评价的鉴别与选拔功能，存在很多问题。首先，结果性评价关注学生的学习结果，过分强调了评价的区分、选拔与鉴别功能，弱化了评价所应当具有的改进、激励功能，评价成了"鉴别学生信息素养优劣""向有关人员或部门汇报"的工具。其次，结果性评价的过程主要注重陈述性知识的回忆，将信息技术技能拆分成孤立的知识片段，而对思维、技能、品质、作品等对于学生具有启发性的方面很少进行关注。再次，结果性评价忽视信息技术课的根本特点——实践性，过多地强调信息技术理论知识，以传统的考试方式，代替信息技术教学的评价，忽视考查学生信息素养的提高和全面发展。最后，这种结果性评价以学生的最终考试结果为评价依据，直接评价学生作品成果的优劣，而很少考虑到学生在学习过程中的体验和收获、学习能力的获得、作品设计的思路创新与过程等方面，也很难考查学生的创造力和想象力，不能及时有效地根据实际情况调整教学内容。

《中小学信息技术课程指导纲要（试行）》明确提出，信息技术教学评价必须以教学（学习）目标为依据，本着对发展学生个性和创造精神有利的原则进行。因此，小学信息技术课程的教学评价，应当关注每一个学生的发展，围绕知识与技能、过程与方法、情感态度与价值观的目标进行评价，特别是对过程与方法、情感态度与价值观的评价要有明显的体现，它应以学生的学习过程为考查对象，承认学生的个体差异，着眼于学生的个体学习与发展。评价时应关注以下四个方面。

1. 重促进，轻选拔

强调教学评价对教学的激励、诊断和促进作用，弱化评价的选拔与鉴别功能。一方面通过评价帮助学生明确自己的进步、不足和努力方向，促进学生进一步的发展；另一方面，利用评价结果改进教学，发挥评价与教学的相互促进作用。尽量避免给学生贴标签或排名次，弱化评价对学生的选拔与鉴别功能。

2. 评价注重层次性

积极友好的评价可以帮助学生树立自信心；反之，则会让人陷入更深的自卑之中。在教学中，对不同层次的学生注意评价策略，尤其关注每个个体的进步和潜能，以保护学生的自尊和学习热情，帮助他们建立自信。

3. 评价注重互动性

教学评价是评价者与被评价者之间互动的过程。可以从教师评价、学生自评和互评、学生与教师互动评价等层面进行。例如，在作品创作后，可以引导小组自评和互评等。

4. 评价注重过程

教学评价应把教学过程与评价过程融为一体，应该是多元的，既要关注结果，更要关注过程。例如，将学生平时的信息技术作品、项目作业、实践活动报告作为考核评价的重要依据，提出可操作性评价指标体系。

任务 2 小学信息技术测验的编制

一、测验的类型

测验是教育评价过程中用来收集资料的主要工具。根据评价时使用的测验来源不同，可以将测验分为标准化成就测验和教师自编测验。

标准化成就测验（standardized achievement test）是指由学科专家和测验编制专家按照一定标准和程序编制的测验。该测验的目的是评价经某种教学或训练后学生的实际表现，具有客观性和可比性的突出优点，被视为评价学生学业成绩的重要工具之一。目前，多个国际性的综合性或者专项性的学业成就表现测试在逐步推广，比如 PISA（Programme for International Student Assessment，简称 PISA）、PIRLS（Progress in International Reading Literacy Study，简称 PIRLS）等，这些评价项目以其全球化的视野、高水平的测验题编制水平获得好评。

教师自编测验（teacher-madetest）是教师根据教学需要自行设计与编制的、作为考查学生学习进步情况的测验。特点是操作过程容易，教师可根据学科特点和教学检查的需要随时编制，并在本年级或本班的小范围内施测，较为灵活方便。教学评价中使用最多的是教师自编测验。为了保证教师自编测验的信度和效度，在课堂测验的编制准备、实施及分数解释等方面必须遵循一定的方法和原则。

☞ 微课：如何命题？

二、测验的编制

1. 测验前的计划

（1）确定测验的目的；
（2）确定测验要考查的学习结果；

（3）列出测验要包括的课程内容；

（4）写下考试细目表或计划。细目表是将考试具体化的最重要工具，使得测验能够与学习目标和内容保持一致。一般细目表的纵栏表示学习结果，横栏表示课程的内容或范围。中间的栏目，就是教师根据自己的情况填上在测验中计划测量多大比例的学习结果和课程内容。

2. 测验的题型选择

针对计划测验的学习结果，选择适合的题型。教师使用哪一种类型的题目是由测验的目的、内容和时间决定的。

（1）客观性试题

客观题具有良好的结构，对学生的反应限制较多。这类题目包括选择题、是非题、匹配题和填空题等。

（2）主观性试题

主观题则要求学生自己组织材料，并采用合适的方式陈述出来。这类题型包括论述题、问题解决题。教师在评分时，对学生的回答需要给出不同分值。

3. 客观性试题编制

（1）选择题及其编制

选择题包括单项选择题和多项选择题两种类型。一般认为选择题只能让学生完成一些较低水平的认知活动，问题通常要求学生再认在课堂上或书本中学过的概念定义。然而，选择题并非只能评价学生对定义的再认，教师也可以通过设计多重选择题来评价学生的高级思维能力，提出布卢姆教育目标分类学中较高层次的认知问题。比如例题1，学生需要比较不同点、寻找相同点、应用知识、作出因果关系的预测或推论等。

例题1：下列电脑使用注意事项中，哪项说法是错误的？（　　）
A. 电脑怕潮湿和灰尘
B. 随意搬动电脑，不容易损坏硬盘
C. 频繁启动、关闭电脑，容易破坏系统
D. 强行关机，有可能导致数据丢失

如何编写出既容易理解又实用的选择题呢？研究者提出，为了更好地发挥选择题应有的功能，在编制选择题时应遵循以下原则[1]：

● 题干陈述的内容应完整、简洁、明确；
● 试题所考查的内容应是重要的或关键性的知识；

---

[1] 余林. 课堂教学评价[M]. 北京：人民教育出版社，2006：38.

- 在所编制的试题中，各试题备选项的个数应相同，一般以四个为宜；
- 正确答案的呈现应该是随机的；
- 试题应与学生的生活实际相结合，利于学生知识的应用和迁移；
- 试题中各备选项在形式上和结构上应大致相同，而且相互独立；
- 选项表述要简洁、清晰，相同的表述应放在题干中；
- 试题陈述的内容应是唯一的；
- 备选项应具有诱惑力，错误答案要有迷惑性；
- 试题中应尽量避免出现"以上都是"或"以上都不是"的选项；
- 题干和选项的表述中应避免出现暗示学生作答的线索；
- 试题的数目不要过多；
- 试题中尽量使用肯定的陈述，若有否定的字词出现，应着重强调，以警示学生；
- 根据评价的目的，可以通过改变试题题干或选项来调整试题的难易程度；
- 在同一测验中，各试题间应彼此独立，没有任何逻辑上的联系；
- 若有其他类型的试题更适合评价的要求或目的时，就不要使用选择题。

上述编制原则，可以灵活使用，以编制出具有新颖性、创造性和有效性的试题。根据评价的目的，如有更好的题型能达到该要求，就尽可能地使用该题型，而不要仅仅使用选择题型。

（2）是非题及其编制

是非题是要求学生对一则陈述的命题给予是非（正误）判断的一种试题形式，也叫正误题或判断题，如例题2。

例题2. 请判断下列各项陈述是否正确，并将"√"或"×"写在后面的括号中。

1. 网页上的文字和图片都无法单独保存。（　　）
2. 使用"另存为"命令，除了能够保存一个新文件之外，原有文件仍然保留。（　　）
3. 使用"另存为"命令，可以改变文件名，但不可以同时改变文件保存位置。（　　）

是非题形式简单，能够在一份试卷内覆盖大量的内容。教师在评判时也较客观，计分简便、省时。但是一个重要的问题是：学生只有对或错两种选择，容易猜测。如何更好地编制是非题呢？心理学家提出了一些具体编制技术[①]：

---

① 路海东. 教育心理学[M]. 长春：东北师范大学出版社，2002：86.

- 语言陈述要简练、明确；
- 每一个问题中只包含一个论点，避免有两个以上的论点在同一题中出现，而造成题目本身的歧义或似是而非；
- 在题目数量上，使属于"非"的题目稍多于属于"是"的题目，因为学生猜测时更倾向于选"是"；
- 尽量采用正面的肯定性陈述，避免采用否定性陈述；
- 使属于"是"的题目与属于"非"的题目随机排列；
- 题目的文字避免直接抄录教材内容，因为抄录教材上的原话，学生可能会出现再认正确但不理解其含义的情况；
- 避免使用一些具有暗示性的特殊用词，如"总是""从不""每一个""全部""所有"等。

（3）匹配题及其编制

匹配题是选择题的一种变式，通常题目包括两列词句，学生根据题意按照某种关系将左右的项目连接起来。匹配题是评价某种类型的事实性知识（例如，人物与他们的业绩、日期和历史事件、范畴和实例等）的一种可靠的、客观的、有效的方式，如例题3。

例题3：找出与文件类型相匹配的文件扩展名

压缩文件	.doc
图形文件	.mp3
文档文件	.exe
声音文件	.bmp
可执行文件	.rar

编制匹配题时，既要注意减少学生寻找的时间，提高答题效率，又要注意降低学生猜测的可能性，因此要运用适当的命题技术：

- 指导语必须明确、清晰；
- 题目陈述的内容必须是同质的或接近的（应都属于同一类别或同一性质、关系的事物）；
- 应尽量编制不完全的匹配题，而且每个备选项被选的次数应不受限制；
- 题目陈述的内容应当简洁；
- 试题中选项和被选项的数目应在10个以内，同时应减少与答题有关的线索；
- 应将同一匹配题中的所有选项和备选项放在同一页试卷上。

（4）填空题

填空题要求学生在一个留有空白的未完成句子中填上适当的词或短语以构成一个完整的句子，如例题4。

例题4：存储器的最小存储单位是＿＿＿＿，用字母＿＿＿＿表示。描述存储器容量的单位还有＿＿＿＿、＿＿＿＿、＿＿＿＿。

填空题的优点是比选择题容易编制，凭猜测作答的机会也较少；答案规范、简短，使得评分可靠而容易。不足之处与是非题一样，测量的多是较低水平的对知识的记忆，而不易测量较高水平的认知能力。一些教师用填空题测验词汇知识或者用于平时的形成性测验中寻找学生经常填错的答案，然后将这些错误的答案作为编制多项选择题的干扰项，最后将编制好的多项选择题用于期末的总结性测验中。

编制填空题时要注意以下几点：
- 填空题让学生填的应该是一些关键字句，并与上下文有着密切的关系；
- 在一个题内不要留有过多的空白，否则会失去意义上的连贯性，使学生无法理解题意，一般以一个或两个空白为宜；
- 各题留出的空白的长度应相符，而不要有长有短，以免空白的长度对正确答案的字数产生暗示作用；
- 避免直接引用教材的词句；
- 为每题准备一个正确答案和可接受的变式的标准，并具体规定是否答案部分正确也可适当给分。

☞小试牛刀：根据教学设计中学习目标的设定，尝试编制不同类型的客观题

4. 主观性试题编制

（1）论述题及其编制

论述题是指要求学生用文字论述的方式回答的题目，其目的在于评价学生的表达能力、组织能力以及对各种不同领域的知识的综合运用能力。论述题可按题意的限制与否分为两种：一种为限制反应题，要求学生在所限制的范围内发表自己的意见，如例题5。

例题5：简述如何在当前文档中插入艺术字。

另一种为引申论述题，给学生较大的自由，学生可以根据给定的主题自由发表见解，如例题6。

例题6：你看过哪些让你印象特别深刻的国产动画片？

这两种类型的问题在制订评分标准时宜采用不同的方法。对于限制反应题，应事先准备好一个范文的纲目或答案要点并给每一个要点分配适当的分数。评分时按答题要点给予分数，最后将各要点的得分相加，作为学生该题的成绩。对于引申论述题，由于没有固定的答案要点，所以不能按要点给分，只能采用评等法评分，即将学生的答案分为优、良、中、差或A、B、C几个等级。

论述题的优点是：第一，提出的问题不像客观测验题需要很长时间去考虑和设计；第二，可以使教师去评价学生对所学知识的组织和分析、综合、评价等较高级的认知能力，而不仅仅是对知识的简单记忆。然而，论述题也有许多缺点：首先，论述题的最大缺点是评分困难，费时太多；其次，论述题评分主观性较强，信度较差；最后，论述题的取样范围较窄，只能涵盖教学内容中较少的内容。

为了克服论述题的不足之处，必须在命题技术上加以改进，具体建议为：
- 论文题的用语必须简练、清楚、明确；
- 标出每一问题的分值和限定回答的时间；
- 事先拟出每题的答案要点和评分标准；
- 对同一试题的评分集中一次完成；
- 评分时不看学生的姓名。

（2）问题解决题及其编制

问题解决通过创设问题情境，激发学生的学习兴趣，培养学生的创造性思维能力，增强学生的成就感和自信心，促使他们努力克服思维障碍而主动地学习。问题解决的过程是学生主动建构、积极参与的过程，是他们真正学会运用高级思维的过程，也是其个性心理品质得到磨砺的过程。问题解决题编制的基本理念是"以问题的解决为中心"，"以探究性方式为基本的解题方式"，"以知识的意义构建为根本目的"。此类"问题解决题"的形式主要为：（1）运用学过的知识解决实际问题；（2）采用"缺点列举法"指出某事物的缺点，并加以改进。一般而言，问题解决题的语境是情境下的特定背景。

问题解决题通常依照"以问题解决为中心"，分为明确问题、理解和表征问题、探索问题解决方案、实施和评估解决方案四个基本环节来分阶段编制题目[①]，这也是问题解决题与一般题型最大的不同之处，如例题7。

例题7：我们在浏览网页时，看到好的内容，总想摘录下来。通常，我们用"复制""粘贴"方法复制网页内容到Word中，这时会将文字、图片、超链接等全部复制，甚至还可能出现表格边框。若只需要保留文字部分，一般可采用哪些

---

① 杭海，桂守才. 问题解决式题型设计策略[J]. 现代中小学教育，2006 (1): 6.

办法？请写出其中较好的两种方法（可用文字描述）。

5. 情感态度等问卷和谈话提纲编制

情感态度与价值观是新课程目标的最重要组成部分。与教学评价的其他内容不一样，在对情感态度与价值观的评价中，通常采用评价问卷、量表和访谈大纲等方法获取资料进行。下面具体阐述评价问卷和访谈提纲的编制。

（1）评价问卷编制

评价问卷法是对学生学习过程中情感态度和价值观进行书面了解的方法。教师设计调查评价问卷时要尽量做到简明易行，省时省力。评价问卷法最大的优点是在短时间内教师可获得较多的关于学生学习情况的反馈信息。这一方法既可在课堂上使用，也可在课下使用。问卷调查的对象既可是被测评的学生本人，也可是其学习同伴。如"案例板"中的"问卷调查表"是某次英语课后由学习同伴填写的。

▶ **案例板**

问卷调查表[①]

姓名：	日期：
课程名称：	
上课日期：	
积极参与： 1. 出勤 2. 守时 3. 责任感 4. 主动性 5. 努力 学习习惯： 1. 组织 2. 努力 3. 效率 4. 勤奋	小组学习： 1. 倾听 2. 合作 3. 参与 4. 自信 5. 热情 态度： 1. 积极的 2. 有帮助的 3. 恳切的 4. 关心的

问卷中问题的表述形式可分为开放式和封闭式两大类。开放式是指提出的问题，不限定答案，由被试自由回答。例如，"你心目中理想的教师的形象如何？""你在学校学习中最苦恼的问题是什么？"等。开放式问题的优点是提问简单，对问题的回答比较真实；缺点是对回答的结果进行整理分析时比较困难，可以进行定性分析，难于进行定量分析。开放式问题适合回答结果难以确定或资

[①] 刘衍玲，吴明霞. 接受学习的课堂教学评测方法：问卷法［EB/OL］. http://www.pep.com.cn.

料不足时的预备性研究。

封闭式问题是指对问卷上的每一个问题都给出可供选择的答案，要求被调查者从中进行选择。封闭式问题的优点是易于回答，答案规范，易于进行数量化的统计和分析；缺点是问题设计比较难，需要调查者预先做大量的资料准备工作。封闭式问题在具体设计上，又可分为以下四种。第一种，肯定否定式：对问题只给出肯定或否定两个答案，被试从中选择一个；第二种，多项选择式：在每个问题后列出多项答案，让被试选择，选择的数量可以限制，也可以不限制；第三种，排列顺序式：在每个问题后列出多项答案，让被试按某种标准将其排列；第四种，等级评分式：提出问题后，让被试回答其程度，程度用文字、数字、线段单独或综合排列成连续的等级。

（2）评价访谈提纲编制

评价访谈法也是一种非常重要的发展性教学评价方法。评价者与评价对象双方要认真开展评价访谈，以确保评价访谈方法获得预期的效果。评价访谈的意义完全取决于评价访谈的质量。一般而言，评价访谈需要做好收集材料、准备访谈提纲、确定评价访谈的地点和时间、营造访谈气氛等准备工作。访谈提纲，一般采用提问形式或提纲形式。

> ▶ **案例板**
>
> 课堂小组合作学习访谈参考提纲[①]
>
> 1. 简单阐述小组合作学习中你的任务和职责
>
> 你主要的任务和职责是什么？
>
> 2. 回顾本次小组学习
>
> 你最满意的是什么？
>
> 你最成功的是什么？
>
> 怎样获得更大的满意，取得更大的成功？
>
> 你最不满意的是什么？
>
> 你最不成功的是什么？
>
> 怎样克服困难？
>
> 3. 限制因素
>
> 是否存在妨碍你成功的限制因素？
>
> 这些限制因素可能再次出现吗？
>
> 怎样才能消除这些限制因素？
>
> 4. 获得帮助

[①] 改编自：郑梅枝. 评价访谈法——新课程中课堂教学评价的方法 [D]. 南昌：江西师范大学，2005.

> 为了改善你的学习效果，需要下列哪些人员的帮助？
> A. 班长　　　　B. 教师　　　　C. 你本人　　　　D. 同伴
> 5. 优点
> 在学习过程中，你还有什么优点没有得到同伴的认可？
> 6. 下一次的课堂小组合作学习计划
> 你下一次的课堂小组合作学习目标是什么？
> 7. 其他
> 你还有其他想说的吗？

在拟订具体访谈问题时，需要注意以下几点：第一，问题要清楚明确，不含糊，不模棱两可；第二，问题的文字表述要适合访谈对象的文化程度和知识经验水平，避免用专业术语；第三，不要提受访者不能回答的问题；第四，对某些可能需要做出解释说明的问题，应制订统一的解释说明方式及说明范围内容；第五，每一具体的问题应反映某一单一的变量或问题，而不要同时涉及若干不同的问题；第六，避免在谈话时使用具有暗示性的措词，以避免访谈者的主观意向对受访者态度和反应的影响；第七，避免使用容易引起社会性误解的问题，此类问题往往涉及社会规范和道德要求，很难获得有意义的信息。

任务3　小学信息技术教学评价方法的选择

《基础教育课程改革纲要（试行）》明确提出"改变课程评价过分强调甄别与选拔的功能，发挥评价促进学生发展、教师提高和改进教学实践的功能"，给新课程的教育评价改革指明了方向。教师必须建立体现素质教育的评价观念和促进学生全面发展的评价体系，既要关注评价结果，更要关注信息技术课程的整个教与学的过程。[①]根据需求选择恰当的评价方法开展评价。

信息技术课程是一门发展迅速的课程，涉及面广，综合性强，没有现成的经验可以照搬，更没有普遍的规律可以遵循。同样，信息技术课堂教学评价的方式方法是多元化的，没有一个固定的模式，需要广大教师、教学研究人员不断地努力与探索。

当前在学校中较普遍与实用的教学评价方法，除了测验，还包括档案袋评

---

① 梁亦民. 中学信息技术课过程性评价的探索 [J]. 中小学电教，2004：5.

价、量规评价等。

一、档案袋评价的设计

1. 档案袋评价内涵

☞ 微课：如何实施档案袋评价？

档案袋评价是在20世纪80年代西方中小学评价改革运动中形成和发展起来的一种质性评价方式。它是根据教育学习目标，有意识地将各种有关学生表现的作品及其他证据收集起来，通过合理的分析与解释，不但反映学生在学习与成长过程中的优势与不足，也反映学生在达到目标过程中付出的努力与进步，并通过学生的反思与改进，激励学生取得更好成就的评价方法。其主要内容包括学生本人、教师或同伴作出评价的有关材料，学生的作品、反思还有其他相关的证据和材料等。

档案袋评价是一种以学生为主体的教学评价方法。在学生的课堂学习测评中，应将学生自身的积极主动性发挥出来，把学生自己作为测评的直接参与者。利用档案袋进行评价最大的优势是向教师、家长和学生展示出一个真实、丰富的学习过程，最大程度地提供有关学生学习和发展的重要信息；而且，学生作为成长档案袋评价的主人，能够通过自我反思和自我评价，加强学习过程中的能动性。

2. 档案袋评价的类型和特点

（1）档案袋评价的类型

按照不同的分类标准，可以将档案袋评价分为不同的类型。按照形式的不同可以分为：光盘档案袋、磁盘档案袋、网络档案袋等；按内容则可分为：教学型档案袋、学业型档案袋、艺术作品型档案袋等。目前，一般根据评价目的将档案袋分为三类：成果型档案袋（展示型档案袋）、过程型档案袋（进步型档案袋）和评估型档案袋，表6-1显示了它们之间的区别。

表6-1 档案袋评价的类型

名称	评价目的	作品类型	特点
成果型档案袋	展示学生的成就	学生各个阶段的最佳作品	注重学生自我反思，主要受益者为学生
过程型档案袋	描述学生的进步	可以反映学生进步的不同时期的同类作品	注重学生反思，为学生、教师、家长提供反馈，三者均从中受益
评估型档案袋	确定学生是否达到预期的表现水平	依据一定的标准选择作品	主要为教师提供信息

成果型档案袋需要分阶段选取学生的最高成就作品，至于阶段的划分，教师完全可以根据需要或自己的教学进度来确定。一般认为这种档案袋特别适合低年级的学生，可以对低年级的学生起到很好的激励作用。

过程型档案袋又叫进步型或工作型档案袋，它通过比较不同时期的学生作品来显示学生的进步。收集的作品不需要是最好的，也不需要制订严格的标准去选取学生作品，如果有必要，可以把草稿等作品都收集进来。另外，过程型档案袋可以反映学生进步过程中的优势和不足，有助于教师对学生进行诊断。同时，过程型档案袋评价注重学生的自我评估，帮助学生反省自己作品的数量和质量，教师和家长可在这一过程中给出适当的指导建议。

评估型档案袋又被称为通行证型档案袋，也就是说，这种类型的档案袋就像一份官方许可，决定学生是否可以开始下一个教学任务或水平。因此，这种档案袋着重点不是学生自我评估，需要有一些严格的规则来决定档案袋收集什么、收集的标准是什么以及如何评估。前两种档案袋都可以收集一些超出课程内容的作品或资料，而评估型档案袋内容的选择必须严格依据课程，以反映学生在课程领域内的掌握程度究竟如何。一般来说，评估中所使用的选取标准或评分标准非常重要，必须保证不同的评分者之间误差较小。这种档案袋在课堂教学评价中很少用。

上面介绍了三种档案袋的不同内容和使用目的。在实际应用中，教师也可以尝试建立能够同时满足多种目的的集合型档案袋，如可以在用作评估的档案袋里选取一定阶段能代表学生最高水平的作品进行展示。

（2）档案袋评价的特点

档案袋评价是针对传统评价的不足提出来的，其特点也多是相对传统评价而言的。为了更好地理解档案袋的特点，表6-2列出了它与标准化测验的区别。

表6-2 档案袋评价与标准化测验的区别[①]

档案袋评价	标准化测验
反映学生参与的多种学习活动	依据有限的任务来评价学生的学习
让学生参与自己进步与成就的评价，并提出进一步学习的预期目标	由教师根据学生的答题情况评分
在尊重学生个体差异的基础上评价每一个学生的成就	用同一标准评价所有的学生
评价过程是合作性的	评价过程是非合作性的
自我评价是重要目标	没有自我评价方面的目标
关注学生进步、努力与成就	只关注学生成就
将教、学、评价结合起来	教、学、评价是分离的

---

① W. James Popham. 促进教学的课堂评价 [M]. 国家基础教育课程改革"促进教师发展与学生成长的评价研究"项目组，译. 北京：中国轻工业出版社，2003：155.

3. 档案袋评价的设计

档案袋评价的设计可按如下步骤进行：

（1）决定建档目的，即建立档案袋的主要用途何在。档案袋在课堂教学中能达到的目的有：展示学生的最优成果，促进学生的进步；评估学生学习与发展的水平；向家长、其他教师传递信息；评价某内容学习的程度如何；展示已经完成了什么；判定一门科目的等级。

（2）确定评价主体、评价对象及评价内容。在使用档案袋测评学生的学习发展中，需要学生本人、学生家长、教师及同伴多方面的配合，动员这些人形成团队，并根据档案袋要反映、评价、促进学生的哪一方面发展共同讨论并确定评价内容。档案袋的内容具体体现在记录袋的封面上，封面上的栏目由师生协商确定。

（3）确定要收集的内容，即决定哪些成果放入档案袋，每种成果要多少样本，如表6-3。档案袋不是简单的文件夹，其中的材料应依据特定目的而收集。如果创建档案袋的目的是展示学生的最优成果，那么收集的内容应是学生认为最满意或最重要的作品；如果创建的目的是评估学生学习与发展的水平，那么收集的内容就要结构化或半结构化，以便在不同学生之间进行比较。

表6-3　档案袋具体栏目填充内容样例[①]

编号	材料名称	具体内容
1	学习资料	新学期承诺书、最优秀的作品、单元评价表、收集的学科资料、受到的奖励等
2	学习反思	学习过程中对个人学习方法和学习习惯等方面的反思
3	测试成绩	单元测验及阶段性测验
4	可贵的发现	学习中发现的有价值的思路和方法以及对教育教学和学习内容的好建议等
5	问题讨论	学习中难忘的、有意义的问题讨论记录
6	点滴进步	学习中的习惯、方法、态度、成绩等方面的小进步
7	师生交流	师生之间的学习活动、谈心、讨论问题、课堂对话等热烈场面的记录
8	自我评价	对个人学习阶段性的评价，找出优点和不足
9	家长对我说	家长对孩子学习方面的评价和要求
10	老师对我说	老师对学生学习的肯定、鼓励和要求
11	同学对我说	同学对我的赞赏和鼓励
12	我的作品	学习中值得骄傲的绘画、摄影作品、创意设计、发表的文章、小制作、小发明等
13	评价情况一览表	期中、期末时学校、班级、老师、家长、同学等对我的综合评价
14	其他	与学习有关的另外记录

① 张永丰. 成长记录袋的设计、使用与反思 [J]. 当代教育科学，2003（22）：45-46.

（4）确定评价的标准，让学生知道作品的要求及他们的作品怎样被评价，根据需要可采用等级或分数进行评价。

（5）明确如何使用档案袋，即在教学与交流中怎样发挥档案袋的作用，使其服务于教学。

档案袋评价也存在一些局限性。首先，档案袋评价的技术投入运作需要教师有较系统的教育评价理论修养，尤其是档案袋评价技术的基本了解与掌握；其次，档案袋评价需要学生和教师付出比传统纸笔测验更多的时间与精力；再次，档案袋评价的标准化与客观化程度较低，因而带来评价的信度和效度有时难以保证；最后，档案袋评价技术的应用，往往需要有一定的经费投入，这也可能给学校经费预算以及学生家庭经济带来一定的困难。因此，档案袋评价只是多元评价的方法之一，不能取代其他评价技术。

▶案例板

档案袋设计指南[①]

一、目标陈述

使用档案袋的目的是为了给你提供一个展示你学习收获的机会，它允许你完全展示你的能力，并且允许你成为评价过程的积极参与者。请选择可以得分的作业，特别是你的最佳作业。

二、档案袋结构

1. 目录。包括档案袋中的所有材料的标题及顺序的明细表。

2. 给检查者的信。包括档案袋形成者（你自己）的背景信息、对档案袋材料及其安排顺序的解释。

3. 档案袋任务。档案袋开发需要满足下列九个要素中的五个，每个至少提供一份材料。

类型Ⅰ（选择两个）

（1）独立解决一个问题

（2）设计一个方案

（3）完成一件作品

（4）小组共同努力解决问题

类型Ⅱ（选择两个）

（5）识别一个误解

（6）叙述一个概念的演变

（7）展示成长或提高

---

① 引自：http://edu6.teacher.com.cn/tkc1552a/kcjj/ch1/ztjz/ztjztxt3.htm。

类型Ⅲ（选择一个）

（8）分析一项结论

（9）评论一件时事

你必须在档案袋中至少使用两种以上的媒介（如书面作业或光盘等），能够自我评价一个学期以来信息技术课程所做的作业。

4. 评分：每个档案袋任务将会被个别评分，每件作业可得的总分为100分。在实施任务之前，你将会得到一个范例作业的描述。可以在开始之前由全班协商来确定，怎样才算达到范例水平的要求，目的是确保每个人都明白任务的期望。档案袋在以后几个月中将会被检查，你会从检查者那里得到反馈，并且有机会重新组织你的档案袋。完成任务以后，档案袋将会作为一个整体来评分，评定其全面组织情况和实施效果。

》 小组讨论

结合案例和档案袋评价实施过程，小组讨论：

1. 档案袋评价体现了教学评价改革的哪些取向？
2. 档案袋评价的局限及其解决办法。

☞ 微课：如何开发量表和量规？

二、评价量规及其制作

1. 什么是评价量规

评价量规通常是一个二维表格，它会从与评价目标相关的多个方面详细规定评级指标。量规专家海蒂·古德瑞齐将它定义为"为一项工作列出标准的评分工具"。我国教育技术专家祝智庭教授则将它定义为"一种结构性的等级量化评价工具"。值得强调的是，量规并不是全新的概念。在传统的教学评价中，特别是在评价非客观性的试题或任务时，人们已经自觉不自觉地应用了这种工具，例如，教师对学生作文的评价，往往会分别就内容、结构、卷面等方面所占的分数给予规定，以便更有效地进行评价。目前，教师使用量规的自觉性和规范性还远远不够。在表现性评价等非传统评价方法中，量规的运用更为普遍。

由于信息技术教学中往往是真实任务驱动的，最后的学习结果主要为电子作品。这就要求评价工具不但要关注学习过程，还要具有操作性好、准确度高的特点。

表6-4是一个"电子相册"作品评价量规。

表6-4 "电子相册"作品评价量规[①]

评价内容		优秀	良好	合格	不合格	自评	小组评价	教师评价
创意		很有想象力，角度新颖	有一定的想象力	基本符合主题	抄袭他人			
技术		有多种过渡效果，有特效与滤镜，音乐有特色	运用了过渡效果，音乐与视频滤镜	有音乐，有一定的过渡效果	没有音乐和过渡效果			
艺术		作品完整，视觉效果好，带来美的享受	作品完整，视觉效果较好	有一定的美感	没有美感			
		字幕与背景完美融合，突出表现了主题	字幕效果较好地表现了主题	字幕基本体现画面主题	文字与画面无关			

2. 评价量规的类型

（1）核查表

最简单的量规类型是核查表，它是一个包含了学生表现的各种特征的简单列表。它们通常用"是"或"否"来判断，或提供一个地方给评价者做记号以表明某种特征的出现。它没有关于表现质量水平的判断，这些特征可能呈现出来，也可能不出现。当评价简单的表现时，如同伴观察或学生自我观察，核查表是很有用的。它们也可以用于评价学生日志，因为日志不要求教师对日志内容的质量进行判断，而是要看学生是否按照教师提供的写作提示，表达了真情实感。

核查表相对比较容易编制，也比较容易管理。核查表内容应该容易被理解。核查表常用于及时评价，所以也要求简洁、紧凑。它们对过程或表现质量（如关键要素）的评价是非常有用的。

（2）分值系统

第二种量规类型是分值系统。它很像一个核查表，但一个重要的区别是，描述的每一条评分指标都分配了具体的分值，评价者能通过给予更多的分值来表明哪一条评分指标更重要。如果和核查表相结合，分值系统量规是较容易编制的。

当教师运用分值系统量规评定其中某个特征每条指标的得分时，如果没有描述依据怎样的表现得到某一具体的分值的话，就会出现问题。当试图开发一个更清晰的评价时，教师可能会凭着经验列出几个包含在被赋予分值的表现特征之外的组成部分，如果漏掉某一特征的某些要素，教师在标示那个特征的

[①] 引自：http://res.hersp.com/content/580333.aspx。

分值时，就已经出现了问题。避免这一问题的方法是采用集体开发形式编制量规。

（3）分析性量规

分析性量规与核查表和分值系统量规不同。它要求评价者对描述的每一条评分指标的质量做出判断。以前，只有当某个特征完全展示出来才给予评分，但现在，只要一个特征的基本面貌呈现出来就可以给予评分了。因为对所描述的每一条评分指标的呈现程度进行判断太费时间，所以一些特征通常采用分析性量规。分析性量规有两种类型：定量的分析性量规和定性的分析性量规。定量的分析性量规用数量表示所描述的每一条评分指标的呈现程度，这个数量应当用词和短语来界定。定性的分析性量规用言语描述不同的水平。虽然任何水平都能用数字描述，但通常这只是一个数字。而运用定性的分析性量规，评价者被迫对表现质量的水平进行判断，而不是简单地判定中间分数。

（4）整体性量规

整体性量规也是用言语描述表现特征的评价标准。相对于分析每一个特征并单独地给予评分，整体性量规把学生的表现看作一个整体，给表现和结果（作品）判定一个单一的得分。整体性量规为量规的每个水平编写了一段包含有不同特征的描述，所有的表现特征都达到某一质量水平，才能得到该水平的得分。如果一条或两条评分指标没有达到该水平，只能给予低一级水平的得分。整体性量规典型地用于总结性（终结性）评价，评价后学生没有机会返回并改进自己的表现。它们通常适用于学期结束时的期末评价，或只需给予单个得分的分数等级评定。正因为只需进行单一的判断，所以，它们比分析性量规使用起来更加快捷。

使用整体性量规的不足之处在于学生很少处在每个特征或所描述的评价细目的单一的水平之上。对教师来说，当他们知道学生的部分表现实际上已处于高一级水平时，很难给予学生低一级水平的得分。整体性量规对学生解释起来也较困难，当学生得到一个分数时，他们不知道自己的部分表现是否已高于所给予的得分，这就是整体性量规通常不用于形成性评价的原因。

3. 评价量规的制作

概括起来，评价量规具有三个基本要素。

（1）评价准则：指定表现性任务、行为或作品质量的各个指标。

（2）等级标准：说明学生表现任务中处于什么样的水平。

（3）具体说明：描述评价准则在质量上从差到好（或从好到差）的序列，评价准则在每个等级水平上的表现是什么样的。

量规专家海蒂·古德瑞齐对量规的设计提出了五个步骤。

第一步，观看若干例子。向学生展示一些好的和差的作品。说出好的之所好的特征，差的之所以差的特征。

第二步，列出评价标准。从讨论例子开始，列出一系列优秀作品的必要特征。

第三步，把所选择的评价标准分为不同的质量级别，并一一陈述。先描述最好的和最差的一级，然后描述中间的级别。

第四步，通过让学生评价第一步中的例子，让他们实践最初的标准。并要学生提出一些澄清性的问题，要他们对自己的评价发表评论。

第五步，运用问题和评论来修改评价表。

设计量规时应该注意的问题：

- 要根据学习目标来设计量规的不同准则。
- 用具体的、可操作的语言清楚地描述量规。
- 尽量让学生参与到设计量规的过程中来。
- 根据需要选择量规的形式和类型。

一个好的量规应该做到：

- 量规中的评价内容可以被测量。
- 量规涵盖了所评价的内容的不同水平。评价准则反映了目前评价内容的重要观点。
- 不同等级水平之间有明确的划分依据。
- 量规能被他人清楚地理解。
- 量规是公平而无偏见的。
- 量规有用、可行、可实施，能够记录需要的和有效的信息。
- 量规的等级水平划分的数目合理。

4. 工具与技术支持

虽然量规具有很强的实用性与可操作性，但要想设计出一个好的量规来并不是那么简单的事情。很多接触量规并尝试用量规来实施评价的教师都承认，设计量规需要更多的时间与经验，而自己显得有些力不从心。网上量规生成器可以在这方面帮制作者一个大忙，只不过需要一定的英文阅读能力作为支撑。下面是两个典型的量规制作网站。

（1）教师技术之家提供的量规生成器

特点：提供评定阅读技巧、口头表达、研究写作、报告、展示等225种活动的量规生成器，教师只需按要求填写必要的内容，就可以打印所需的量规。

（2）量规之星的量规生成器

特点：提供艺术、数学、多媒体、音乐、口头表达、产品、研究、写作、科学、工作技巧等9个类别的30余种量规生成器，教师可以根据自己的需要对量规各个结构分量的内容进行调整。免费注册后，还可以将自己修改的量规存在该网站的量规库中，供日后随时浏览使用。

此外，还有像"爱弥儿"等量规资源站点。使用网上的量规生成器最需要注意的是，为了使这些量规生成器更有价值，网站所提供的量规都是在相应主题下使用的，也就是说，这些量规已经去掉了它们的个别化成分。但是相对来讲，教师要评价的内容应具有个别性的，因而修改量规，使其更切合具体的学习需要就显得十分必要了。

三、其他教学评价方法

考虑到各种评价技术都有局限性，若能增加同伴评定和轶事记录等教学评价方法，则会使上述评价更有说服力。

1. 同伴评定

在有些方面，学生常比教师更了解同学之间彼此的长处和不足。事实上，同学间所发生的某些细微的内部活动和变化，教师不一定比同学更清楚。同伴评定至少可以修正教师的评价结论或增加教师评定的自信心。同伴评定常用方法是人物推定法。在对学生的发展性评价中，人物推定法是一种最实用的方法。

人物推定法是由同伴按要求推举出具有某种特征人物的一种简单的评价方法。其方法是：简要地向每位学生提供一系列行为描述，要求他们写出与每项描述及要求最相宜的同学名字。这些同学的人数可以限定1人，也可以限定若干人。这些行为特征与品质可能是正面特性指标，也可以是负面的特性指标，这要根据实际情况来选择。应用人物推定法时，前提条件是学生之间有着一段较长时间的相互观察、相互接触、相互了解的过程；并且事先要设计一个简表，便于学生使用，并要说明清楚。

2. 轶事记录评价方法

所谓轶事记录，是教师在对学生活动的观察中所获得的有效事件的真实记录。每一真实有效的事件，都在其发生后不久便被记述下来。那么，什么样的事件需要记录下来呢？一般来说，能进一步说明教育过程所期望的学习结果的事件，自然应当记录下来。此外，那些独特的、异常的或例外的事件，也应当记录下来。不过，由于教师面对人数众多的学生，在时间与精力上无法把各方面的有效事件都记录下来。从实际出发，教师需要更好地把握这些原则：其一，把观察和记录限定在其他方法所不能评价的某些重要行为领域；其二，尽可能把广泛的行为观察集中在那些需要特别帮助或特别需要增加评价信息的学生身上；其三，对一些典型的、偶发的、例外的、独特的事件进行记录。

轶事记录的最大优点主要是在于它描述的是自然情境中的实际行为，对于描绘学生最本质的行为特性可能有重要的帮助。为便于理解和应用，下面举个可供参考的记录实例：

3月4日上午第一节上课将开始，比尔问可否让他在班上读一下自己写的一首有关春天的诗。他读诗的声音很低，读的过程中两眼紧盯着纸面，并反复前后移着右脚，手还不时地拉自己的衣领。当他读完时，杰克（坐在后排）说："没听清，能不能再大声读一遍？"比尔说声："行了！"便急忙坐下了。
教师解释：比尔喜欢写小说和诗，说明他有一定创作能力，但在众人面前他还是显得胆怯和紧张，他拒绝再读，看来是紧张的缘故。

当然，轶事记录也有一些局限性：其一，系统的轶事记录要耗费教师大量的时间；其二，事件具有偶发性、特定场合性，使得轶事的记录可能缺乏客观性和本质性。为了提高轶事记录的使用价值，注意以下几个方面是很有必要的：

（1）要记录行为发生的情境，以便使行为的分析更有意义。

（2）对观察到的事件应尽可能及时地做好记述，并注意特殊行为。

（3）一般在收集一定量的记录后才能推断学生的典型行为。但对不可重复的一些典型行为，如见义勇为的行为，或拾重金而不昧的行为，则应该赋予事件一种特殊意义。

（4）正、反面事件都要记述，并把事件记述和教师对事件的解释分开。

（5）所描述的事件应当是能够代表被观察学生的典型行为，或者是一种意外的不寻常的具有特殊意义的行为。

（6）虽然不一定要用完全句来描述实例，但整个记录仍要显得流畅、精致。

3. 学习契约评价法

学习契约（learning contract）也称为学习合同。其实质上是学习过程中一种可以不断修正的协议（契约），它赋予学生学习中的自主决定权，规定着学生在学习中必须履行的义务，并为自我指导的学习的开展提供一种基本框架。[①]协议学习的过程需要学生来诊断学习需要，创建目标，发现资源和评价学习。通过学习契约，学生对自己的学习负责，有权控制学习，并且积极参与到学习过程中来，因此，这有助于帮助学生学会学习。关于学习契约，如祝智庭教授所言，在信息化教学中，其基本原则就包括以"学"为主，以"任务驱动"和"问题解决"作为学习和研究活动的主线。为了能够让学生在完成任务和解决问题时有一个具体的目标或依据，也为了客观、合理地评价，学习契约

---

① 引自：http://personal.cityu.edu.hk/~lstumbo.

这种评价方式是应该得到足够重视的。下面是一份关于信息技术学习契约的案例。

▶ **案例板**

信息技术学习契约[①]

学生：（签名）　　　年级：　　　教师：（签名）

学科：信息技术　　　学习模块：Photoshop软件应用

期限：两个月　　　　预计完成时间：2006年10月

1. 学生计划进行的深层次的学习：运用Photoshop软件对照片进行处理、修整。

2. 学生决定学习此主题的原因：该同学经常用数码相机拍照，在摄影室观摩过工作人员对照片进行处理修整。例如：抹掉照片背景中"借景照相一次两元"的牌子、调整照片光线、给人物换衣服等。非常希望自己动手尝试。

3. 学生情况分析：该同学对计算机十分感兴趣，掌握计算机的基础知识，并具备比较熟练的基本操作技能，能根据日常生活和学习的需要，运用Word、PowerPoint等软件及网络解决实际问题。但未使用过Photoshop软件，对美术方面的相关知识也缺乏了解。

4. 学生学习的目标：

（1）知识与技能目标。了解软件基本功能，认识"导航器""颜色""样式""历史记录""图层"等面板，学会色彩、构图等方面的基础知识。

（2）过程与方法目标。熟练掌握"选择""魔棒""图章""修复画笔"等工具的使用方法，并能根据需要灵活运用。

（3）情感态度与价值观目标。体验信息文化，提升信息素养和美术素养，培养自我管理和自我评价的能力，运用信息技术交流合作、拓展视野和开拓创新，形成与信息社会相适应的价值观和责任感。

5. 学生可利用的资源：信息技术和美术教师、摄影室工作人员等人力资源；书籍、影碟、杂志、网络教程、相关论坛等信息资源；信息技术课、科技活动及课外等时间资源。

6. 学习成果的形式：

（1）博客日志。每周在自己的博客上记录学习进度和心得体会，上

[①] 金靖明，屈珉. 学习契约在信息技术教学中的应用一例 [EB/OL]. http://dzzz.e21.cn/content.php?acticle_id=2822&magazine_id=23&item_id=17.

传阶段性作品。

（2）学习文件夹。包括学习计划、实践日志、搜索到的资料、个人作品集。

7. 与他人分享计划：

（1）分享人员。信息技术教师、美术教师、摄影室工作人员、同学等。

（2）分享时间。每周利用课内时间与信息技术教师及同学讨论一次，课后随时通过博客日志进行交流，课外寻求美术教师和摄影室工作人员的帮助。

（3）分享方式。交流讨论、博客日志、作品展示等。

8. 评价学习的形式：制作个人作品集，形式自选，可以是幻灯片、网页或其他形式。在班级中展示自己的作品集，介绍学习经验，交流心得体会，教师、学生共同评价。

9. 验证成果的标准：

（1）选用制作工具和制作技巧恰当，技术运用准确、简洁；

（2）作品构图完整，美观和谐，具有艺术表现力和感染力；

（3）设计富有创意，有实用价值；

（4）合理运用各种美术语言，反映出作者具有一定的审美能力和电脑美术水平。

> **小组讨论**
>
> 研读案例"插入图片"，讨论问题：
> 1. 案例中使用了哪些评价方法？
> 2. 案例中编制了哪些类型的试题？
> 3. 案例中的评价设计还存在哪些问题？提出你的建议。

☞ 案例：插入图片

模块小结

教学评价设计是教学设计的一个关键要点，直接影响到小学信息技术教学实施。本模块的知识点主要包括教学评价的内涵、测验编制技术、评价方法和技术等；学习者要重点理解小学信息技术教学评价的要义，掌握各种评价方法和评价技术尤其是测验编制技术，同时要关注新型教学评价方法和技术的应用。

反思探究

1. 结合案例，检索和综合相关资料，分析小学信息技术教学评价可能存在的问题并提出改正建议。

分析维度	分析结果	改正建议
评价目的		
评价主体		
评价内容		
评价方法		
评价技术		
评价理念		
……		

2. 小组讨论：小学信息技术教学评价中如何注重生成性问题的解决和利用？

3. 小组讨论：小学信息技术教学过程中作业和练习的设置依据是什么？怎么使作业、测验和练习的设计有助于学生学习反思、理解和解决问题？试举一例说明。

4. 登录爱课程网本模块"教学设计工作坊实训"习题作业中，分析案例1和案例2中的评价设计各有什么特点。试自拟分析维度并分析之（包含观点和建议）。

分析项目	案例1 "插入图片"	案例2 "Scratch清扫机器人"

5. 通过网络数据库检索，除了教材中提到的各种评价法方法，小学信息技术教学评价还有哪些方法可以使用，试简要阐明。

序号	评价方法	小学信息技术课程应用

设计实训

根据你所选定的小学信息技术教学设计的选题，结合小组成员的意见，在组长综合协调各个成员的不同选题的前提下，完成学习环境设计与分析，并填写下表。

设计者：			
小组成员：			
章节标题			
实施年级		学习环境	□多媒体教室　□多媒体网络教室 □1:1数字化教室　□_____
项目	评价方法		评价技术
过程性评价			
总结性评价			

模块七　小学信息技术课型及其教学设计

学习提要

本模块为综合应用模块，主要围绕小学信息技术基本课型范式，小学信息技术新授课、复习课、综合应用课的设计等任务展开。本模块的学习不但要综合运用之前所学习的教学设计理论，还要结合不同的课型特点选择适当的教学策略和方法。

学习目标

知识与技能	理解课型的概念；知道小学信息技术基本课型的分类及特点；结合新授课、复习课、综合应用课的课型特点恰当运用教学策略和方法；分析评价案例的课型及策略、方法运用的有效性
过程与方法	结合教学设计工作坊实训和案例分析活动，采用分类思想来设计不同类型的课程，获得关于不同课型设计的基本程序；通过小学信息技术不同课型的教学设计活动，掌握针对不同课型的教学策略和方法
情感态度与价值观	结合教学设计工作坊实训的自主学习和案例研习活动，形成系统思维、合作学习和案例反思的意识与态度

引言

　　学期过半,小张参加了学院组织的一个模拟应聘教师活动,他已经顺利通过笔试进入了面试环节,面试采取的是随班授课形式。授课内容有可能是教材中的某一课,也有可能期中复习课,还有可能是单元的综合应用课。小学阶段共有多册教材,一课一课准备肯定来不及,有没有一些课有共同的特征和规律可以把握?应该如何进行教学?小张决定还是去请教一下老师,看看老师有没有一些好的建议……

任务 1 小学信息技术基本课型

课型泛指课的类型或模型，是人们为了教学和研究的方便，按照一定的标准和方法，对课的类别进行的分类。不同的课型特点和教学规律不同，通过对课型的研究，有助于教师更好地掌握各种类型课的教学目的、教学结构、教学方法等方面的规律，提高教学设计、实施和评价的能力。那么，有哪些课型？小学信息技术常见的课型有哪些？分别具有怎样的特点呢？

> 》小组讨论
> 　　小学信息技术教材中有这样几课："走进计算机""初识画图程序""制作贺卡""接触上排键"。如果让你们给这几课分类，你会怎么分？为什么？

一、课型的概念与分类

王策三教授认为，课型是由不同类型的课组成的课的体系，那种包括掌握知识过程的全部或大部分环节、工序的课，是综合课；那种只承担一道或两道工序的教学任务的课，是讲授新教材课、复习课、练习课、实验课或测验课等。具体到某一特定类型的课中，由于它有不同的更为具体的阶段、环节、步骤，这就是课的结构。[1]

李秉德主编的《教学论》指出，课的类型是指根据教学任务而划分的类型，有单一课和综合课两大类型。单一课是指一节课内主要完成一种教学任务的课；综合课又称混合课或复杂课，是指一节课内要完成两种或两种以上教学任务的课。课的结构是指课的组成部分（又称环节）及各部分进行的顺序和时间分配。由于课的类型不同，课的结构也不同。每一种类型的课都有一定的结构。[2]

伊·阿·凯洛夫任主编的《教育学》[3]是一部对我国教育教学具有重大影响的著作，该书认为课的内容是根据它的主要教学目的来发挥的，而教学目的又在根本上决定着教学方法的选择。因此，课型是指根据课的主要目的的特点得出来的课的分类，其类型主要有：讲授新教材的课，巩固知识、技能、技巧的课，检

---

[1] 王策三. 教学论稿 [M]. 2版. 北京：人民教育出版社，2005：271-272.
[2] 李秉德. 教学论 [M]. 2版. 北京：人民教育出版社，2005：222-223.
[3] 伊·阿·凯洛夫. 教育学 [M]. 陈侠，朱智贤，等，译. 北京：人民教育出版社，1957：202-210.

查知识、技能、技巧的课，混合课。

目前我们所分析的课型，通常是以学科课程为课程形式，以班级授课制为教学组织形式，依据教学任务、内容属性以及学生发展规律等来划分的。分类标准不同，课型也会有所差异。一般可以从课的性质、教学任务、教学内容、教学组织形式和教学方法等方面去划分。举例来说，如果按照教学任务划分，课型可以分成新授课、复习课、练习课、活动课、检测课等。如果按照教学方式来划分，则可以分成讲授课、讨论课、探究课、自学课等。

当然，每一类课型又可再分为若干个亚型。例如，自然科学课型中的新授课，按内容的不同可再分为：（1）以"事实学习"为中心内容的课型；（2）以"概念学习"为中心内容的课型；（3）以"规律学习"为中心内容的课型；（4）以"联系学习"为中心内容的课型；（5）以"方法或技能学习"为中心内容的课型等。

课型是具有一定的特点和教学的基本规律的，不同的课型其特点和教学的规律也会有所不同。例如，新授课和复习课的教学方法有所差异；同是语文课，教学内容不同，面对议论文、记叙文、古诗文的不同文体，教学方法应该有别；同是数学课，面对概念、公式、例题的不同形态，教学方法也应有所不同。

把握一门学科的基本课型，研究每种课型在教学目的、教学过程、教学方法等方面的基本规律，有助于更好地理解课程的内容，有助于在进行教学设计时更好地把握并自觉地遵循这些特点和规律，从而更好地服务于教学。

二、小学信息技术常见课型的特点

下面以教学任务和教学内容属性作为课的分类标准来为大家介绍小学信息技术课型的分类及其特点。

1. 以教学任务为分类标准

依据教学任务的不同，小学信息技术课可以分为新授课、复习课、练习课和综合应用课。

（1）新授课

新授课是小学信息技术最常见、最基本的课型，以学生掌握新知识、新技能、新方法为主要任务。新授课的主要特点为：

生疏性。新授课的特点是"新"，通常是指学习内容是"新鲜"的，对于学生来说是生疏的。对于小学信息技术课程来说，"生疏"的程度会有所差异，主要表现在：一是新授课将要学习的知识、技能或者所使用的软件、硬件等是之前没有接触过的，对于学生来说是陌生的；二是将要学习的内容并不是全新的，而是有过一些接触，但是没有完全弄懂或者掌握不到位的。所以学生在学习过程中对新知识、新内容具有生疏感。

例如，《小学信息技术（四年级下）》（浙江摄影出版社）第一课"生活与网络"，主要介绍计算机网络以及接入网络的方法。这一课中涉及的"计算机网络"对于大部分小学四年级学生而言是接触过的，或者说有过使用经历的，但是对于"计算机网络"的概念是模糊的，而其中"接入网络"的方法部分对于大部分学生来说也是陌生的。

所以，在新授课教学过程中要准确把握这些"新鲜"知识。当然，新知识不都是难点，所以要分清主次，把握教学的重点或难点，启发引导学生掌握好这一点"新"，使得学生在认知方面要有一点"新"的发展。一节新授课质量的高低，直接影响着学生对新教学内容的掌握程度和认知结构。

新颖性。儿童本性好奇，特别是对新鲜的事物有极大的兴趣，容易被新鲜事物和新异刺激所吸引。新授课的内容，包括新授课中未使用过的软件或者新的功能、新的操作等都会使儿童产生浓厚的兴趣。譬如，《小学信息技术（五年级上）》（浙江摄影出版社）教材目录如下：

第二单元　多媒体世界
　第4课　采集生活点滴
　第5课　浏览数码图库
　第6课　精彩图片剪辑
　第7课　轻松调节图片
　第8课　聆听数字音乐
　第9课　MIDI乐曲变化多
　第10课　创作MIDI乐曲
　第11课　制作电子相册
　第12课　电子相册礼包

分析这一单元内容会发现，内容主要包括数字图片、声音的采集与加工以及电子相册的综合制作等，涉及的软件工具有用ACDSee、作曲大师、数码大师等，几乎每一课都有新颖的、充满趣味性的内容。

实践性。大多数小学信息技术的新授课都是需要学生通过亲身实践、操作、体验才能够学习的，这个特点决定了新授课的教学一定要安排充足的时间让学生操作和练习，这种操练不应只是一个层次、一种水平的实践。一定要结合具体的操作提炼出一般的操作方法和规律，帮助学生掌握适应快速发展的信息技术的本领。

（2）复习课

复习课的主要任务是对一阶段所学知识进行归纳、整理，使知识系统化、条理化，提升学生的技能、学习能力和解决实际问题的能力。复习课具有温故知新、查漏补缺、完善认知结构、提升能力的功能。复习课可分为专题（专项）复习课、单元（章节）复习课、期末总复习课等。

复习课的主要特点是：

重复性。小学信息技术复习课是在学生学完了课程的某一课或某一单元或全部内容之后进行的，因此内容具有重复性，但不能因为知识的重复而降低学生的学习动机，更不能将复习课片面地演绎为知识的简单堆砌和技能的重复操练。另外，每课时复习的内容、容量及难度，教材都没有明确规定，加之小学阶段不存在中考和高考等明确的目标，这就要求授课教师要根据学生的学习情况确定，这是复习课与新授课最显著的区别，也是小学信息技术复习课与其他学科复习课的差异。正是由于这种教学内容的重复性和不确定性，增加了小学信息技术复习课的难度。

容量大。信息技术复习课时，由于时间较短，故每节课的知识点技能点容量都较新授课要大得多，因此高密度、大容量、快节奏便成为复习课的一个重要特点。

复杂性。信息技术复习课是介于新授课和综合实践课之间的，又有别于单纯的练习课，因此其知识运用背景的复杂性也介于两者之间，应在任务的复杂程度上逐级递增，让学生有个适应的过程。

（3）练习课

练习课以促进学生对所学新知识的巩固、理解、应用与深化，进一步培养和形成学生技能、技巧为主要任务，是新授课的补充和延续。练习课因选择分类基点不同，可以有不同的分类。例如，根据练习课的教学目的和任务可分为：巩固性练习课、综合性练习课、复习性练习课、操作性练习课、探究性练习课和思维性练习课等。

练习课的主要特点为：

目的性。练习课教学要有明确的目的性。在练习中巩固哪些知识，形成哪些技能，建立哪些联系等，是练习课教学首要考虑的问题。练习中要把练习的意图集中地体现出来，要做到有的放矢、主旨鲜明，要注意克服随意性和盲目性。

层次性。儿童的认知发展是由浅入深、由表及里、由简单到复杂的过程。因此，练习安排要循序渐进，由易到难，由简单到复杂，螺旋式上升。有层次与合理的梯度，才能使学生产生有阶可上、步步登高的愉悦感，才能兴致盎然地学习知识，让知识向能力、智能转化。

多样性。小学生好奇心强，对单一的练习不感兴趣，注意力集中时间比较短暂。特别是练习时，在学生对新知识有所掌握的情况下，如果只是简单乏味地巩固强化，学生就会失去学习的兴趣。如果练习的形式符合小学生的兴趣特点和注意特点，就能促使他们从不同的角度去理解和掌握同一知识，提高认识的深度和应变能力。因此，练习课教学形式要具有多样性。

（4）综合应用课

综合应用课（简称综合课）是信息技术课中非常有特色的课型，体现了信息技术的应用性特征。通常是在学生掌握了一定的基本知识和技能的基础上，要求学生充分运用本模块的功能及相关知识内容完成一个电子作品。①

综合应用课的主要特点为：

综合性。小学信息技术课的教学内容通常是以"模块化"的形式出现的。每个模块中包含着许多相关的基本知识与技能，这些内容是零散甚至毫不相关的，因此学习起来比较琐碎。学生在学习过程中，并不能体会到各节课内容之间的关联性，由此建立起来的知识结构也不是很系统。只有通过纵向的贯通才能使零碎的知识点归结到一个主线上来。

例如，在学完"小小编辑"（主要内容为文字处理软件的使用）这一单元后，教师会安排一次综合应用课，要求学生利用文字处理软件制作电子小报、贺卡等，通过综合作品的制作，将之前所学习的单一的、零散的技能运用起来。

应用性。综合应用课的应用性一方面体现在对已学习的知识和技能的综合运用，另一方面体现在利用所学习的知识，解决日常学习生活的实际问题，体现信息技术的应用能力。因此，在综合应用课的设计中，教师要在教学内容的选择上重点突出与日常学习和生活紧密相关的知识和技能，让学生学习之后能够在日常生活中找到它们的用武之地，充分体会到信息技术给他们的学习和生活带来的便捷和快乐。②

综合应用课与复习课的区别在于，综合应用课的主要目的是应用，而复习课的主要目的是知识的梳理。

复杂性。综合应用课涉及的知识和技能更多，也更能够解决一些复杂的问题和任务，因此知识运用的背景也更加多样。教师在设计时既要有复杂任务的设计，也要结合小学生的特点，适当对任务进行分解、引导。

除了上述介绍的课型之外，还有讲评课、操练课等课程形式。

2. 以教学内容属性为分类标准③

（1）理论课

小学信息技术课中的理论知识包括相关概念、原理等基本知识点。如果从这

微课：知识类内容如何设计？

---

① 贾义敏.小学信息技术课程目标与教学设计研究[D].广州：华南师范大学，2002.
② 武晶晶.小学信息技术课程的特点分析及教学建议[J].课程·教材·教法，2002（4）：9-10.
③ 朱彩兰，李艺.信息技术课程四种课型的界定[J].中小学信息技术教育，2011（1）：26-27.

个角度讲，信息技术课程的每一节课都会涉及理论知识的讲授。但是，这里所指的理论课，是指以知识为主要内容的一种课型，在小学信息技术课型中所占的比例并不大。

小学信息技术课中所涉及的理论内容一般并不是特别难，但是有些概念，如计算机输入、输出设备、存储设备、中央处理器等，对于小学生来说还是有一定难度的，所以直观的演示、体验、感知等教学方法就显得非常重要。

理论性的课程被公认有枯燥乏味的"弱点"，但是一堂课的成功与否，关键还在于教师对课的设计。因此，教师应将抽象枯燥的内容趣味化、形象化，以促进学生的理解与掌握。

☞微课：情感类内容如何设计？

（2）技能课

技能课是一种以计算机操作技能和应用软件操作为主要教学内容的课型。其主要目的是培养学生使用计算机及操作各类应用软件的能力。从课时上看，小学信息技术课中技能课所占的比例较大。

例如，这是《小学信息技术（四年级上）》（浙江摄影出版社）教材的目录，从内容分析看，绝大多数属于技能型课。

☞微课：技能类内容如何设计？

第一单元　电子作文
　第1课　初识文字处理软件
　第2课　设置文本格式
　第3课　调整页面布局
　第4课　设计文集封面
　第5课　汇编作文集
第二单元　相聚在网上
　第6课　初试学习平台
　第7课　参与网上学习
　第8课　作品上传与分享
　第9课　制作通讯录
第三单元　小小编辑
　第10课　斟字酌句理文本
　第11课　画龙点睛写标题
　第12课　图文并茂美文章
　第13课　有的放矢查资料
　第14课　灵活运用文本框
　第15课　精益求精做小报

技能课的主要任务是技能训练，即在反复的练习中熟练操作，进而掌握技巧、总结规律并形成能力迁移。针对技能课操作性强，需要不断反复练习、操练等特点，我们建议可以采用讲练法（先讲后练、边讲边练等）、演练法、教练法以及任务驱动教学法等开展教学。

（3）作品制作课

作品制作课是把作品制作作为授课主要任务的一种课型，旨在让学生经历比较完整的信息技术过程，根据实际问题的要求，应用信息技术去完成一个相对完整的作品，或者完成其规划、设计、制作等不同的阶段。作品制作课的基本模式是，学生从某一现实问题或主题出发，经历完整的作品规划、设计、制作和评价的过程。作品制作课中常用的方法是任务驱动法，常见的教学组织形式是分组合作。

3. 以课的教学组织形式和教学方法作为分类标准

可划分为讲授课、讨论课、自学辅导课、练习课、实践或实习课、参观或见习课等。本书模块四任务2小学信息技术的教学方法有相关内容，在此不再赘述。

> **》小组讨论**
> 请你思考：同一课按照不同的分类基点，是否可以划分为不同的课型？查阅相关教材，选择一课来尝试一下。

在接下来的任务中，我们将以教学任务为分类标准介绍小学信息技术课型的设计。另外，在小学信息技术教学中，通常复习课会与练习课结合，即通过练习达到复习的目的。因此，我们重点介绍新授课、复习课和综合应用课这三种课型的教学设计。

任务2 小学信息技术新授课教学设计

小学信息技术新授课教学是课堂教学的重头戏。新授课是以新知识、新技能、新方法等为主要任务的一种课型，授课的内容往往是学习后继知识的基础。那么，小学信息技术新授课主要有哪些分类？在教学中又有哪些常见的教学策略呢？

一、小学信息技术新授课的分类

从学科内容的特点及逻辑结构划分，一般可将小学信息技术新授课分为基础知识、基本操作和应用软件三种主要课型。

1. 基础知识新授课

基础知识新授课是以学生学习掌握信息技术课程的基础理论知识、诱发学习信息技术兴趣为目的的一种课型。小学阶段教学内容涉及的基础知识有：信息技术基本工具的作用，如计算机、雷达、电视、电话等；计算机各个部件的作用，如键盘和鼠标在计算机系统中的作用；多媒体的概念和类型；信息技术相关的文化、道德和责任等。

这一类学习的特点具有一定的概括性和抽象性，较之具体形态的知识，难度相对高一些。因此，如何降低难度、帮助学生克服基础知识的抽象性，成为这一类新授课教师设计教学的重点所在。

2. 基本操作新授课

基本操作新授课是以形成正确使用计算机的基本操作技能为目的的一种课型。例如小学阶段教学内容中涉及的基本技能有：汉字输入、操作系统的简单使用、文件和文件夹（目录）的基本操作等。

这一类学习的特点是本身具有较强的操作性和实践性。需要注意的是，这些操作并不都是零散的，很多操作具有相似性，因此在设计时需要注意总结一般的操作方法，帮助学生获得可迁移的能力。

3. 应用软件新授课

应用软件新授课是以培养学生认识软件的本质与特点，掌握软件的使用方法，举一反三使用软件解决实际问题的能力为目的的一种课型。例如小学阶段的教学内容涉及的应用软件有：绘画软件、文字处理软件、多媒体软件、网络应用软件等。

这一类学习的特点同样是操作性较强，但作为任何一款软件的功能相对都是比较多的，在设计时，一定要通过一些具体的操作帮助学生从整体上认识这款软件的特点、功能及使用方法。另外，不同软件之间也具有相似的界面和操作，在设计时也需要考虑引导学生获取一般的方法。

> **》小组讨论**
>
> 下面是《信息技术（五年级下）》（浙江教育出版社）的目录，按照小学信息技术新授课的分类方法，小组讨论这些课分别属于什么类型的新授课。
>
> 第一单元　我们的信息生活

第1课 生活在信息中
第2课 现代信息技术
第3课 用计算机处理信息
第二单元 我的数字名片
第4课 初识 PowerPoint
第5课 丰富幻灯片内容
第6课 让幻灯片动起来
第三单元 动画天地
第7课 认识 GIF 动画
第8课 修改动画
第9课 文字动画
第10课 人物动画
第四单元 演示文稿宣礼仪
第11课 准备演示文稿资料
第12课 制作演示文稿
第13课 让演示文稿"有声有色"
第14课 灵活的超链接
第15课 演示播放技巧多

二、小学信息技术新授课中的常见问题

随着计算机硬件和软件的不断发展和计算机教学的不断深入，小学信息技术新授课的教学逐步规范，教学方法不断更新，这些教学方法不仅体现了传统的教学方式如讲授式、启发式，也体现了两种新的学习方式如合作式和探究式；不仅有体现认知心理学指导思想的，也有体现建构主义指导思想的；不仅有适合培养学生信息技术知识与技能的，也有适合培养学生情感态度与价值观的。然而由于信息技术课在中小学开设时间不长，尚未形成较为成熟的教学体系，学生的学习情况参差不齐等原因，目前小学信息技术新授课的课堂中依然存在很多问题。总结起来主要有以下几个方面。

1. 讲得多，练得少

由于小学信息技术教学内容以计算机操作和软件使用等为主，一些教师会花比较多的时间进行演示讲解，细致地介绍每一种命令及其使用方法，唯恐学生没有看清楚，没有听明白。课堂上更多的是"教师讲、学生听""教师演示、学生看"的教学模式，留给学生进行操练的时间相对较少。

前面我们分析过,小学信息技术是一门实践性很强的课程,必须用尽可能多的时间让学生去实践、去操作,在实践的过程中掌握技能。尤其是小学生,他们活泼好动,喜欢自己探索和尝试,所以需要更多的时间去体验操作的过程。

2. 任务过多,学生被动地参与

"任务驱动教学"是目前中小学信息技术采用较多的一种教学方法,这种教学方法通过让学生完成一个个任务学习背后隐含的知识与技能。但是一些课堂中出现了这样的现象,课堂就是由很多个任务组成,学生就是机械地跟着完成这些所谓的任务。

> ▶ **案例板**
>
> **案例 "文字编辑"中的任务设计**
>
> 要求学生完成的任务有:(1)输入一段文字;(2)为文字更改字体;(3)为文字更改字号;(4)为文字更改颜色;(5)为文字添加一个标题;(6)改变标题文字的颜色、字体、字号;(7)标题文字加粗;(8)标题居中。

可以看出,任务设计得非常多,学生只是被动地参与。在这些任务中,仅仅关注了操作,而对文字所进行的修改是为主题服务的这样的本质要求只字未提。这样的"任务"与任务驱动教学所提倡的任务是完全不同的。

3. 重操作,轻技能

在很多新授课教学中,只引领学生按教材中的方法学会操作,没有把操作能力应用到实践中去。因此,学生只是机械地掌握了操作的步骤,而没有掌握操作的要领,更不懂得如何去应用。例如,有些教师只关注让学生掌握更多的软件功能和操作方法,却忽视了用学到的操作去解决实际的问题,忽视了一般方法的总结和归纳,导致学生没有利用信息技术解决实际问题的意识。

> ▶ **案例板**
>
> **案例 "文件夹的复制和粘贴"教学过程节选**
>
> 师:打开C盘,选中一个文件夹,点击鼠标右键,选择"复制"命令;打开D盘,点击鼠标右键,选择"粘贴"命令。
>
> 师:你们发现了什么?
>
> (回答略。)
>
> 师:对,这就是文件夹的复制。你们学会了吗?
>
> 师:自己练习操作一下吧!

在这个案例中,仅仅是介绍了"复制"和"粘贴"的操作步骤,至于为什么用这个命令,什么情况下会用到一字未提,导致学生学习之后无法应用到实践中。

三、小学信息技术新授课教学设计的策略和方法

1. 精讲多练[①]

(1) 精讲是"基石"

精讲就是教师在信息技术重点、难点教学中,运用精练的语言,讲清、讲透知识点,点拨知识点的精华,力求对学生理解和把握知识起到"画龙点睛"的作用。

第一,讲清重点。知识要点,是课堂教学的核心。讲清重点是开展教学活动的主线。教学中,教师应抓住重点,巧设教学重点任务,突出重点教学。当学生在获取重点知识遇到困难或问题时,教师要在最短的时间内,用言简意赅的语言帮助学生厘清要点、把握脉络、掌握方法,促使学生更准确、更牢固地理解和掌握重点知识,自主尝试操作,教师则巧妙引导、精练归纳,这样学生对重点知识的学习和把握更加清晰明了。

第二,化解难点。难点是指学生学习中难以理解、超过学生知识水平和认知能力的内容。教学中,教师应从学生的实际出发,把握学生学习过程中可能遇到的难点,有针对性地采用形象直观的教学手段及方法,帮助学生分析、理解,并运用通俗易懂的语言进行深入浅出的讲解,促使学生对难点知识进行透彻理解。在"翻转与旋转" 课中,教学难点是"理解和把握旋转的方向并能辨析图形垂直翻转和旋转180°的区别",教学中,为了更好地帮助学生透彻理解知识难点,教师在学生操作演示的过程中,适时引导学生观察并思考:① 小风轮的风叶是怎样旋转的?②"福"字垂直翻转和旋转180°的效果一样吗?在教师的正确引导下,学生的观察更加具有针对性,也有利于教师及时发现和解决了学生的难点问题。

▶ 案例板

案例"趣味图形——翻转与旋转"教学重点处理[②]

教学重点:图形翻转与旋转的操作方法。

案例:趣味图形——翻转与旋转

[①] 秦晓静. 小学信息技术课堂教学中的精讲多练 [J]. 中小学信息技术教育, 2009 (10): 29-30.
[②] 秦晓静. 小学信息技术课堂教学中的精讲多练 [J]. 中小学信息技术教育, 2009 (10): 29-30.

> 教师围绕重点设计教学任务，以"逛春节庙会"为主题，逐一出示多个有针对性的操作任务：（1）为庙会地图调整图标方位；（2）将散落的风轮叶重组成一个小风轮；（3）贴"福"字和对联。
> 师：这就是图形翻转与旋转的操作，你们学会了吗？
> 师：自己练习操作一下吧！

第三，点拨疑点。疑点是指学生学习中对知识有混淆或有疑问的地方。教学中，教师应当在此疑点处巧设"陷阱"，指点学生发现、讨论、验证，从而促使学生更准确地掌握知识，并获得辨析知识疑点的技能和技巧。

（2）多练是"保证"

多练是指教师在信息技术课堂教学中，多给学生操作练习的机会。针对知识重点、难点开展形式多样的，具有一定层次、一定深度和广度的练习活动，适时加以指导。引导学生通过练习，理解、巩固所学知识，并提高灵活运用的能力。

第一，目标"准"。要求教师紧密围绕教学重点、难点和学生的学情设计练习目标，力争做到每一个练习任务都目的明确，针对性强，既注重抓住薄弱环节进行强化练习，又兼顾全体学生练习的需要，让不同层次的学生在练习的过程中都有所提高。

第二，内容"精"。要求教师在选取练习内容时充分思考，使练习内容具有针对性和指导性；有助于学生巩固重点知识，形成操作的技能和技巧；有助于提高学生的练习兴趣，避免枯燥乏味的机械操作；有助于学生寻找规律性的关键问题，从而产生触类旁通的效果。

如在"'幕后英雄'剪贴板"一课中，教师根据教学主题和教学重点，精心选取并设计了两个练习任务：① 帮助小恐龙找到更多不一样的恐龙伙伴；② 为小恐龙建造自己幸福、美丽的家园。在这两项练习任务中，第一个是针对本课教学重点精心设计的专项练习，练习中运用了缩小、放大、复制、粘贴等命令。第二个是拓展性练习，不仅综合运用了新旧知识，而且在作品构建过程中可以更好地发挥学生的想象力和创造力。

第三，形式"活"。要求教师在练习设计中体现多样性、灵活性、开放性和创造性等特点。单调机械的练习会使学生产生厌倦的情绪，不利于学生对知识的巩固和技能的提升。学生在形式多样的练习中更加兴趣盎然，练习时也会更主动、更开心。

第四，层次"清"。要求教师在练习设计中照顾全体学生练习的需要；内容要由易到难、由浅入深、由熟到巧；要循序渐进地进行，逐步深化。学生在不同层次的练习过程中逐步达到"会—熟—活"的标准。

> ▶ **案例板**
>
> 案例"汉字录入"练习设计①
>
> （1）通过"动手做"的基本练习，学生较牢固地掌握汉字录入的基本方法。
>
> （2）通过"帮帮我"专项练习，学生掌握汉字录入过程中常见问题的解决办法。
>
> （3）通过"悄悄话"综合练习，学生能又快又熟练地录入汉字。

在信息技术课堂教学中，我们要做到"精讲多练，讲练结合，讲出新意，练到实处"，这样既体现以学生为主体、教师为主导的教学关系，又重视讲的作用，保证练的需要，充分调动和发挥师生两方面的积极性和主动性，使课堂教学气氛紧张活泼，充满生机和活力，有效地提高课堂教学质量。

> 》**小组讨论**
>
> 观摩案例"趣变图形——图形的旋转与翻转"（http://jpkc.wzu.edu.cn/isd/cases/cd3），分析在这个案例中，教师是如何"精讲多练"的。

2. 善用迁移

由于信息技术教材采用"模块化"的编排方式，教师就要认真分析各模块学习内容之间的相互联系与前后衔接，将新知识与原有认知结构建立起有意义的联系。

计算机软件知识在小学信息技术课程中占有很大比重，但是教师在讲软件知识时，切不可盯住一个软件的功能过于详细地讲，而应针对某一类软件的共性进行讲解，并注重对其核心内容和基本操作技能的筛选。② 例如，在安排"文字处理"这部分知识点时，应将对文字处理软件所共有的汉字输入、文字的编辑与美化以及图片的插入等基础知识和基本技能作为重点内容。小学生在掌握这些知识点后，可以把所学的知识应用于大部分文字处理软件，从更高层次理解计算机文字处理软件的特点。

在应用软件的教学中，教师要注意把学习软件的方法传授给学生，并让学生运用知识的迁移，自主探究同类软件的操作方法，从而学会新知识。例如，学完 Word 文字处理软件之后，Word 中大部分的操作方法（如文字格式的设置，图片、艺术字、表格的插入与调整等操作）都可以迁移到 PowerPoint 等新授课的学

---

① 秦晓静. 小学信息技术课堂教学中的精讲多练 [J]. 中小学信息技术教育，2009（10）：29-30.
② 武晶晶. 小学信息技术课程的特点分析及教学建议 [J]. 课程·教材·教法，2002（7）：55-57.

习中。新授课的课堂上要让学生逐渐养成勤于思考的习惯，恰到好处地进行知识迁移，从而培养学生自主学习的能力和综合运用知识的能力。

3. 兴趣引路

新授课中某些课时的学习内容较为枯燥，如基础知识与基本操作新授课的新知识、新概念较多，内容也较为抽象。小学生由于年龄较小，好动性、好奇性强，往往坐不住，不喜欢单调的练习，喜欢生动有趣的东西。注意力集中时间短，且容易被直观形象、生动活泼、形式新颖、色彩鲜艳的东西所吸引。

因此，教师在这些类型新授课的教学中要设法提高趣味性，使学生感到新知识的学习并不困难，并自然地产生学习动力。例如，可以通过组织有趣的游戏、竞赛以及趣味的内容、故事等吸引学生。

（1）游戏形式组织教学

教师可根据学生的实际情况，配合教材内容，通过各种渠道找到一些适合小学生的趣味性软件。例如，计算、拼图、赛车、打字游戏等软件。这些富有童趣的软件，深深地吸引着学生，让学生在操作软件的过程中不知不觉地练习了指法，掌握并理解回车键、空格键等各种功能键的作用与使用。如果强行让他们去学习理论知识，背熟键盘字母排列、键盘功能，不但学习效果不好，而且学生也没有强烈的学习愿望。

（2）竞赛形式组织教学[①]

教师可组织各种竞赛活动，让学生体验成功的感受，从而巩固学习的兴趣。如在进行指法教学时，组织"青蛙过河比赛""打字速度比赛"等活动；在学Windows、画图时，在课堂上组织"选美"比赛，看看谁画的图最美；竞赛可以以个人为单位，也可以以小组为单位，激发学生的表现欲，提高学生学习电脑的兴趣。

（3）故事形式组织教学

创设故事化情境非常适合小学生。把教学内容设计到一个故事情境中，使学生产生身临其境的感觉，增强课堂的趣味性，能有效地调动学生的积极性，从而全身心地投入到课堂中。

☞ 案例：文字校对
☞ 思考：该案例教学组织方式的运用

▶ 案例板

"初识画王"的教学片段[②]

本课的学习目标是掌握金山画王2004的启动，熟悉金山画王的主界面，学会插入背景和角色。

---

① 刘富金. 小学信息技术游戏化教学初探 [J]. 中国教育信息化，2010（6）：36-37.
② 张成菊. "初识画王"教学案例 [J]. 信息技术教育，2008（1）：40-41.

师：同学们，你们喜欢听故事吗？（学生回答）你听故事的时候，小脑袋里会想着故事的画面吗？（学生回答）老师也喜欢一边听故事，一边在脑袋里"作画"。今天，咱们一起来听个故事。大家一边听，一边想，好吗？（学生回答）咱们比一比哪个同学听得最仔细。

（教师放录音，师生共同听故事。）

师：哪位同学能说一说，故事发生在什么季节呢？讲了哪些角色呢？

（学生回答。）

过程评价1：最佳倾听奖。

设计意图：对学生在课堂上的表现及时进行过程评价，可以激发学生的上进心，推动后续的课堂学习。

师：有同学为故事配了一幅画，同学们想看吗？（学生回答）请同学们仔细观察老师的操作。

教师操作：启动金山画王，并打开画夹中的文件。

师：他为故事配的画好看吗？（学生回答）这幅画是用什么制作出来的呢？（学生回答）对，金山画王。金山画王是适合小学生使用的画图软件。它为我们提供了丰富的图库和各种画图工具。我们可以展开自己的想象，尽情创作。今天咱们就来认识一下金山画王。

上述案例中，课堂伊始便轻松抓住了学生的兴趣。通过听故事、想画面，不但培养了学生的想象力，而且也让学生体会到：画中有情、情中生画，每幅画都能表达一种思想、情感。"听故事、想画面"也为后面"作画"进行了合理有效的铺垫。

4. 借助感性材料

学生第一次接触基础知识时，会觉得很枯燥、难懂，一种有效的策略就是提供有针对性的感性材料加以说明。在教学中，可以通过实物、模型和言语三种直观方式予以体现。[①]

（1）实物直观

实物直观具有真实、生动等特点，特别容易激起小学生的兴趣和注意力，加深小学生对新学习内容的印象，赋予抽象知识以具体的形象。例如，在介绍计算机的各个组成部分时，就可以借助具体直观的实物展开教学。

（2）模型直观

模型虽然不如实物真实，但是可对复杂的知识内容进行处理，按教学需要突

---

① 朱世周. 课型范式与实施策略：信息技术 [M]. 南京：江苏教育出版社，2012：86.

出某些特征，略去某些细节，更简洁地反映相关知识的内涵和外延。

（3）语言直观

语言直观是指教师利用生动形象的语言清晰描述学习内容，特别应以学生身边的现象和经验为线索，将学生的注意定格在某种感知的回顾和体验上，从而与新学知识产生联系。其中，比喻或类比就是经常采用的方法。

在小学低年级的信息技术教学中，学习内容最好的处理方式是从具体到抽象、从个别到一般、从大量的有吸引力的感性经验入手。有时，最后的学习目标可以只停留在感性认识的层面上，而不必上升到抽象的理论。

另外，信息技术是一门基础性的工具课，它直接为学生将来的学习和工作奠定基础，因此在教学活动中，教师要更多地考虑创设生活化情境。实现生活化的教学，需要将书本知识与学生的真实生活联系起来，让学生感受到学习不是枯燥乏味的而是丰富有趣的，是与自己的生活息息相关的，这样才能最终实现"源于生活，融入生活，用于生活"的生活化教学。

5. 提供学习支架，鼓励学生自主学习和探究

"支架"原为建筑隐喻。伍德最先借用这个术语来描述同行、成人或有成就的人在另外一个人的学习过程中所施予的有效支持。普利斯里等人的定义是：根据学生的需要为他们提供帮助，并在他们能力增长时撤去帮助。

支架的作用主要表现在：① 组织和帮助学生开展调查和研究，防止学生在开展项目活动寻求"真理"时，偏离得太远。② 学习支架让学生经历了一些更为有经验的学习者（如教师）所经历的思维过程，有助于学生对于知识，特别是隐性知识的体悟与理解。学生通过内化支架，获得独立完成任务的技能。③ 保证学生在不能独立完成任务时获得成功，提高学生已有的能力水平，④ 对学生日后的独立学习起到潜移默化的引导作用，使他们在必要的时候，可以通过各种途径寻找或构建支架来支持自己的学习。

支架从表现形式上分有多种，如范例、问题、建议、指南（向导）、表格、图表，其他还有如解释、对话、合作等。

6. "半成品加工"教学

"半成品加工"教学就是提供一个相对完整的作品，只是对教学的内容这部分"留白"，让学生在短时间内掌握技术操作的方法和信息素养的内涵，提高讲解、理解和实践的效率，并且优化学习的情境与练习的环境。

应用"半成品加工"策略，主要作用在于课堂教学的演示，配合讲解基本的方法与过程，突出教学的重点，体验技术与过程、方法的高度结合。这样，学习过程不再对复杂的技术有过分的依赖，零散的技术也不会再对方法造成"瓶颈"，而过程与方法也不再会对技术的落实造成障碍。"半成品加工"策略提供了学习的情境和训练的软件环境，使素养与技术的关系得到较好的调和。例如，提供一

案例：文本框

份小报的半成品,让学生将其中某段落分栏。这样学生可以通过对小报加工前后的对比,领会到分栏的作用和优势。还可以通过范例引领等方式,引导学生进行作品创作。

> **》小组讨论**
> 研读案例"网上寻宝——共享资源",思考这节新授课的类型与特点,并分析案例中所采取的策略、方法及其有效性。

☞案例:网上寻宝——共享资源

任务3 小学信息技术复习课教学设计

教学实践证明,复习是巩固知识、防止出现遗忘的基本策略;心理学研究也表明,对新学的知识要及时进行复习,复习不仅可以增强记忆,而且还能加深对知识的理解,以及加强对方法和技能的综合运用。复习课是信息技术课堂教学过程中非常重要的一种课型,对夯实学生的基础,培养和提高学生运用知识、解决问题的能力起着举足轻重的作用。小学信息技术复习课的目的是什么?在教学中又有哪些常见的教学策略呢?

> **》小组讨论**
> 小张应聘小学信息技术教师。抽到的题目是:请你给小学三年级学生上一节单元复习课"键盘小能手"。
> 小组讨论:你准备如何设计这节课?
> 可以根据以下问题的提示进行思考:
> (1)小学信息技术复习课的特点如何?
> (2)小学信息技术复习课的目的是什么?
> (3)有哪些可以借鉴或者参考的教学策略?

一、信息技术复习课的分类与目的

信息技术复习课与其他学科的复习课既有共同点又有不同点,共同点是都是梳理知识、巩固学习成果,而不同点是信息技术复习课可操作性强。信息技术复习课的目的在于教师帮助学生梳理知识和技能，加深对所学知识的理解，通过强化训练，培养学生对基础知识的理解、运用、分析与综合的能力。信息技术复习课通常可分为章、单元复习，期中、期末复习以及对新知识、技能进行激活预热的预备性复习。根据复习内容特点又可以分为理论型复习课和操作型复习课。

信息技术复习课的主要目的有：重现"知识点"、构建"知识链"、获得"知识值"。

1. 重现"知识点"

"知识点"重现的环节不仅担负着拉开复习帷幕的任务，更承担着激发学生复习欲望、唤醒已有知识的功能。

2. 构建"知识链"

信息技术复习课的教学目的应该定位于，帮助学生创造性地回顾、整理、交流将要复习的理论和操作性知识，将原来零散的知识点梳理后构成知识链，形成知识结构体系，使之逐渐趋于系统化。[①]

3. 获得"知识值"

教师在指导学生复习时，不能仅仅停留在知识罗列的层面上，更要重视挖掘知识与知识、知识与生活间的联系，向学生呈现知识与生活密切相连的、具有挑战性的问题，从而提高学生动手解决实际问题的能力。

二、小学信息技术复习课教学中存在的问题

现阶段，信息技术复习课大多数存在于初中和高中，其中，大部分复习课也是为了应对中考和高考，与其他学科的复习课大同小异，其主要模式有演讲式、练习式和讲练结合式。演讲式主要以教师为主讲，学生是倾听者，通过教师的讲解来罗列复习知识点，学生参与少，教师是课堂的主导者；练习式是教师根据要复习的知识与技能目标，布置练习题，学生上机操作，教师巡视指导，教师讲解共性问题；讲练结合式主要是教师课前阐述复习的知识点或演示操作技能点，布置任务，学生完成相应的任务，教师总结讲解。

这些传统的复习课模式都存在以下几个问题。

1. 不考虑学生的基本情况

不考虑学生的年龄特点、学习基础等，用同一模式去设计课程。小学信息技术复习课有别于初中、高中的信息技术复习课，要符合小学生的心理特征，小学生生性活泼好动，对新鲜事物总抱有极强烈的好奇心和强烈的探知欲，但专注于

---

① 李珊君. 信息技术复习课的"四重"教学策略 [J]. 中小学信息技术教育, 2012 (11): 36-37.

某项事物的时间却不长，因此如上所示的三种教学模式在小学信息技术复习课中很难吸引小学生的兴趣。

2. 缺少复习策略，忽视学生的主动性

建构主义理论认为学生是学习过程的主体，是知识的主动建构者，教师是学习过程的设计者、组织者、参与者、引导者和评价者，教师的责任是引导学生在自主探索的过程中发现问题、解决问题、建构知识、学会独立思考。然而，信息技术复习课堂上普遍存在的现象是，不讲究复习策略，通过不断地练习刺激强化学生的知识和技能，教师"越俎代庖"帮学生梳理知识，学生仅仅是听客和陪衬，这种教学效率极其低下，并且学习效果也不持久。

3. 不注重知识的梳理和方法的提炼

信息技术复习课普遍存在将所有知识一次性铺陈到学生面前，或是教师将所有技能一次性演示一遍后，让学生进行大容量、高密度的练习，这种缺乏知识梳理和方法提炼的课堂，会使多数学生程度不等地产生厌学情绪，缺少学习热情。信息技术复习课的精髓就在"理"和"通"，"理"即对所学的知识与技能进行系统的整理，使之形成系统的知识网络，达到提纲挈领的目的；"通"即融会贯通，在系统的知识网络中，理清解决问题的思路，进而运用知识与技能去解决问题。

三、小学信息技术复习课教学设计的策略和方法

为了达成小学信息技术复习课的目的，又不落入常见的一些误区中，在复习的过程中，积极引导学生在情境创设中激活原有的知识点，充分调动学生的主观能动性，在问题解决过程中主动构建知识。

1. 激活已有知识点

激活的目的是帮助学生回忆并复习先前所学习的主要的知识点。为此，教师应着力创设生活化的情境，在解读情境中自主重现"知识点"，建立知识与现实生活的联系，从而引发学生的复习兴趣，延续学习兴奋点，引导学生进入积极的复习状态。可以通过提问、作品分析、闯关等方式来帮助小学生激活原有的知识，从而达到重现知识点的目的。

2. 梳理知识点

只有将知识结构梳理清晰，学生才能将原有的知识点串联成一条条知识链，进而形成完整的知识结构体系。梳理的方法有很多，可以通过概念图或表等整理知识点之间的关系。

例如，图7-1就是通过概念图对文件、文件夹的关系进行梳理。

☞思考："键盘小能手"这一单元复习课，你会采用怎样的激活策略帮助学生重现知识点？

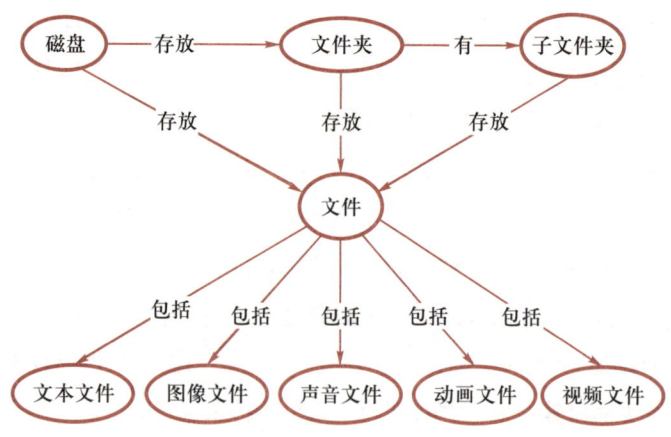

图7-1 运用概念图梳理知识点

信息技术复习课一般来说知识点容量大，操作步骤繁多，学生已掌握的知识比较零散，知识间逻辑关系不清晰，没有良好的认知结构，很难快速进行有效的复习。概念图工具正好能帮助我们解决这些问题，通过它，可以避免复习中的盲目性，师生共同将分散的各知识点组块进行系统梳理，并找出各知识点之间的内在联系，促进知识的系统化，加强学生对所学知识的全面理解，有助于学生对所学内容的进一步内化，从而建立一个有效的知识系统。在任务完成后，学生可以通过概念图再次回忆参与学习的过程，整理解决问题的思路，利用概念图将完成任务的过程直观形象、结构清晰地表现出来；浓缩知识结构，加强学生对知识的整体把握及问题解决过程的把握，使得专题内容模块化，学生的思维过程显性化，解决问题的方法清晰化，从真正意义上完成知识的建构。[①]师生共同构建一幅专题概念图，丰富的图像、紧凑的内容，会大大地节约学生复习的时间，切实提高复习的效率。

3. 应用知识点

知识体系的形成，归根结底是为了学生能将已掌握的知识应用于实际，提高动手解决实际问题的能力，这也是信息技术复习课的另一个重要学习目标。为了实现这一目标，可以通过提供新的应用情境或者任务，在解决这个任务的过程中，引导学生获得解决问题的一般方法。

复习课中，教师应充分发掘知识点之间的联系，设计与学生生活密切相关的任务，任务的大小要适当、要求应具体，各任务之间还要相互联系，形成循序渐进的梯度，组成一个任务链，以便学生踏着任务的阶梯去建构知识。教师任务的引出、任务梯度的设计实施过程将直接影响教师教学的有效性。

复习课上更应注意突出学生的主体性。教师应该将更多的时间交给学生，教

☞思考："键盘小能手"这一单元复习课，你会采用怎样的应用策略，以达到提升知识价值的目的？

---

① 胡熙妍. 高中信息技术复习课教学模式的实践探索[J]. 新校园（学习版），2012（8）：122.

师适时进行疏导和点拨,引导学生沿着主线完成任务。学生变过去"被动"的学为"主动"的学,变"要我学"为"我要学",积极参与知识与技能的回顾、归纳和整理的全过程,充分发挥学习的自主性。学生也可以在互帮互助的合作学习中完成给定的任务,或以分组进行归纳与总结。

> **》小组讨论**
> 　　1. 研读案例"Excel复习课",思考这节复习课的类型与特点,并分析案例中所采取的教学策略、方法及有效性。
> 　　2. 根据给定的教材目录,思考:如果让你来上这节单元复习课"动画天地",你会如何设计?给出大致的思路,说清楚主要采取的策略和方法。
> 　　　第三单元　动画天地
> 　　　　第7课　认识GIF动画
> 　　　　第8课　修改动画
> 　　　　第9课　文字动画
> 　　　　第10课　人物动画

☞案例:Excel复习课

任务4　小学信息技术综合应用课教学设计

　　小学信息技术综合应用课是课堂教学的重要组成部分,通过综合应用课的学习,学生把所学知识和技能用来解决实际问题,以培养学生利用信息技术的意识和能力。小学信息技术综合课的目的是什么?在教学中又有哪些常见的教学策略呢?

一、综合应用课概述

　　综合应用课通常以综合性的任务为主展开教学,通过对不同主题任务的研究,使学生能更加熟练地运用所学到的信息技术知识与技能解决实际问题。
　　小学信息技术综合应用课的培养目标主要有:

1. 培养学生综合运用知识的能力

综合应用课要利用所学的知识和技能来完成一个综合性任务。小组共同合作解决问题，往往需要多个课时来完成一个综合性任务。在这个过程中，主要培养学生综合运用之前所学知识与技能的能力。例如，学习软件操作时，由于软件的功能较多，学生在每节课的学习中获得的技能比较单一，因此，通常会在一个软件学习结束之后，要求学生利用所学习的软件进行作品的创作。

2. 培养学生解决复杂问题的能力

综合应用课应该以具体操作、电子作品等形式表现出来，所以对综合课的设计最终将落在设计一个能够综合运用模块知识的任务上。例如，利用Word软件设计一张墙报或一张电子贺卡；利用PowerPoint软件设计、制作一组某一主题的幻灯片等。

3. 使学生获得解决问题的方法

在解决问题的过程中，教师还需要引导学生获得解决问题的一般方法。例如，在作品制作的过程中，需要引导学生掌握作品规划、设计、制作的一般方法。

二、小学信息技术综合应用课的常见问题

随着信息技术学科的不断成熟，综合应用课已经成为一种主要的课型，越来越多的教师已经认识到综合应用课的重要性，在很多地区的信息技术教材中都有很明显的体现。不过，由于学科本身发展的时间不够长，目前的小学信息技术综合应用课的课堂中存在以下两种问题。

1. 忽视学生的主体性

一些综合应用课延用的依然是传统的教学模式，教师在教学过程中仍然更多地关注"教"而非学生的"学"，也就削弱了综合应用课的教育价值。综合应用课的教学活动应该是以学生为主体的活动，教师在设计该领域的教学内容时，应该充分考虑学生在活动中的角色和定位，强调真正地把课堂的主动权交给学生，让他们能够自主自觉地参与活动，在解决问题、完成任务的过程中综合运用所学知识，让他们在自主的活动中提升自我。

2. 任务的开放性和整合性不足

很多教师在设计综合应用课时，会给学生一个成果范例，要求学生最后完成这个例子就可以。当然，完成这个范例需要用到之前所运用的知识和技能，起到综合应用的目的，但是对于学生来说，只有模仿，没有创新。对于提高学生解决问题的能力来说，这样的综合应用课意义并不大。综合应用课的设计在知识的范围上应适当向外拓展延伸，在形式上要突出任务的综合性、灵活性、应用性、开

放性。

三、小学信息技术综合应用课教学设计的策略和方法

1. 注重开放性的任务设计

在综合应用课上，任务一般涵盖要运用的知识、技能，但完成任务的方式可以多种多样，最后的作品可以是丰富多彩的。也就是说，要给学生一个创造的空间，让学生带着真实的任务学习；教师设计和编排开放式的"任务"，让学生在完成任务的过程中一方面综合运用所学习到的知识，另一方面要能够发挥各自的特点、优势以及创造性。

开放性任务不仅要求学生给出问题的答案，而且要求学生在完成任务中学会探索，使用各种方法，创造性地综合运用信息技术的知识和技能，并且在具体的情境中调整它们以适应新情境。教师可依据学生实际，联系生活设计相关开放性任务。教师的作用主要在于提出任务框架，提供任务设计和实施的建议，但不宜给予直接的示范和方法指导。开放性任务的例子如：利用文字处理软件制作一个电子作品，要求内容丰富、排版合理、页面美观等（可以提供一些参考性的作品类型：电子海报、个人简历等，供学生选择），或者利用文字处理软件制作一份电子贺卡（允许学生自由选择作品主题：贺年卡、生日卡等）。

在"小小胸卡个性飞扬——Word的综合运用"[1]案例中，教师事先了解到，由于胸卡是由工厂统一制作的，样式太单调，展示不出学生的个性，有的学生经常涂改胸卡。据此，教师一上课首先展示了被涂改的胸卡，提出本节课的任务就是设计个性胸卡。教师提出的任务引起了学生的共鸣，课堂气氛就变得热烈而融洽了。接着，借助精心设计的五个任务，引导学生循序渐进地总结出设计、制作胸卡的基本步骤。最后教师并没有简单地让学生模仿已有的胸卡作品，而是拓展学生思路，让他们综合运用已经掌握的制作方法，制作属于自己的胸卡。这样学生的作品就不再被教师的思维所局限，极富有创意和想象力。

有时，根据教学需要，可以在一个学期或者一个学年结束后，设计更加综合和开放的任务，甚至可以不限制主题，不限制工具软件，给学生更大的自由度和灵活度。

2. 注重整合设计，体现信息技术的应用性

信息技术课程的重要目标是培养学生解决问题的能力，也就是说，教会学生

---

[1] 李艺，钟柏昌，等. 书写智慧 共同成长：全国信息技术课程教学案例大赛优秀作品与点评（义务教育分册）[M]. 北京：北京师范大学出版社，2009：165-169.

利用信息技术解决学习、生活中的问题，教会学生运用信息技术改善学习方法、提高学习效率，使问题的解决更具有创新性。因此在信息技术综合应用课的设计中，可以更着重考虑与其他学科的整合，使内容贴近学生的日常学习生活，让学生感觉到学习信息技术是非常有用的，是很有必要的。

举例来说，学习画图程序可结合语文课文，设计绘制课文插图的任务，将信息技术与学科课程有机结合起来；用Excel表分析运动会成绩等任务，将信息技术与学生生活结合起来；用PowerPoint完成一个项目的任务，将信息技术融合于多学科中。例如，金慧丽老师的"小水滴的旅行回顾"[①]就是一节整合科学学科相关知识，引导学生制作动态演示文稿的综合应用课。在完成动态水循环示意图的过程中，综合运用之前三个单元所学习的新建演示文稿、调整幻灯片版式、设置背景、插入图片以及自定义动画等知识。

当然，作为信息技术课程的任务，应该以信息素养的培养作为主体目标，要避免因为对其他学科内容的过分关注而导致"喧宾夺主"现象的出现。

事实上，有些教材本身已经在编排内容时考虑到信息技术的综合应用性。这些内容的编排也考虑到了学生年龄特点、信息技术能力以及与学科学习、生活等结合的问题。下面以浙江摄影出版社的小学信息技术教材编排为例进行说明。[②]

三年级，以基本技能学习为主要目标，每一课内容以独立小任务为主。例如，在三年级上册第6课"小树苗快快长"这一课中，学生第一次接触画图程序，通过利用铅笔、喷枪、刷子等工具画一棵小树。这一过程，让学生了解用计算机画图的奇妙之处，熟悉画图程序。又如，三年级下册第10课"古诗一首"，这是学生学习汉字输入的第一课时，通过输入一首熟悉的小诗，让学生初步感受用计算机处理文字的方法。这些任务虽然都很小、很简单，但也很有效。

在四、五年级时，学生已有了一定的计算机操作基础，具备了一定的问题分析能力，就可以逐步增加任务的复杂程度，将一些相对比较大的任务分解为小任务，学生在每一节课完成一个小任务的基础上，经过3~4课时，完成一个具有实际应用价值的大任务。例如，五年级上册第13课到第15课，是一个关于校园环境调查报告的制作，第13课先通过合作完成调查数据的采集和整理；第14课通过数据分析和讨论交流，得出调查结论、研究对策；第15课形成调查报告。通过3课时的学习，学生可以比较全面地体验一个完整的调查报告的形成过程。

在六年级，则通过一系列小课题研究，让学生学以致用，形成初步的信息技术应用意识。例如，六年级下册中安排了9个小课题研究任务，这些任务既可以

[①] 李艺，钟柏昌，等. 书写智慧 共同成长：全国信息技术课堂教学案例大赛优秀作品与点评（义务教育分册）[M]. 北京：北京师范大学出版社，2009：62-66.
[②] 魏雄鹰. 小学信息技术教材设计原则及使用策略[J]. 中国信息技术教育，2011：15-16.

在课堂中直接作为学生制作的课题，也可以作为一些范例，让学生在这些范例的基础上，结合日常学习和生活，自主选题，利用3~4个课时，完成一个综合性任务，或者结合研究性学习，完成研究性学习报告，让学生体会信息技术的价值，以及与学习、生活的密切相关性。

3. 注重引导，授之以渔

综合应用课的任务通常都比较复杂，对于逻辑思维能力发展还不甚成熟的小学生来说，能够马上有条理地整理出制作思路并完成是很有难度的。因此，作为指导者的教师，在任务布置之初，就要带领学生思考完成这一任务需要哪些步骤，以及学生之间如何分组、合作等。将大的任务分解，有利于学生自主完成，同时也有利于学生之间的分工合作。另外，通过任务步骤的分析，即解决问题方法和过程的分析，帮助学生形成解决问题的一般方法和过程，从而做到"授之以渔"。

☞ 登录爱课程网，研习模块7任务4"综合应用课的策略和方法研究"

> **小组讨论**
>
> 阅读案例"连环画制作"，思考该案例中针对综合应用课的特点采取了哪些策略和方法。

☞ 案例：连环画制作

模块小结

以教学任务作为课的分类基点，小学信息技术课通常分为新授课、复习课和综合应用课。小学信息技术新授课具有生疏性、新颖性和实践性的特点，根据这些特点，主要采取的教学策略有精讲多练、善用迁移、兴趣引路、借助感性材料、提供学习支架、"半成品加工"。小学信息技术复习课具有重复性、容量大和复杂性等特点，主要通过激活、梳理和应用等方式帮助学生重现知识、构建知识链等。小学信息技术综合应用课主要有综合性、应用性、复杂性的特点。通过创设开放性、整合性的任务帮助学生综合应用所学知识与技能，提升解决问题的能力，获取一般解决问题的方法。

反思探究

1. 再次分析你所选定的小学信息技术教学设计的选题，分析你这节课的类型及特点，并思考针对这一课型的有效教学策略有哪些，并完成下表。

设计者:			
小组成员:			
章节标题			
实施年级		学习环境	☐多媒体电教室　☐多媒体网络教室 ☐1:1数字化教室　☐_____
课型分析			
特点分析			
可借鉴的教学设计策略与方法			

2. 在爱课程网的本模块"教学设计工作坊实训"习题作业中"浏览图片"是一节新授课，按照教学内容的特点，分析这节新授课的类型及特点。结合这节课的特点，根据下表提供的支架分析、评价这节课的设计。

本节课中采取的方法和策略有哪些？这些方法和策略主要解决哪些问题？	
本节课中除了对软件界面、功能及操作的介绍，是否有引导学生将学到的操作用于解决实际的问题？结合案例具体说明	
综合评价这节课的设计（如教学策略的运用、方法的有效性、任务设置的合理性和有效性以及建议等）	

3. 在爱课程网的本模块"教学设计工作坊实训"习题作业中"Excel"是一节复习课，结合复习课的特点，根据表格提供的支架分析、评价这节课的设计。

本节课体现了复习课的哪些特点？结合案例具体说明	
本节课复习了哪些知识、技能和方法？	
复习中采取的方法和策略有哪些？	
你认为通过这节课的复习，学生能否达到梳理知识、形成知识链、获取一般方法的目的？	
综合评价这节课的设计（如任务设计、复习策略、有效性、建议等）	

4. 在爱课程网的本模块"教学设计工作坊实训"习题作业中"贺新年"是一节综合应用课，结合综合应用课的特点，根据下表提供的支架分析、评价这节课的设计。

本节体现了综合应用课的哪些特点？结合案例具体说明	
案例中采用了哪些教学策略和方法？结合案例具体说明	
综合评价这节课的设计（如任务设计的开放性与应用性、作品制作方法和过程引导、有效性、建议等）	

设计实训

选择一个小学信息技术某个单元，尝试设计一节复习课。

设计者:	
小组成员:	

章节标题			
实施年级		教学环境	□多媒体电教室　□多媒体网络教室 □1∶1数字化教室　□＿＿＿＿＿
主要知识点及知识点之间的关系			
策略与方法			
自我反思			

模块八　小学信息技术教学设计创新

学习提要

本模块主要为拓展性知识，包括当前信息技术教育、数字化学习领域的一些热点问题，这些知能点可能成为小学信息技术教学设计创新之源。主要内容包括数字布卢姆、翻转课堂和面向STEM的小学信息技术教学设计。考虑到学生学习的主动性和积极性，建议本模块采用小组合作学习和探究性学习，每个小组通过信息检索、案例分析和小组讨论，形成小组学习报告。通过这种以学生为中心的教学，激发学生的学习自觉性，拓展课堂学习的深度和广度。

学习目标

知识与技能	理解数字布卢姆的内涵；能够熟练运用各种数字化工具支持小学信息技术教学；掌握小学信息技术翻转课堂教学设计的基本流程；理解STEM的内涵与发展，掌握小学信息技术拓展类课程的开发
过程与方法	结合小组合作学习和探究性学习活动，体验信息技术教学设计创新的相关研究成果；通过小学信息技术教学创新设计活动，掌握信息技术校本拓展课程开发与实施的基本方法
情感态度与价值观	结合小组合作和探究性学习活动，形成学科前沿跟踪、系统思维、合作学习和自主探究的意识与态度

引言

经过一个学期的学习，小张对于小学信息技术这门课及其教学设计有了全面的理解和掌握，并能够独立完成小学信息技术教学设计。但他也感觉到，完成一个教学设计作品，离真正的教学实施还有一定的距离，老师建议他多看一些实践性的案例，尤其应多去体验一些实际的课堂活动。在老师的引荐下，他全程参与了某区教育局信息技术教研室的一次教研活动。在这次活动中，小张领略到了小学信息技术教学的丰富多彩，各位老师在课堂上采用了翻转教学、项目化教学等教学方法，还有很多老师采用网络教学、机器人教学等不同的信息技术教学方式，他深感信息技术教学是一项创新性的实践活动，还需要不断拓展知识、更新思维……

任务 1 基于数字布卢姆的小学信息技术教学设计

一、数字布卢姆的内涵

数字布卢姆是布卢姆教育目标分类学在数字时代的延伸，是一种活动+工具的应用思路。数字布卢姆既可以用于个人知识管理，也可用于课堂教学中，从而能够快速、方便地选择合适的信息化工具，提高学习和工作成效。

2001 年，L.W.安德森等在《学习、教学和评估的分类学——布卢姆教育目标分类学（修订版）》一书中，将布卢姆认知领域教育目标的分类修订成了"识记、理解、应用、分析、评价、创建"六个层次。2009 年，美国教育专家迈克尔·霍尔根据这一新的目标分类，将可用于学习的 25 个社会性软件工具进行分类，以促进教师和学生共享优秀、实用的信息化工具。

可根据表 8-1 "数字布卢姆"行为与工具的映射关系，掌握各个层次的关键行为、学习活动、典型工具。

表 8-1 "数字布卢姆"行为与工具的映射关系

层次	关键行为	可能进行的学习活动	典型工具举例
识记	认出、列出、描述、确认、想起、起名、背诵、找到、指出、列出要点、高亮、添加书签、添加社会网络书签、添加星标、搜索	背诵、猜谜、下定义、找论证、工作单、标记、列表、模仿、标记书签、基本搜索	文字处理软件、浏览器、视频分享网站、图片博客、社会化书签、搜索引擎
理解	阐述、总结、推断、释义、分类、对比、解释、举例、高级搜索、发表博客日志、分类、加标签、批注、注释、订阅	总结、搜集、阐释、展示、讲说、罗列要点、添加标记、概括、高级搜索、发布博客日志、分类或添加标签、批注、注释、订阅	Skype、博客、微博、RSS、社交网络、E-mail、Google 高级搜索、Wikispaces
应用	实施、实行、使用、执行、运行、读取、玩游戏、操作、破解、上传、分享、编辑	图解、模拟仿真、展示、演示、访谈、演出、编辑、游戏	Google 地图、在线画图软件、在线文字处理软件、仿真实验室、PowerPoint、播客、网络电话、音视频编辑、在线游戏、交互式电子白板
分析	对比、组织、解构、找出特性、找出要点、发现、建构、整合、混合、链接、反编译、破解程序、媒体剪辑和绘制思维导图	调查、建立数据库、写摘要、绘制思维导图、报告、画图、电子表格、检查表单、统计图	网络调查与投票、数据库软件、Google 表单、维基百科、Google Earth 地理信息系统软件、Xmind 等思维导图软件、在线电子表格

续表

层次	关键行为	可能进行的学习活动	典型工具举例
评价	检查、假设、批判、实验、判断、测验、检测、监测、评论、评述、发表、仲裁、合作、建立网络关系、反馈、测试软件、验证	辩论、讨论、报告、评价、调查、裁决、下结论、说服性演讲、评论与评述、合作、建立社交网络	聊天室、讨论版、论坛、网页发布、幻灯片展示、排版软件、文字处理、BBS、即时聊天工具、Moodle
创建	设计、建构、计划、制作、创造、发明、创作、编程、制作动画、发布博客、发布视频、视频合成、视频编辑、编辑维基百科、发表作品、发表播客，指导/制作、创建和编译混搭型网站（mash-ups）	编辑电影、展示、讲故事、编程、做项目、开发新游戏、建模、编曲、媒体制作、广告设计、画图	影片制作工具、动画创作工具、展示工具、编程软件、博客工具、网络视频制作工具、游戏制作工具、Maya 3D、AutoCAD、各种视频与音频软件、动画制作工具、画图工具

二、"教学版"数字布卢姆

不是所有的信息技术工具都适用于课堂教学，也不是所有工具都适用于个人学习或个人知识管理。只有促进有效教学，实现教育目标的工具，我们才可以认为它是教学中的使能技术。为此，本书整理了一些在教学中运用方便、学生接受度高的信息技术工具，将这些工具归纳至数字布卢姆，作为教学的使能技术，建构成"教学版"数字布卢姆。数字布卢姆各个层次的教育目标中囊括了各种不同类型的信息技术工具，但工具实现的教育目标不是一成不变的，因此数字布卢姆的工具体系具有变动性和灵活性，工具可以根据不同的学习环境和运用方法而成为不同层次的信息技术工具。以下就依据各种信息技术工具可实现的不同层次的教育目标将"教学版"数字布卢姆分成几类。

1. 识记

（1）搜索引擎

搜索引擎就是互联网中的信息检索系统。国内用户比较常见的是谷歌、百度等搜索引擎。百度搜索的工作周期是10天左右更新一次，谷歌15天左右更新一次网站。

当学习者在学习过程中遇到未知的学习内容需要得到解答时，学习者利用搜索引擎查找并识记所需知识。但网络中的信息资源繁杂，信息量巨大，如何在浩瀚的信息海洋中找到所需的信息，需要学习者自身理解知识，因此，学习者也可以在不断地筛选知识、选择知识的过程中理解知识，达到理解的教育目标层次。学习者筛选和选择知识时，会比较各种网页提供的知识的异同以及优缺点，这一

☞小试牛刀：尝试运用没有使用过的信息技术工具，体会其功能及其对教学的支持

过程可以促进学习者达到分析所学知识的教育目标层次。因此，搜索引擎不仅可以使学习者达到识记层次的教育目标，有时也可以实现理解、分析、评价等教育目标层次。

（2）Xnote网络记事本

Xnote是一款简洁的云端网络记事本，包括随笔、记事本、相册、收藏夹等功能。操作简单，可以不用客户端软件，直接用浏览器登录，并采用https加密连接访问，数据传输安全。Xnote可以在个人计算机上使用，也可以在手机上使用，方便用户随时随地进行记录。

学习者可以将所学的知识作为备忘保存至Xnote中，方便随时随地不受时空限制地识记知识。对于保存在Xnote中的知识，学习者可以根据自身对知识的理解做笔记，促进对知识的深入理解。或者在课堂中教师讲授完所有的知识后，学习者可以通过Xnote整理所学知识，作为复习笔记，在做笔记的过程中发散性地思考问题，理解所学知识，创建适合自己学习习惯的笔记文档。因此，Xnote云端网络记事本不仅可以帮助学习者实现识记层次的教育目标，也可以实现理解、创建等层次的教育目标。

（3）百会写写

百会写写是百会网提供的一款在线文字处理器，其使用方法与Word软件一样，但百会写写是在线应用办公平台。用户可以终生免费使用，无需安装，无需用户升级。除了包括Word已有的一些类似编辑文档、备份文档、协同工作等功能以外，百会写写可支持各类文档导入、导出和发布。

学习者可通过百会写写编辑、储存所需的网络信息资料，识记所需知识点，整理所储存的文档材料，理解材料并将其内化为自己的认知图式。百会写写可以用于帮助学习者实现识记、理解、分析、创建四个层次的教育目标。

（4）百度搜藏

百度搜藏是百度网上提供的一种免费的网络收藏夹。通过使用百度搜藏，用户可以高效地收藏、整理网络资源，无论何时何地都能浏览、搜索和使用。百度搜藏包括全文收藏、快速查找、网页快照、分享资源等功能。

学习者利用百度搜藏收集所需信息的相关站点，识记所收集到的站点中的相关知识，筛选与所学有关的信息资料，理解所学知识点。因此，百度搜藏可促进学习者实现识记、理解层次的教育目标。

2. 理解

（1）新浪微博

新浪微博是一个由新浪网推出的，提供微型博客服务的网站。新浪微博也可以用于不同平台，如网页、Wap页面、手机平台。用户可以将所看、所想、所感通过计算机或手机随时随地在新浪微博上发布，与朋友分享讨论。除新浪微博外，腾讯微博等应用也非常广泛，用法也大同小异。

学习者利用新浪微博关注所学知识相关领域的专家学者，关注这些专家学者对相关知识的理解与看法，更深入地理解相关知识。学习者亦可以在微博上发表对所学知识的见解，与同学或网友讨论，批判性地思考相关知识。因此，微博能实现学习者理解和评价层次的教育目标。

（2）电子邮箱

国内常用的电子邮箱有QQ邮箱、网易邮箱、新浪邮箱等。学习者可以与同学通过邮件往来讨论所学知识，加深对所学知识的理解，也可以将所学重要的知识材料保存在邮件中，方便以后多次查阅。

（3）新浪点点通阅读器

点点通阅读器是新浪推出的一款实用阅读软件。通过它我们可以获取、阅读和管理xml格式的信息。新浪点点通阅读器小巧、易操作、界面友好、功能齐全。学习者可以直接在点点通阅读器的频道列表中选择所需了解的知识领域的信息，阅读器会根据学习者自身设置的时间自动更新内容，使学习者可以随时浏览相关知识领域的最新的信息，识记并理解相关知识。

（4）麦库记事

麦库是由盛大创新院开发的一款永久免费的个人云端记事本。用户可以随手记事、拍照、录音并分类整理，所有资料都存在云端的私密个人空间，永不丢失，个人计算机和手机平台都可以应用。学习者在平时学习中可以利用麦库做笔记，保存至云端，无论何时何地用哪台计算机或手机都可以随意查看，不受时空限制。

3. 应用

（1）百会秀秀

百会秀秀是百会网提供的在线演示文稿服务。百会秀秀对个人用户完全免费，用户可共享演示文稿给其他人，或在浏览器中浏览和编辑演示文稿。百会秀秀的文档也可以直接嵌入到用户的博客或个人网站中。访问不受时空限制，数据安全性良好。百会秀秀的用法与PowerPoint软件的用法大同小异，操作简单，因此适合更多各种年龄段的学习者。学习者在课堂中掌握所学的知识后，将知识点整理，制作成幻灯片，向其他学习者展示，一方面进一步应用原有知识，一方面在原有知识的基础上更新知识、创建作品。

（2）红蜻蜓抓图精灵

红蜻蜓抓图精灵是一款完全免费的专业级屏幕捕捉软件，提供多种捕捉方式和多种输出方式，软件体积比较小，用户可以根据自己的需求进行屏幕截图。除了红蜻蜓抓图软件外，许多操作系统有自带的一些抓图小工具，如Window 7的开始菜单下就自带了截图工具，功能虽然不多，但简单易用。当学习者发现与自己所学知识相关的文字、图片或网页资料时，都可以用这些截图软件保存下来，加深对所学知识的理解和应用。

4. 分析

（1）好看簿

好看簿是一个 Web 2.0 图片分享网站，是用照片记录生活的图片博客。现在已有许多一线教师在好看簿中以图片故事的形式，图文并茂地分享自己的图片故事，进而与其他教师、同学讨论、交流与协作。学习者初步掌握关键知识点后，在互联网搜索相关知识，并辅以自己的观点看法，整理成图片故事与其他学习者讨论分享。

（2）Mindpin 思维导图

思维导图是帮助学习者理清思路、有效思维的重要手段之一，已经在全球范围内广泛使用。思维导图软件也逐渐进入人们的视野，尤其是在线思维导图，由于其绿色无安装和免费升级的优点受到人们的欢迎。Mindpin 是国内在线思维导图软件之一，用户免费注册账号后，就可以在线编辑思维导图。Mindpin 也为用户提供了一些可用的模板，用户可根据自己的需要进行选择和修改。将编辑好的导图代码通过复制，就可以直接发布至博客中。学习者在学习知识时，可以利用 Mindpin 构建知识网络图，理解知识的意义，了解知识点之间的关系，学会用思维导图分析问题。

（3）百会

百会是全球领先的在线办公平台。可以利用百会写写编辑文档，利用百会格格制作表格，利用百会秀秀制作演示文稿，也可以利用百会聊聊与其他用户即时聊天，自由添加其他各种应用。它是个人用户"终生免费使用、无需安装升级、无限存储空间、轻松分享协同"的在线办公软件。百会平台中嵌入了各种应用，学习者进行基础知识学习时，利用百会提供的各种应用服务，整理学习资料，加深对基础知识的理解，分析各知识点之间的相关性或异同。

5. 评价

（1）腾讯 QQ

QQ 是腾讯公司开发的基于互联网的即时通信软件，支持在线聊天、视频电话、点对点断点续传文件、共享文件等多种功能，在个人计算机和手机平台上都可以使用，是国内运用最为广泛的聊天软件之一。学习者可以利用 QQ 与其他学习者在线交流，分享彼此对所学知识的见解，以批判性的思维评价所学知识。

（2）网易博客

网易博客是网易为用户提供个人表达和交流的网络工具。用户在博客中可以通过日志、相片等多种方式记录与分享个人的感想和观点。除了网易博客之外，新浪博客、QQ空间等，都是类似的产品，用法都大同小异。学习者可以在博客上对所学知识发表自己的看法，也可以在他人的博客上与不同领域的学习者相互交流。

（3）Word软件

Word软件是微软公司开发的办公软件套装Office中的文字处理软件。它在文字处理软件市场上占主导地位。通过Word软件，用户不仅仅可以创建、编辑、美化文本文档，还可以制作具有专业水准的文档。另外，Word软件还提供了丰富的审阅、批注功能，有助于收集他人的反馈信息，批判性地审视所掌握的知识。

（4）BBS

BBS是一款电子信息服务系统，它为用户提供一块公共电子白板，任何用户都可以在公共电子白板上发布信息或提出看法。用户在BBS中可以选择自己感兴趣的专业组或讨论组，在感兴趣的帖子中发表评论。现今的BBS除了兼顾发帖、回帖等基本功能外，还嵌入了网络硬盘、相册、投票等功能。教师可以在BBS中发布作业，学习者通过回帖来发布自己的作业，这样每个学习者都可以看到其他学习者的作品，方便学习者之间相互交流与共享。

6. 创建

（1）维基百科

维基百科是一个基于Wiki技术的全球性多语言百科全书，是一个动态的、可自由访问和编辑的全球知识体。任何人都可以通过网络在维基百科中创建和修改内容。学习者将习得的知识添加至相关领域的知识点目录下，从而更深入地掌握知识、创新知识并与他人分享。

（2）Photoshop

Photoshop是一个由Adobe Systems开发的图像处理软件，主要处理以像素构成的数字图像。Photoshop软件可以进行图像编辑、图像合成、校色、调色及特效制作等。现阶段网络中还出现了在线PS，受到许多用户的欢迎，它包括Photoshop中大量基础功能，无需软件支撑。学习者在创建新作品时，可以利用Photoshop制作与知识点相关的图片，培养在日常生活中合理运用信息技术的能力。

（3）优酷网

优酷网是视频分享网站，它可以为用户提供浏览、搜索、创造和分享视频等服务。与播客有所不同，在优酷中无论是专业的还是业余的，不管是个人的还是组织的，各种形式的视频都可以在优酷这个平台上得以分享和传播。在优酷网中，用户还可以发起视频擂台，评价他人的视频。学习者理解、应用了基础知识后，可以联系实际，用发现的眼睛发现生活中的点滴，用摄像设备记录下来，编辑完成作品，上传至优酷网上与他人分享。

（4）Tap.cn

Tap.cn是一个可视化的建站平台，它将建站模板的修改变为可视化操作，用户只要在可编辑状态下点击或拖动就可以改变模板中各模块的构成。Tap.cn不仅可以帮助用户写博客、发照片、展示简历和制作名片，也可以用来制作企业站点、工作室主页。学习者还可以根据自己的学习习惯为个人建立一个学习站点，养成良好的学习习惯，增加与他人交流的机会。

事实上，学习者可以用的信息技术工具有很多，但在教学中运用信息技术的目标是要能够实现有效教学，无法促进教学优化发展的信息技术工具没必要在教学中运用。

三、基于数字布卢姆的教学活动设计

以学习者为中心的教学设计理论提供了13个可以实现教育目标的教学活动，下面将这些教学活动归纳为与教育目标相对应的6个教学活动，以这6个教学活动，分别实现6个层次的教育目标。

1. 回忆旧知，引入新知

教育目标层次：识记。

教学活动：意义建构活动——回忆旧知，引入新知。教师以提问的方式要求学习者回忆上一节课所学内容或是以前学过的与本节知识相关的知识点。学习者回忆知识后，回答问题，达到识记的教育目标层次。从新旧知识的联系中引入新一节课的教学内容。

数字时代的学习行为：网络检索、保存信息、高亮、列出要点等。如学习者回忆原知识时，可以利用搜索引擎展开网络搜索，在网络中找到回答教师问题的正确答案后，在文本文档中保存信息，选择有用信息高亮显示，列出其中要点回答教师问题。

2. 细化知识点，建立联系

教育目标层次：理解。

教学活动：意义建构活动——细化知识点，建立联系。教师以讲授的方式将所需教授的知识分割成各个小的知识点，逐个讲解。要求学习者找出各个小知识点之间的联系，促进学习者对整体知识的理解。

数字时代的学习行为：总结、展示和演讲、发布微博等。如当学习者了解了细化后的知识点后，用文字处理工具、思维导图工具总结各知识点之间的联系，用演示文稿工具展示和汇报对知识点之间关系的理解，或是将个人的理解发布至微博中与更多的学习者交流，从他人的理解中提升自己的认识。

3. 跟随教师操练，建立序列化联系

教育目标层次：应用。

教学活动：意义建构活动——跟随教师操练、建立序列化联系。教师应用所学知识点，一边讲解一边演练给学习者观看。学习者跟随教师操练，掌握序列化的操作步骤，将已理解的知识转化成可实际应用的知识。

数字时代的学习行为：实施、运行、读取、分享、上传等。如学习者运行相关程序，读取文件进行练习操作，完成练习成果后，可以上传或分享到博客或个人网络空间中。学习者也可以将操作步骤用抓图软件记录下来在网络中与他人分享。

4. 布置任务，分析、分解任务

教育目标层次：分析。

教学活动：能力生成活动——任务布置，分析、分解任务。教师布置与知识点紧密联系的任务，要求学习者在开始完成任务之前先进行构思，分析、分解任务，确定完成任务作品的方法与步骤。这一过程可以促进学习者培养分析问题、解决问题的能力。

数字时代的学习行为：建构、整合、绘制思维导图等。如学习者能利用百会写写等工具整合作品的思路，或利用思维导图工具建构制作作品的步骤，还可以将这些思路分享至好看簿中与其他学习者交流，收集多方意见。

5. 观察作品，评价优劣

教育目标层次：评价。

教学活动：能力生成活动——观察作品，评价优劣。教师向学习者呈现一些已完成作品，让学习者自己评价作品的优劣，从中吸取经验，使学习者自己制作作品时可以扬长避短。这一过程可以促进学习者用批判性思维评价他人和自己的作品，形成多元视角和批判性思维的能力。

数字时代的学习行为：评论、反馈、发表、合作、建立网络关系等。如学习者在BBS中观察作品后，在同一帖中发表评论，指出作品中优劣。或学习者在网络中发现作品，评论后与作品的作者建立长期的网络关系，通过QQ相互交流、分享经验，合作其他作品。

6. 创建作品

教育目标层次：创建。

教学活动：能力生成活动——创建作品。教师要求学习者根据所学知识点，以及从其他作品评价中所积累的经验，完成与知识点相关的作品。在创建作品的过程中可以培养学习者发散思维、创新思维、解决问题的能力。

数字时代的学习行为：制作、发表、编辑、合成等。如学习者在制作作品

时，可以将制作过程录制下来，发表至专业论坛或视频网站。也可以在网络中下载多个素材，将几个素材合成制作成符合要求的一个作品，然后发表至网络中。视频可发表至优酷网，文字内容可发表至维基百科中。作品需要创意图片时可以通过Photoshop来制作完成。学有余力并对网站建设感兴趣的学习者可以利用Tap.cn为自己的作品建立一个网站。

因此，利用教育目标、学习活动以及数字时代的学习行为三者之间的映射关系，我们可形成如图8-1的教学活动框架图。教学可以按活动框架中的步骤依次实现6个层次的教育目标。

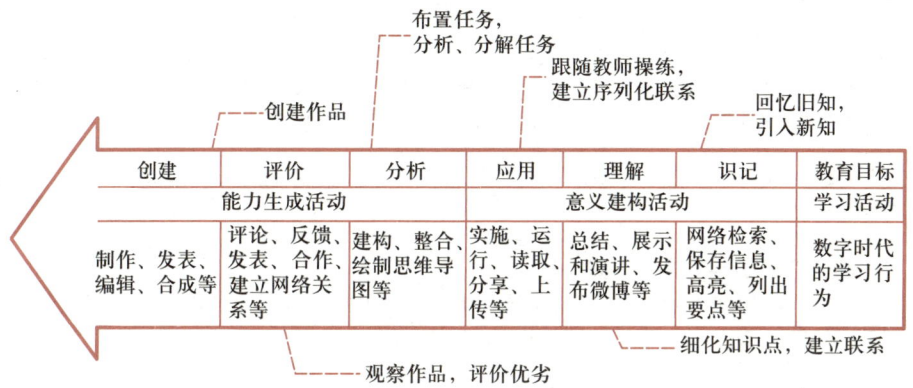

图8-1 数字布卢姆视野下的教学活动框架图

教学是一个变化的、灵活的过程，教学中的活动、行为、工具其实也并不是一成不变的。因此，上述学习活动框架，并不是固定不变的。在教学中运用时，可以只选择一个或两个活动来操作，并不需要按六个步骤依次实施程序化教学。因为不是所有的教学都必须实现六个层次的教育目标，也不是所有的教学都必须用数字布卢姆才可以促进学习者能力的发展，有些教学只有一部分内容需要用数字化的方式促成教育目标的达成，因此只要按学习者对学习内容所需实现的教育目标层次，引导学习者采取相应的数字时代学习行为，实施与教育目标层次相对应的教学活动。

四、基于数字布卢姆的教学设计案例

1. "让图片秀起来：美图秀秀——美化图片"教学（第一课时）

本节课是美图秀秀入门课，主要介绍美图秀秀的界面组成、功能模块以及美化图片的简易操作。本节课的内容本来不是课程大纲中的内容，但为了在学期末能为信息技术课进行承上启下的连接，所以课程大纲中的内容完成后，教师选择比Photoshop更简单、更被学生熟知的美图秀秀来教学。班级中有很大一部分学生在课前已经接触过美图秀秀，因此本节课的教学内容相对比较少，教学任务相对较轻。具体的教学流程如表8-2：

表8-2 "美图秀秀——美化图片"教学流程

教师活动	学生活动与行为	设计意图	目标层次
带领学生一起回忆：Word用来处理文字，Excel用来处理数据，那么用什么来处理图片？	回忆、思考、回答问题	引入美图秀秀，吸引学生注意	识记
比较Photoshop与美图秀秀的区别，提问学生区别在哪里	对比、思考、回答问题	让学生体会美图秀秀简单易用的优点	理解
呈现美图秀秀作品，提问：这些作品可能用到了什么样的操作？	分析、思考、讨论、回答问题	使学生体会美图秀秀"小软件大功能"的优点	分析
介绍美图秀秀的界面构成以及主要的功能模块	观察、思考	使学生对美图功能有粗略认识	识记
打开美图秀秀，介绍亮度、对比度、色彩饱和度和清晰度，边操作边讲授使用方法	观察、思考	使学生掌握操作技能	识记、理解
要求学生运用所给的材料自主练习	应用、观察、讨论、操作	操作技能内化	应用
介绍图片特效的运用方法，重点讲授几种常用特效	观察、讨论、思考	使学生掌握操作技能	识记、理解
介绍常用工具箱中的工具，提问：消除笔与橡皮擦的区别是什么？	观察、讨论、对比	促进对操作技能的深入理解	理解
布置任务	观察、记录	应用所学操作技能	分析
要求学生先打开BBS，观察其他学生的作品	观察、评价、评论、讨论	拓展学生的创作思路，培养学生的批判性思维	评价
要求学生创作作品，完成后上传至BBS中	创作、思考、生成、上传	培养学生的创新性思维	创建
要求未完成作品的学生将作品上传至网络硬盘中，课后完成	创作、上传	培养学生的创新性思维	创建

2. "让图片秀起来：美图秀秀——创意图片"教学（第二课时）

本节课主要介绍运用抠图笔制作创意图片。课程内容简单，但主要是要激发学生用创新性的想法完成作品。本节课的教学流程如表8-3：

表8-3 "美图秀秀——创意图片"教学流程

教师活动	学生活动与行为	设计意图	目标层次
利用PowerPoint展示几张趣味图片，提问：这几张大概是用怎样的操作来完成的？	思考、分析、回答问题	复习上节课知识，引起学生注意	识记
提问：这些作品中用到的操作技巧的共同点是什么？	思考、分析、回答问题	引入课程主题"抠图"	识记
讲授抠图笔的三种方式及操作方法	观察、记忆	初步掌握操作技能	理解
要求学生利用已给材料练习抠图笔的用法，教师从旁指导	练习、应用	练习操作技能，将操作技能内化	应用
讲解学生在练习过程中所遇到的问题，讲授前后背景的设置方法	观察、记忆、思考	掌握新的操作技能	应用
布置任务：要求学生通过整合其他图片来制作创意图片	观察、思考、分析	使学生先在脑中构思图片的创作过程	分析
要求学生打开BBS，观察其他学生的作品	观察、评价、评论	培养学生的批判性思维，并拓展学生的创作思路	评价
观察学生有无学习困难，并从旁指导	制作、创作、修改	培养学生的创新性思维	创建
要求完成的学生将作品上传至BBS中	保存、上传、修改	培养学生对任务或作业的责任感	创建
要求对作品有信心的学生将作品上传至微博，参加美图比赛	保存、上传、修改	使学生体会作品带来的成就感	创建
提醒上传了微博的学生，可以欣赏其他参赛者的作品	观察、评论、转发	开拓学生的创作思路，培养其批判性思维	评论
告知未完成的学生将作品上传至网络硬盘中，课后完成上传	保存、上传	培养学生对任务或作业的责任感	创建

本节课的特色在于让学有余力的学生将作品发布到新浪微博中。在美图秀秀作品页发起比赛，把自己用美图处理好的照片发到微博和美图秀秀。教师鼓励学生参与比赛，不仅可以增加学生的信心、提高学生的学习兴趣，还能活跃课堂。

3. 教学反思

教师对数字布卢姆的工具体系与活动框架已经有了深入的了解，对开展相应的教学活动已完全适应。大部分学生也能够适应数字布卢姆的活动框架作为一种使能技术应用于教学中。活动收到了良好的效果。不过，该活动框架虽然包含六个教育目标层次的学习活动，但在研究中运用得较多的仍是评价层与创建层的活动，其他层次的教育目标鲜少实现。因此在今后的研究中应积极探索与其他层次相对应的活动框架的运用。

任务2 小学信息技术翻转课堂教学设计

☞微课：什么是翻转课堂？

随着国际互联网的飞速发展及信息技术的普及，网络对社会政治、经济、文化等各方面的影响日益广泛、深刻。每一个学习者几乎都拥有自己的个人信息终端，那么教育将如何"与时俱进"？最近一两年出现了"微课堂""互联网课堂""电子书包"等新名词，2012年，"翻转课堂"（也称反转课堂、颠倒课堂）成为国内外教育信息化的高频率新词汇，相应地也成了教育技术领域的一个热门话题。这种新型的教育教学形式，颠覆了传统意义上的课堂教学模式，也让处于课程改革焦灼状态的人们看到了课堂改革的新希望。

一、翻转课堂的来源

"翻转课堂"（flipped classroom）最早的探索者是孟加拉裔美国人萨尔曼·可汗。他在为其侄女和侄子辅导数学功课的过程中，想到了通过制作教学视频让更多学习有困难的孩子享受这一教学资源。2006年11月，他制作的第一个教学视频传到了相关视频的网站上，很快引起了人们的关注。后来，萨尔曼·可汗将这个副业逐渐变成了自己的主业，目前已经在网站上开放了2 300多段免费视频，有5 400万学生通过网络参与他的课程学习。如果说萨尔曼·可汗主要还是对学生进行学习辅导的话，那么科罗拉多州林地公园高中的两位化学教师乔纳森·伯尔曼和亚伦·萨姆斯则进行了颠覆传统课堂的尝试。

这两位化学教师在考虑如何给因病无法出席课堂教学的学生补课时，找到了一个可以录制PowerPoint的软件，并将自己的教学课件录制下来，把课堂实录放置到网站上，以供那些缺席的学生学习使用，缺席的学生很珍惜这个机会去补习他们所落下的功课。但是，令人惊讶的是，从未缺席的学生也会使用在线材料，他们主要用来复习和强化课堂学习。而后，这两位化学教师开始重新思考，究竟如何利用好课堂教学实践，由此提出了"翻转课堂"的理念，这种教学模式受到了学生的广泛欢迎。为了帮助更多的教师理解和接受翻转课堂的理念和方法，他们于2012年1月30日在林地公园高中举办了翻转课堂"开放日"，让更多的教育工作者来观看翻转课堂的运行情况和学生的学习状态，这种做法促进了翻转课堂教学模式的推广。近年来，"翻转课堂"这一新的教学模式受到很多国家的学校的热烈欢迎。

"翻转课堂"的这一尝试，取得了多方面的效益。其一，学生可以按照自己的学习习惯来安排学习的进度，学习的自我管理意识大大增强；其二，通过网络及时的反馈，教师可以了解到学习困难学生的困难所在，能够做出更有针对性的辅导；其三，课堂上互动交流的时间大大增加，同伴之间的相互帮助和提醒提高了学习的效果；其四，学生的学习成绩有了明显的提升。

二、翻转课堂的内涵

许多教育者正在实践翻转课堂这种新的教学模式，那么到底什么才是翻转课堂呢？翻转课堂是，通过对知识传授和知识内化的颠倒安排，在课堂外实现在线教学并且将"作业"带入课堂，以转变传统的教学模式。它的核心思想就是翻转传统的教学模式：教师创建教学视频和交互性教学课件供学生使用，以往这些事件都是发生在课堂之中，现在发生在学生家中，而教室则成为学生参与问题讨论、合作学习的场所。

进行翻转课堂的教师普遍认为这种教学模式不仅仅是按自己的教学安排制作视频，更重要的是怎样集成一个整体的方法。在翻转课堂里，学生不应该仅仅是完成观看视频任务，教师还应检查他们的学习笔记并且要求学生带着问题来到课堂上参与讨论。学生需要经过一段时间来适应这种学习模式，随着时间的推移，学生们能够提出较好的问题并且能够对内容有更深入的思考。经过应用翻转课堂，教师能够更容易地对学生进行个别化的分析，来探究他们在理解科学概念上的误区以及更正学生不正确的观念。

三、翻转课堂和传统课堂的对比分析

1. 翻转课堂翻转了传统的教学理念

传统课堂中是"以教师为中心"，虽然现在一直在提倡"双主模式"或者"以学生为中心"，但基于我国教育实情，实际上很难落到实处；而翻转课堂真正做到了"以学生为中心"，做到了因材施教，即教师根据学生的个别问题进行个别指导。

在传统课堂中，学生经常是被动的接收者，边听讲边记笔记，在课堂上很少有学生进行讨论并发表观点；而在翻转课堂中，学生拥有了自己的学习主动性，能够按自己的节奏自主学习，真正成为整个课堂的主角。但这并不意味着教师不再是知识交互和应用的中心，教师从知识传授者变成了学习的促进者，有针对性地对学生进行个别指导并提供必要的支持。

2. 翻转课堂翻转了传统的教学流程

教学应该包括知识的传授和知识的内化，在传统课堂中，知识传授发生在课堂里，学生在课堂上跟着教师的教学步调齐步走，学习新知识；知识内化则发生在课堂外，学生在课后自主学习并将学到的知识和技能运用到日常实践中；而翻转课堂中真正实现知识传授和知识内化的颠倒，表现在学生课前利用网络课件自主学习，接受知识的传授，课堂中教师因材施教，或开展活动帮助学生掌握和运用在课前学到的新知识与新技能，使学生实现知识的内化。

四、翻转课堂的特点

利用视频实施教学，在多年以前人们就进行过探索。在20世纪50年代，世界上很多国家所进行的广播电视教育就是其中之一。为什么当年所做的探索没有对传统的教学模式带来多大的影响，而翻转课堂却备受关注呢？这是因为翻转课堂有如下几个鲜明的特点。

1. 教学视频短小精悍

不论是萨尔曼·可汗的数学辅导视频，还是乔纳森·伯尔曼和亚伦·萨姆斯所做的化学学科教学视频，它们共同的特点就是短小精悍。大多数视频都只有几分钟的时间，比较长的视频也只有十几分钟。每一个视频都针对一个特定的问题，有较强的针对性，查找起来也比较方便；视频的长度控制在学生注意力维持时间范围内，符合学生的身心发展特征；通过网络发布的视频，具有暂停、回放等多种功能，可以自我控制，有利于学生的自主学习。

2. 教学信息清晰明确

萨尔曼·可汗的教学视频有一个显著的特点，就是在视频中唯一能够看到的就是他的手，不断地书写一些数学的符号，并缓慢地填满整个屏幕。除此之外，就是配合书写进行讲解的画外音。用萨尔曼·可汗自己的话语来说："这种方式，它似乎并不像我站在讲台上为你讲课，它让人感到贴心，就像我们同坐在一张桌子面前，一起学习，并把内容写在一张纸上。"这是翻转课堂的教学视频与传统课堂的教学录像的不同之处。视频中出现的教师的头像，以及教室里的各种物品摆设，都会分散学生的注意力，特别是在学生自主学习的情况下。

3. 重新建构学习流程

通常情况下，学生的学习过程由两个阶段组成：第一阶段是"信息传递"，是通过教师和学生、学生和学生之间的互动来实现的；第二个阶段是"吸收内化"，是在课后由学生自己来完成的。由于缺少教师的支持和同伴的帮助，"吸收内化"阶段常常会让学生感到挫败，丧失学习的动机和成就感。翻转课堂对学生的学习过程进行了重构。"信息传递"是学生在课前进行的，教师不仅提供视频，还可以提供在线的辅导；"吸收内化"是在课堂上通过互动来完成的，教师能够提前了解学生的学习困难，在课堂上给予有效的辅导，学生之间的相互交流更有助于促进学生知识的吸收内化。

4. 复习检测方便快捷

学生观看教学视频之后，是否理解了学习的内容，视频后面紧跟着的4~5个小问题，可以帮助学生及时进行检测，并对自己的学习情况作出判断。如果发现几个问题回答得不好，学生可以再看一遍视频，仔细思考哪些方面出了问题。学生对问题的回答情况，能够及时地通过云平台进行汇总处理，帮助教师了解学生的学习状况。教学视频另外一个优点，就是便于学生在一段时间之后进行复习巩固。评价技术的跟进，使得学生学习的相关环节能够得到实证性的资料，有利于教师真正了解学生。

五、翻转课堂的教学流程设计

美国富兰克林学院数学与计算科学专业的罗伯特·塔尔伯特教授在很多课程中（如"利用计算机工具解决问题""线性代数"）应用了翻转课堂教学模式并取得了良好的教学效果。经过多年教学的积累，罗伯特·塔尔伯特总结出翻转课堂的实施结构模型。该模型简要地描述了翻转课堂实施过程中的主要环节，然而适用它的学科多偏向于理科类的操作性课程，对于文科类课程还需要进一步完善。

1. 课前设计

（1）教学视频的制作

在翻转课堂中，知识的传授一般由教师提供的教学视频来完成。教学视频可以由课程主讲教师亲自录制或者使用网络上优秀的开放教育资源。自麻省理工学院"开放课件运动"以来，世界上涌现了一批高校、组织或者个人建设的开放教育资源，例如，哈佛大学、耶鲁大学的公开课，可汗学院课程，爱课程网的开放课程等。教师可以在优质的开放教育资源中，寻找与自己教学内容相符的视频资源作为课程教学内容，提高资源的利用率，节省人力、物力，也使学生接触到国际优秀教师的最新教学内容；然而开放性教育资源可能会与教师自己设计的课程目标、课程内容不完全相符。所以教师也可以自行录制教学视频，它能够完全与教师设定的教学目标和教学内容相吻合，同时教师也可以根据学生的实际情况对教学内容进行针对性的讲解，并可根据学生的差异多版本地录制教学视频。但是，自行录制教学视频也给教师的教学技术和时间提出了挑战。

教学视频的视觉效果、互动性、时间长度等对学生的学习效果有着重要的影响。因此，教师在制作教学视频时需要考虑视觉效果、主题的要点、设计结构的互动策略、时间长度等，为学生构建内容最丰富的学习平台，同时也要考虑学生能够坚持观看视频的时间。

教师开发视频课程时，还需注意如何使得学生积极参与到视频的学习中去。事实表明，当学生在首次参加视频课程时，大多数不是在认真听讲而是在记笔记。为了避免这些问题反复出现，教师应在重点内容上为学生提供视频副本，这样学生就可以集中精力思考正在解说的内容。

（2）课前针对性的练习

在学生看完教学视频之后，应该对视频中的收获和疑问进行记录。同时，学生还要完成教师布置的课前练习，以巩固学习内容并发现内容的疑难之处。对于课前练习的数量和难易程度，教师要合理设计，利用"最近发展区"理论，帮助学生利用旧知识完成向新知识的过渡；对于学生课前的学习，教师应该利用信息技术提供网络交流支持。学生在家可以通过留言板、聊天室等网络交流工具与同学进行互动沟通，了解彼此之间的收获与疑问，同学之间能够进行互动解答。

2. 课堂活动设计

翻转课堂的特点之一就是在最大化地开展课前预习的基础上，通过课堂活动设计完成知识内化。建构主义者认为，知识的获得是学习者在一定情境下通过人际协作活动实现意义建构的过程。因此，教师在设计课堂活动时，应充分利用情境、协作、讨论等要素充分发挥学生的主体性，完成对当前所学知识的内化。

（1）确定问题

教师需要根据课程内容和学生提出的疑问，总结出一些有探究价值的问题。学生根据理解与兴趣选择相应的探究题目。在此过程中，教师首先应该有针对性地指导学生如何选择题目。其次，根据所选问题对学生进行分组，其中，选择同一个问题者将组成一个小组，小组规模控制在5人以内。最后，教师指导学生根据问题的难易、类型进行小组内部的协作分工设计。当问题涉及面较广并可以划分成若干子问题时，小组成员可以按照"拼图"学习法进行探究性学习。每个小组成员负责一个子问题的探索，最后聚合在一起进行协作式整体探究。当问题涉及面较小、不容易进行划分时，每个小组成员可以先对该问题进行独立研究，最后再进行协作探究。

（2）独立探索

独立学习能力是学习者应该具备的重要素质之一。从个体的发展角度来说，学生的学习是从依赖走向独立的过程。著名教学论专家江山野认为，学生的"独立性"有四层意义：

第一，每个学生都是一个独立的人，学习是学生自己的事情，这是教师不能代替也是代替不了的。教师只能让学生自己读书，自己感受事物，观察、分析、思考问题，帮助他们自我明白事理，掌握知识。

第二，每个学生都独立于教师的头脑之外，不以教师的意志为转移。教师要想使学生接受自己的教导，首先就要把学生作为不以自己意志为转移的客观存在，作为一个具有独立性的人来看待，使自己的教育教学适应他们的实际情况。

第三，每个学生都有一种独立的要求，他们在学校的整个学习过程中也就是一个争取独立和日益独立的过程。

第四，每个学生（有特殊原因的除外）都有相当强的独立学习能力。总之，独立性是一种客观存在的根本属性。在翻转课堂的活动设计中，教师应该注重和培养学生的独立学习能力。教师要从开始时选择性地指导逐渐转为让学生独立探究学习，把尊重学生的独立性贯穿整个课堂设计，让学生在独立学习中构建自己的知识体系。

（3）协作学习

协作学习是个体之间采用对话、商讨、争论等形式充分论证所研究的问题，以达到学习目标的途径。协作学习有利于发展学生个体的思维能力、增强学生个体之间的沟通能力以及学生相互之间的包容能力。此外，协作学习对形成学生的批判性思维与创新性思维，提高学生的沟通能力，对形成个体间相互尊重的关系，都有明显的积极作用。因此，在翻转课堂中应该加强协作学习的设计。在翻转课堂的协作学习中，教师需要随时捕捉学生的动态并及时加以指导。小组是互动课程的基本构建模块，其互动涉及2～5人。在翻转课堂环境中，小组合作的优势是：每个人都可以参与活动；允许和鼓励学生以低风险、无威胁的方式有意义地参与；可以为参与者提供与同伴交流的机会，并随时反思自己的想法；能够提供多种解决问题的策略，集思广益。

指导翻转课堂小组活动的教师，要适时进行决策，选择合适的交互策略，保证小组活动有效开展。常用的小组交互策略有头脑风暴、小组讨论、拼图学习、工作表等。

（4）成果交流

学生经过独立探索、协作学习之后，完成个人或小组的成果集锦。学生需要在课堂上进行汇报、交流学习体验，分享作品制作成功的喜悦。成果交流的形式可多种多样，如举行展览会、报告会、辩论会、小型比赛等。在交流成果时，参与的人员除了本班师生外，还可以有家长、校外来宾等。

除在课堂直接进行汇报之外，还可以翻转汇报过程，学生在课余将自己的汇报过程进行录像，上传至网络平台，教师和同学在观看完汇报视频后，在课堂上进行讨论、评价。

（5）反馈评价

翻转课堂中的评价方式与传统课堂的评价方式完全不同。在翻转课堂评价中，评价应该由专家、学者、教师、同伴以及学生自己共同完成。翻转课堂不但要注重对学习结果的评价，还通过建立学生的学习档案，加强对学习过程的评价，真正做到定量评价和定性评价、形成性评价和总结性评价、对个人的评价和对小组的评价、自我评价和他人评价之间的良好结合。评价的内容涉及问题的选择、独立学习过程中的表现、在小组学习中的表现、学习计划的安排、时间的安排、结果的表达和成果的展示等方面。

> ▶ 资料夹
>
> 翻转课堂要在中国的教育热土上开花结果，促进我国的课程与教学改革向纵深的方向发展，需要做好以下几方面的准备。
>
> 1. 要树立教育变革的坚定信念
>
> 观念决定行为，有什么样的教育观念，就会有什么样的教育行为。很多教师在"分数至上"的教育环境中，已经形成了一种固定的教学范式和习惯。实施翻转课堂，必然要打破自己和教育环境之间的一种平衡态，让自己处于一个新的、没有确切把握的动荡状态之中。如果没有坚定的改革信念作为支撑，教师通常是不愿意"革"自己的命的。
>
> 2. 要有较高的教育信息化素养
>
> 今天的学生，生活在信息时代，对信息时代的电子产品和各类软件有着天生的亲近感。但今天的教师不同，他们的青少年时代基本上都没接触过计算机，缺少与信息技术的一份亲近感。大多数的教师平时使用计算机就是上网、编写一些文本和数据表格、制作课件等，其他的软件和技术很少涉猎。虽然视频可以聘请专业人员进行制作，但如果教师不具备与教学视频编制相关的一系列技能的话，要推动翻转课堂改革是很困难的。
>
> 3. 要抓住翻转课堂的关键点
>
> 为了实施翻转课堂，很多人将主要的精力都放在了教学视频的制作上，这其实也是一个误区。教学视频自然重要，但比教学视频更加重要的是如何支配课堂上多出来的这些时间。课堂上的对话和讨论，需要教

> 师进行精心的准备和细致的观察，真正做到因材施教。翻转课堂之所以成功，是因为课堂讨论所带来的学生"吸收内化"学习过程效果的提升。
>
> 翻转课堂利用丰富的信息化资源，让学生逐渐成为学习的主角。评价方式的改变，又可以进一步推动翻转课堂的普及。翻转课堂的推动，要打破现有的谁是教师，就由谁来评价学生的学习状况的传统做法，建立一种新型的评价机制。学生在学习的过程中，可以选择自己的任课教师的教学视频来学习，也可以观看其他教师的教学视频，只要能够顺利通过学习，都应该计学分。翻转课堂有利于优质教育资源的共享，对促进教育均衡发展也有很重要的意义。

任务3 面向STEM的小学信息技术教学设计

近年来，STEM教育已是美国教育的重中之重，其受重视的程度有目共睹。美国总统奥巴马在2013年的国情咨文中提出了两个教育目标，其中之一即为"培育新一代的STEM人才"。美国STEM教育计划是一项鼓励学生主修科学、技术、工程和数学领域的计划，并通过不断加大科学、技术、工程和数学教育的投入，提高学生的STEM素养。

一、STEM素养与信息技术课程变革

STEM教育就是科学、技术、工程、数学的教育。它作为美国应对21世纪国际人才竞争的一项国家教育战略，正在成为国际教育界的热点研究问题。信息技术课程的学科发展需要在课程上有所变化，应该说，STEM教育重视技术教育与科学、工程、数学领域结合的视角为信息技术课程的变革提供了一些启示：第一，技术（T）作为STEM教育中与科学（S）和数学（M）平齐的领域，在基础教育领域应该有其合适的地位，而课程设置应该保障这种学科地位；第二，技术课程的建设应该可以借鉴成熟学科科学（S）和数学（M）的做法，提高其学科的教学有效性；第三，技术教育应该着眼于国家竞争力提升的大局，因此应该部分地承担提升学生工程（E）能力、设计能力的任务，而这种提高应是可操作

的、大面积的提升。

STEM教育是一种"后设学科",即这一学科的建立基于不同学科之间的融合然后形成一个新的整体,将原本分散的学科形成一个整体,由此形成当今日趋受到重视的、跨领域的STEM教育。

STEM教育重在培养学生的四种素养。

第一,科学素养(scientific literacy),是一种运用科学知识理解自然界并参与影响自然界的有关决策,主要包括三大领域:生命与卫生科学、地球与环境科学、技术科学。

第二,技术素养(technological literacy),是指使用、管理、理解与评价技术的能力。学生应当知道如何使用技术,了解技术的发展过程,具备分析新技术如何影响自己、国家乃至整个世界的能力。技术对自然环境进行革新与改造以满足人们的现实需要。

第三,工程素养(engineering literacy),是指对技术的工程设计与开发过程的理解。工程课程基于项目,整合了多门学科的知识,使得难以理解的概念与学生生活密切相关。工程设计是把科学与数学原理系统地、创造性地用于实践的结果。

第四,数学素养(mathematical literacy),指学生在发现、表达、解释和解决多种情境下的数学问题时进行分析、推断和有效交流思想的能力。

二、STEAM的发展

STEAM(如图8-2所示)由美国弗吉尼亚理工大学的学者Yakman首次提出。STEAM中的A(Art)是指美术、语言、人文、形体艺术等。韩国学者金镇洙指出A狭义上是指美术、音乐等学科,广义上包括美术、音乐、社会、语言等人文语言艺术。

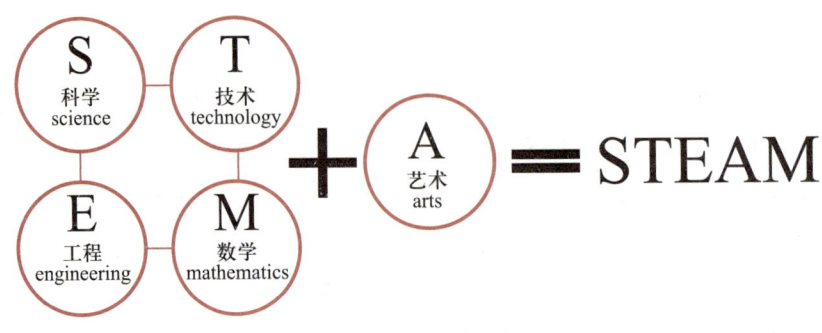

图8-2　STEAM组成

STEAM的课堂常常是基于真实问题解决的探究性学习（problem-based learning，简称PBL）、基于设计的学习（design-based leraning，简称DBL），它强调学生在看似杂乱无章的学习情境中发展设计能力与问题解决能力。在STEAM课堂上教师围绕一个真实问题，促使学生参与到一个班级范围内的小组中去开展研究，期间有可能通过面对面的方式、网络的方式与校外学习支持者、学习伙伴展开交流。在学习与研究的过程中，学生被要求使用技术搜集、分析数据，并设计、测试和改进一个解决方案，然后与其同伴交流研究成果。利用这类学习方式，学生需要花费更多的课外时间。

☞ 登录爱课程网，研习模块8任务4的文献资料《承载STEM教育的校本课程开发》

☞ 讲座：创客教育

模块小结

数字布卢姆是布卢姆教育目标分类学在数字时代的延伸，是一种活动+工具的应用思路，有利于在教学设计中整合不同功效的数字技术。在社会化技术的支持下，翻转课堂应运而生，通过对知识传授和知识内化的颠倒安排，在课堂外实现在线教学并且将"作业"带入课堂以转变传统的教学模式，这一教学模式对于信息技术教学具有很好的应用价值。STEM教育重视技术教育与科学、工程、数学领域的结合，为信息技术课程变革提供了新的启示。

反思探究

1. 何为数字布卢姆？数字布卢姆对中小学信息技术教学有何启发和意义？
2. 通过网络信息检索、小组讨论，整理翻转课堂实施的原理、方法。
3. 解释STEM的含义，并简要分析当前中小学信息技术课程与教学存在的问题。
4. 通过网络数据库检索，阐述儿童数字文化课程的概念与内涵；并且说明其与机器人教育、STEM等之间的关系；结合实践周的听课，简要阐述你心中的小学信息技术课程及教学设计。

设计实训

根据你所选定的小学信息技术教学设计的选题，参照如下翻转课堂教学流程，修订小学信息技术教学设计方案。

环节	教师活动		学生活动
课前知识传递	录制两段教学视频,时长分别是4分钟和6分钟。4分钟的视频主要讲述遮罩动画的原理,画面内容先是拿出一张纸,遮盖在一张照片上,用剪刀在纸中间挖开一个洞,然后让洞逐渐变大。画面配有教师对演示过程的陈述和对遮罩动画的原理和制作要点的详细讲解。6分钟的视频主要利用屏幕录制软件录制Flash软件制作遮罩动画的详细步骤,教师一边讲解一边操作,在Flash软件中新建文件后导入照片,在照片图层的上面新建一个图层,在新建的图层上制作一个圆从小变大的补间动画效果,然后将新建的图层设置为遮罩层,测试动画的效果		利用移动硬盘、手机等移动存储设备或通过电子邮件、QQ等网络交流工具获取教师录制的视频及其他教学资源。在课前完成视频内容的学习,按照视频操作步骤,制作遮罩动画,并随时记录学习中遇到的问题
课中知识内化	提出课题项目	1. 讲解学生在课前预习中遇到的共性问题 2. 布置项目任务:制作遮罩动画效果的电子相册,要求使用各种遮罩动画的形式呈现照片,照片大小、颜色调整合适,添加适当的文字和背景音乐 3. 案例引导:播放遮罩动画效果制作的优秀电子相册 4. 抛出问题:如何制作电子相册?	观摩优秀案例,讨论、回答教师的提问
	分组完成	1. 将学生进行分组,3人组成一个制作小组 2. 教师巡视查看各组学生的制作过程,随时了解学生的学习进展,关注容易出错的操作,实时点评好作品,对大多数学生的共性问题教师给予广播式的指导 3. 在大屏幕上循环播放优秀电子相册案例	带着电子相册制作的任务,参考教师展示的优秀电子相册案例,运用课前通过观看视频资源掌握的遮罩动画制作步骤等知识,完成遮罩动画效果电子相册的制作
课中成果评价	组织各组展示汇报作品,并让学生进行作品自评和学生间相互评价,最后教师进行总结性评价		每组派代表展示汇报作品,学生欣赏作品并进行评价
课后知识评价	1. 收集和整理学生的作品 2. 对学生在制作电子相册中遇到的问题进行总结并对每组作品撰写点评,将这些课堂动态生成的资源分享给学生		1. 完善并提交作品 2. 根据需要,继续学习教师课前提供的教学视频和课后分享的资源

参考文献

[1] 何克抗. 教学系统设计［M］. 北京：高等教育出版社，2006.

[2] 李艺. 信息技术课程与教学［M］. 北京：高等教育出版社，2005.

[3] 王吉庆. 信息技术课程与教学论［M］. 杭州：浙江教育出版社，2003.

[4] 李艺，李冬梅. 信息技术教学方法：继承与创新［M］. 北京：高等教育出版社，2006.

[5] 武晶晶. 小学信息技术课程的特点分析及教学建议［J］. 课程·教材·教法，2002（4）：9-10.

[6] 班华. 中学教育学［M］. 北京：人民教育出版社，1992.

[7] 盛群力. 教学设计［M］. 北京：高等教育出版社，2005.

[8] 马兰，张文杰. 教学设计［M］. 北京：高等教育出版社，2012.

[9] W. 迪克，L. 凯瑞，J. 凯瑞. 系统化教学设计［M］. 庞维国，等，译. 6版. 上海：华东师范大学出版社，2007.

[10] R. M. 加涅，等. 教学设计原理［M］. 王小明，等，译. 5版. 上海：华东师范大学出版社，2007.

[11] 李艺，钟柏昌. 信息素养详解［J］. 课程·教材·教法，2003（10）：25-27.

[12] 李艺，钟柏昌，等. 书写智慧 共同成长：全国信息技术课堂教学案例大赛优秀作品与点评（义务教育分册）［M］. 北京：北京师范大学出版社，2009.

[13] 邵瑞珍. 认知心理学［M］. 修订本. 上海：上海教育出版社，1997.

[14] 谭顶良. 学习风格论［M］. 南京：江苏教育出版社，1995.

[15] 张祖忻，章伟民，刘美凤. 教学设计：原理与应用［M］. 北京：高等教育出版社，2011.

[16] 韩国海. 新课程"三维教学目标"反思［J］. 中国教育学刊，2008（7）：51-54.

[17] 郝文武. 实现三维教学目标统一的有效教学方式［J］. 教育研究，2009（1）：69-73.

[18] 基础教育课程改革纲要（试行）［EB/OL］. 2001-09-26［2015-01-10］. http://www.edu.cn/20010926/3002911.shtml.

[19] 李金枝，李佳. 三维教学目标陈述的可操作性建议［J］. 教育理论与实践，2013（2）：54-56.

[20] 李龙权. 生成性课堂教学［M］. 上海：上海远东出版社，2008.

[21] 盛群力，马兰，褚献华. 界定三维教学目标之探讨［J］. 课程·教材·教法，2010（2）：31-35.

[22] 王理. 从两组案例看信息技术教学的生成性［J］. 中小学信息技术教育，2007（3）：25-27.

[23] 王影. 信息技术课堂生成性教学中教师角色研究［D］. 沈阳：沈阳师范大学，2013.

［24］吴忠良．新课改背景下中小学课堂教学目标编写中的问题、原因与对策［J］．现代教育技术，2009（1）：84-86．

［25］张春玲．生成性目标的生成机制研究［D］．南京：南京师范大学，2007．

［26］张敏，陆少明．生成性教学的有效性实践研究［M］．上海：上海教育出版社，2012．

［27］郑艺红．论生成性教学［D］．福州：福建师范大学，2008．

［28］钟启泉．"三维目标"论［J］．教育研究，2011（9）：62-67．

［29］钟启泉．课程与教学概论［M］．上海：华东师范大学出版社，2004．

［30］李艺，钟柏昌．基础教育信息技术课程标准：起点、内容与实施［J］．中国电化教育，2012（10）：23-28．

［31］钟柏昌．例谈信息技术教学情境的创设［J］．中国信息技术教育，2008（5）：9-12．

［32］钟柏昌，李艺．例谈高中信息技术新课程教学中的成功经验［J］．信息技术教育，2007（9）：14-17．

［33］李艺，钟柏昌．信息技术课程内容建设三元本质说［J］．课程·教材·教法，2011（2）：74-80．

［34］Sharon E. Smaldino，等．教学技术与媒体［M］．郭文革，译．8版．北京：高等教育出版社，2008．

［35］Mayer R E. Multimedia learning: are we asking the right questions? ［J］． Educational Psychologist，1997（32）：1-19．

［36］Clark R C. Six principles of effective e-learning: what works and why ［J］． Journal of the e-Learning Developers，2002（9）：1-8．

［37］陈丹，祝智庭．"数字布卢姆"中国版的建构［J］．中国电化教育，2011（1）：71-77．

［38］Ellen Weber．有效的学生评价［M］．国家基础教育课程改革"促进教师发展与学生成长的评价研究"项目组，译．北京：中国轻工业出版社，2003．

［39］比尔·约翰逊．学生表现评定手册：场地设计和前景指南［M］．李雁冰，译．上海：华东师范大学出版社，2001．

［40］闫寒冰．信息化教学评价：量规实用工具［M］．北京：教育科学出版社，2003．

［41］哈特．真实性评价：教师指导手册［M］．国家基础教育课程改革"促进教师发展与学生成长的评价研究"项目组，译．北京：中国轻工业出版社，2004．

［42］吉尔伯特·萨克斯，詹姆斯·W.牛顿．教育和心理的测量与评价原理［M］．王昌海，等，译．4版．南京：江苏教育出版社，2002．

［43］朱世周．课型范式与实施策略：信息技术［M］．南京：江苏教育出版社，2012．

［44］贾义敏．小学信息技术课程目标与教学设计研究［D］．广州：华南师范大学，2002．

［45］朱彩兰，李艺．信息技术课程四种课型的界定［J］．中小学信息技术教育，2011（1）：26-27．

［46］刘富金．小学信息技术游戏化教学初探［J］．中国教育信息化，2010（6）：36-37．

［47］张金雷，王颖，张宝辉．翻转课堂教学模式研究［J］．远程教育杂志，2012（4）：9-10．

［48］张跃国，张渝江．透视"翻转课堂"［J］．中小学信息技术教育，2012（3）：11-13．

［49］杨刚，杨文正，陈立．十大"翻转课堂"精彩案例［J］．中小学信息技术教育，2012（3）．

［50］吴俊杰，梁森山．Ledong Scratch 互动教学平台的应用与研究（七）——基于自制光敏扫描仪谈STEM教育［J］．教学仪器与实验，2011（7）：9-11．

［51］孔晶晶. 基于 Processing 的互动媒体设计研究［D］. 无锡：江南大学，2009.

［52］胡玮. 数字布卢姆视野中的信息技术教学研究：使能技术与活动框架［D］. 温州：温州大学，2013.

［53］李龙. 教学设计［M］. 北京：高等教育出版社，2010.

［54］李龙. 论"微型学习"的设计与实施［J］. 电化教育研究，2014（2）：74-83.

［55］陈梅. 现代教育技术［M］. 长春：东北师范大学出版社，2013.

郑重声明

高等教育出版社依法对本书享有专有出版权。任何未经许可的复制、销售行为均违反《中华人民共和国著作权法》，其行为人将承担相应的民事责任和行政责任；构成犯罪的，将被依法追究刑事责任。为了维护市场秩序，保护读者的合法权益，避免读者误用盗版书造成不良后果，我社将配合行政执法部门和司法机关对违法犯罪的单位和个人进行严厉打击。社会各界人士如发现上述侵权行为，希望及时举报，我社将奖励举报有功人员。

反盗版举报电话　　（010）58581999　58582371

反盗版举报邮箱　　dd@hep.com.cn

通信地址　北京市西城区德外大街4号　高等教育出版社法律事务部

邮政编码　100120